跨区域大气污染监管执法研究

RESEARCH OF TRANS-REGIONAL AIR POLLUTION
SUPERVISING IMPLEMENTATION

王超锋◎著

中国政法大学出版社

2024·北京

图书在版编目（CIP）数据

跨区域大气污染监管执法研究/王超锋著. —北京：中国政法大学出版社，2023.11
ISBN 978-7-5764-1250-5

Ⅰ.①跨… Ⅱ.①王… Ⅲ.①空气污染－执法监督－研究－中国 Ⅳ.①D922.683.4

中国国家版本馆 CIP 数据核字(2024)第 003183 号

出 版 者　　中国政法大学出版社

地　　址　　北京市海淀区西土城路 25 号

邮寄地址　　北京 100088 信箱 8034 分箱　邮编 100088

网　　址　　http://www.cuplpress.com (网络实名：中国政法大学出版社)

电　　话　　010-58908586(编辑部) 58908334(邮购部)

编辑邮箱　　zhengfadch@126.com

承　　印　　北京旺都印务有限公司

开　　本　　720mm×960mm　　1/16

印　　张　　17.25

字　　数　　300 千字

版　　次　　2023 年 11 月第 1 版

印　　次　　2023 年 11 月第 1 次印刷

定　　价　　79.00 元

本书受江苏海洋大学科研启动基金项目"跨区域大气污染监管执法的理论与实践研究"资助

本书系江苏高校哲学社会科学研究重大项目"生态一体化视野下我国区域环境执法探究"的阶段性研究成果

序

环境的整体性以及环境问题的无疆界性要求我们在面对和处理环境问题时不能囿于行政区划所限，而应基于环境的整体性以及环境问题的区域性通过跨行政区域的环境治理方能完成，这即我国学界和实务部门所称的区域环境治理。经过二十余年的发展，区域环境治理理论和实践在我国已深入人心并得到党和政府的认可。就在前几天，习近平总书记在主持召开深入推进长三角一体化发展座谈会时专门指出长三角地区要加强生态环境共保共治，从而对区域环境治理在我国长三角地区的落实提出了明确要求。需要明确的是，要保障区域环境治理得到有效实施并发挥实效，就需要将区域环境治理的成熟经验和具体举措转化为法律成果，并进而依靠法律的保障使其在我国环境治理领域发挥作用。要实现上述目的，既需要我国立法、执法、司法等法律实务部门围绕区域环境治理的法律化、制度化协同发力，也需要我国学者就区域环境治理法律机制的建构问题建言献策。在此背景下，本书的出版可谓恰逢其时。

本书是作者在其博士学位论文的基础上修改完善而成的，作为作者的指导老师，我见证了作者博士四年的求学之路，也亲历了作者博士学位论文从选题、构思、写作、修改并逐步完善的过程，作者写作时的认真态度以及写作过程的辛勤付出让我印象深刻，而且博士学位论文盲审以及答辩的良好结果也进一步印证了其论文的价值和分量。如今，在其博士学位论文即将出版成书之际，作为他的指导老师，我欣然受邀为该书作序，也为学生学术成果的即将面世而感到欣喜。

自 2015 年我国《大气污染防治法》第 92 条规定"国务院环境保护主管部门和国家大气污染防治重点区域内有关省、自治区、直辖市人民政府可以组织有关部门开展联合执法、跨区域执法、交叉执法"之后，我国中央和地方政府已积极开展跨区域执法的实践探索，但截至目前，对于何为跨区域执法以及如何实施跨区域执法，我国现有立法还没有作出明确统一的规定。在此情况下，本书以《跨区域大气污染监管执法研究》为题，在具体论述跨区域大气污染监管执法的概念、特征、功能、理论依据等基础理论问题之后，从跨区域大气污染监管执法的主体、客体、程序、保障四个方面对跨区域大气污染监管执法的体制、机制展开了系统探讨，其研究成果不仅丰富了我国跨区域大气污染监管执法理论的内容，也为我国政府开展跨区域大气污染监管执法实践提供了可供参考的模式和路径，对促进我国跨区域大气污染监管执法理论与实践的发展也具有积极的意义。具体来说，我认为本书主要有但不限于以下几个方面的可圈可点之处。

首先，本书的论证结构较为合理。本书先以总论的形式对跨区域大气污染监管执法的基本理论问题展开研究，并借此回答了什么是跨区域大气污染监管执法以及为什么要实施跨区域大气污染监管执法这两个问题。此后，则从主体、客体、程序、保障四个方面对跨区域大气污染监管执法的体制和机制问题展开探究，从而在回答了如何实施跨区域大气污染监管执法这一问题的同时，也为我国跨区域大气污染监管执法实践提供了可行的对策和建议。

其次，本书中也不乏创新之处。作者首次将跨区域大气污染监管执法作为不同于传统的行政区大气污染执法的一种新型的大气污染执法模式进行设计，对推动我国环境治理从行政区模式向环境区域模式的转变具有积极意义。此外，在对跨区域大气污染监管执法主体进行论述时，作者还依据我国跨区域大气污染监管执法实践将跨区域大气污染监管执法的模式梳理成统一执法模式、联合执法模式和交叉执法模式三种类型，从而既契合我国跨区域大气污染监管执法的实际，也为我国跨区域大气污染监管执法的理性发展提供了可行路径。

最后，本书的研究具有较强的实践性和实效性。本书在论证我国跨区域大气污染监管执法的体制机制时，不仅立足于我国现行的相关立法，更是紧密结合我国跨区域大气污染监管执法实践，在论证过程中注重理论研究与现行法规以及现实案例的结合运用，有效增强了本书所提观点的说服力和所提对策的针对性。

本书作者是我所指导环境法专业的首届博士研究生，该生研究生学习期间勤奋好学的求学态度以及谦虚严谨的治学精神给我留下了深刻的印象，看到自己学生的专著即将付梓出版，我由衷地感到高兴。希望作者以本书的出版为契机，继续关注我国跨区域大气污染监管执法的理论和实践发展，力争在我国跨区域大气污染执法领域作出更广泛的思考和更深入的研究，为我国生态环境法治建设添砖加瓦、助力加油。

朱　谦

2023 年 11 月 10 日

前 言

　　所谓跨区域大气污染监管执法，是相较于传统行政区大气污染执法而言的，意指大气污染执法主体可以超越行政区划的限制而在不同行政区域之间开展大气污染监管执法活动的一种全新的大气污染执法类型，其实施不仅符合区域大气污染防治的客观规律，也契合严峻的区域大气污染形势对我国传统大气污染执法体制所提出的改革要求，并且对消除我国传统大气污染执法体制的弊端、实现区域大气环境的一体化保护也具有重要的作用。鉴于跨区域大气污染监管执法在区域性大气污染防治领域的独特作用，我国 2015 年修订的《大气污染防治法》在第 92 条明确提出了在重点区域实行跨区域大气污染监管执法的要求，以此规定为基础，我国地方政府也相继开展了跨区域大气污染监管执法的实践，从而有效推动了跨区域大气污染监管执法在我国大气污染防治领域的持续开展。不过，由于跨区域大气污染监管执法是我国大气污染执法领域的新事物，对于跨区域大气污染监管执法的具体实施，我国既无丰富的经验可循，国外也无可靠的路径、模式可鉴，这一切都阻碍了跨区域大气污染监管执法在我国大气污染防治领域的深入开展。在此情况下，从学理上对跨区域大气污染监管执法的基本理论及其主体、客体、实施程序以及保障机制的建构问题展开探讨，不仅有助于丰富我国跨区域大气污染监管执法的理论体系，更能推动跨区域大气污染监管执法机制的建立健全，从而有效保障跨区域大气污染监管执法在我国大气污染防治领域的稳定实施。为此目的，本书在对跨区域大气污染监管执法的概念、特征、理论依据、功能等基本理论问题予以系统论述之后，从执法的主体、客体、程序、保障四个方面入手，对跨区域大气污染监管执法的体制、机制予以完善性构建。

　　（1）对跨区域大气污染监管执法主体的设置。与传统行政区大气污染执法相比，跨区域大气污染监管执法的领域是包括两个或两个以上行政区域在内的大气环境区域，从而使其在执法主体的设置上也需要采取不同于传统行政区大气污染执法的路径。具体来说，依据跨区域大气污染监管执法的具体实施模式，可以对跨区域大气污染监管执法的主体作出三种路径的设计。具体来说，在统一执法模式下，可以将跨地区的环保机构作为实施跨区域大气污染监管执法的主体，这种跨地区环保机构既可以经由我国原有环境保护机构的重组而成，也可在我国现有环保机构之外新设产生。不过，基于我国现有的环境执法体制考虑，目前通过新设路径建构跨地区环保机构的方法更为可行；在交叉执法模式下，则应将区域内地方政府的共同上级环境保护主管部门作为跨区域大气污染监管执法的主体，由其抽调区域内地方政府所属的大气污染执法人员组成临时性的跨区域大气污染监管执法队伍，并授权上述大气污染执法人员以其名义开展异地交叉执法活动；在联合执法模式下，可将区域内地方政府所属的大气污染执法机构成立的区域大气污染联合执法小组作为名义上的跨区域大气污染监管执法主体，并由其承担跨区域大气污染监管执法的组织协调职能，但在实践操作中，为了保障联合执法模式与我国传统执法体制的吻合，联合执法小组所享有的大气污染执法职权仍应由其成员依据属地管辖原则在各自的行政管辖区域内行使，而到自己管辖区域之外的其他行政区域参与执法活动的小组成员则主要发挥参与和监督作用。

（2）对跨区域大气污染监管执法客体的界定。为了节约宝贵的跨区域大气污染监管执法资源，并合理协调跨区域大气污染监管执法主体与传统大气污染执法主体之间的关系，还需要从执法领域和执法对象两个层面对跨区域大气污染监管执法的客体进行界定。其中，对跨区域大气污染监管执法领域的界定可分为两个层次进行：其一，是将国家和省级人民政府划定的大气污染防治重点区域作为适用跨区域大气污染监管执法的宏观领域；其二，则是将大气污染防治重点区域内的行政交界区域界定为实施跨区域大气污染监管执法的微观区域，以确保将有限的跨区域大气污染监管执法资源主要用于行政交界区域之内的大气污染项目或活动之上。此外，对跨区域大气污染监管执法对象的界定则可采用执法名录的方式，将容易导致区域性大气污染的行业、项目、活动等事项列入跨区域大气污染监管执法的名录之中，从而有效增强跨区域大气污染监管执法的针对性、可操作性和实效性，并有效防止不执法、乱执法现象在跨区域大气污染监管执法过程中的出现。

（3）对跨区域大气污染监管执法程序的设计。为了有效约束跨区域大气污染监管执法主体的执法行为，并保障跨区域大气污染监管执法的稳定实施，需要对跨区域大气污染监管执法的程序作出系统安排。当前，我国时间概念上的执法流程和步骤已经相当成熟，因而我国跨区域大气污染监管执法可以直接采用，故本书对此不予赘述。不过，相较于传统大气污染执法，跨区域大气污染监管执法过程中还需要协调不同主体之间的横向关系，因而其空间概念上的协调程序也比传统大气污染执法程序更为复杂。鉴于此，在设计跨区域大气污染监管执法程序时，应将协调跨区域大气污染监管执法过程中相关主体之间的横向关系的程序作为其程序的建构重点。为此，本书从跨区域大气污染监管执法的启动程序、运行程序、终结程序三个方面入手，对跨区域大气污染监管执法的协调程序进行重点设计，以充实跨区域大气污染监管执法程序的内容，保障跨区域大气污染监管执法的稳定实施。

（4）作为跨区域大气污染监管执法程序的延续，还需要为保障跨区域大气污染监管执法的稳定实施设定相应的保障机制，而这又具体包括以下四个方面的内容：其一，要建立完善的信息公开和共享机制，以确保跨区域大气污染监管执法的相关信息能够为跨区域大气污染监管执法的相关主体所知悉并共享，从而增强跨区域大气污染监管执法主体之间的信任，并提升其实施跨区域大气污染监管执法的意愿；其二，还需要对区域内地方政府之间的利益关系进行协调和均衡，以便调动区域内地方政府参与并支持跨区域大气污染监管执法的热情。为此目的，则需要建立区域内地方政府之间的激励和帮扶机制，并持续推动大气污染防治区域内经济社会的一体化发展；其三，还需要从国家监督和社会监督的角度入手，为跨区域大气污染监管执法的稳定实施提供相应的监督保障；其四，作为跨区域大气污染监管执法的必要保障，还需要建立完善的责任追究机制，以提升跨区域大气污染监管执法主体及其工作人员的责任意识，从而有效防范不执法、乱执法以及干扰执法等违法现象在跨区域大气污染监管执法领域的发生。

跨区域大气污染监管执法的理论知识浩如烟海，跨区域大气污染监管执法的现实也丰富多样，因而跨区域大气污染监管执法这一丰富的学术和实践领地还有许多未知的领域有待探索。虽作者竭尽所能，但苦于精力、学识所限，本书在材料的搜集、观点的论证方面还存在不完善之处，期待理论和实务部门的各位专家学者多提宝贵意见。需要指出的是，本书对跨区域大气污染监管执法机制的建构主要处于理论推演层面，其正确与否还需要我国跨区域大气污染监管执法实践的检验和验证。因此，在今后的学习和工作生涯中，笔者将持续关注跨区域大气污染监管执法理论的更新以及执法实践的发展，并将实践领域的最新成果及时充实到本书之中，以便在完善本书的同时，为我国跨区域大气污染监管执法领域的法治建设继续添砖加瓦，尽绵薄之力。

目　录

第一章 | 导　论

第一节　选题的背景与研究意义

近年来，"跨区域执法"已成为我国执法领域的热门话题，并逐步被我国环境保护领域所吸收和采用。[1]其中，我国于2015年8月修订通过的《大气污染防治法》[2]在第92条就明确规定："国务院环境保护主管部门和国家大气污染防治重点区域内有关省、自治区、直辖市人民政府可以组织有关部门开展联合执法、跨区域执法、交叉执法。"从而不仅将跨区域执法作为法定的大气污染执法方式之一而予以明确的法律规定，更是将跨区域大气污染监管执法问题推向前台，并催生了跨区域大气污染监管执法这一新兴的执法类型。然而，与我国学界的热情关注以及立法机关的积极推动相比，我国跨区域大气污染监管执法的实践尚未得到蓬勃开展，即便在我国京津冀、长三角等区域大气污染联防联控的热门地区，有关跨区域大气污染监管执法的实例也为数不多，且走向不深，从而使得我国的跨区域大气污染监管执法更多停留在口号阶段而无法在区域大气污染联防联控实践中发挥其应有的作用。

跨区域大气污染监管执法之所以无法在我国大气污染防治领域得到深入

---

〔1〕　参见骆家林：《论跨区域生态环境联合执法机制的完善》，载《青海社会科学》2022年第5期；邓小兵：《跨部门与跨区域环境资源行政执法机制的整合与协调》，载《甘肃社会科学》2018年第2期；吴巧君：《京津冀节能监察实现跨区域联合执法》，载《天津日报》2017年8月2日；杨桦：《论区域行政执法合作——以珠三角地区执法合作为例》，载《暨南学报（哲学社会科学版）》2012年第4期；钱水苗、潘竟贵：《跨行政区域环境联合执法机制的探索与思考》，载《生态文明与环境资源法——2009年全国环境资源法学研讨会（年会）论文集》；徐键：《论行政协助的协议化——跨区域行政执法的视角》，载《浙江社会科学》2008年第9期；钟发斌：《论我国区域行政执法合作机制的构建》，载《行政论坛》2006年第3期。

〔2〕　《大气污染防治法》，即《中华人民共和国大气污染防治法》。为表述方便，本书中涉及我国法律文件直接使用简称，省去"中华人民共和国"字样，全书统一，后不赘述。

开展，究其原因，是因为其实施目前还缺乏有效的理论支持和法规支撑。首先，在理论层面，尽管我国学界已对跨区域执法问题展开了积极探索，但目前尚未有学者对跨区域大气污染监管执法问题展开系统的理论研究，因而对于何为跨区域大气污染监管执法、为什么要实施跨区域大气污染监管执法以及如何实施跨区域大气污染监管执法等基本问题，目前学界还缺乏明确的梳理和精准的界定，从而难以为跨区域大气污染监管执法的实施提供充分的理论支持和明确的路径指导。其次，在法规层面，尽管我国《大气污染防治法》第 92 条已对大气污染防治领域的跨区域执法提出了明确要求，但对于如何在大气污染防治领域实施跨区域执法也缺乏明确的路径指引和具体的机制安排。这些问题不解决，就难以有效推动跨区域大气污染监管执法实践的开展。基于此，要推动跨区域大气污染监管执法的有效实施，就需要以我国学者现有的研究成果为基础，以我国现有的政策法规为依据，在明晰跨区域大气污染监管执法的概念、特征、功能等基本理论问题的基础上，从跨区域大气污染监管执法的主体、客体、程序、保障等基本要素入手，对跨区域大气污染监管执法的实施路径予以明晰，并对跨区域大气污染监管执法的实施机制予以系统设计，以便推动跨区域大气污染监管执法制度的完善，保障跨区域大气污染监管执法活动的有效开展。

需要指出的是，广义上的跨区域大气污染监管执法涉及跨区域大气污染监管执法的全过程，其中既包括事前预防环节中的环境影响评价、环境许可等前置措施的跨区域执行，也包括事中监管环节中的现场监测、检查等执法活动的跨区域实施，还包括事后处理环节中责任追究的跨区域实现，因而涵盖的内容庞大，也非本书之力所能有效驾驭，故本书拟选取跨区域大气污染监管执法过程中的一个环节进行研究，并以此环节为突破口，实现对跨区域大气污染监管执法机制的整体架构。当前，考察我国的跨区域大气污染监管执法实践，并参照我国学者对跨区域执法所做的释义，[1]可知我国大气污染防治领域的跨区域执法主要着眼于事中监管环节的跨区域执法活动的实施，并且跨区域大气污染监管执法在事中监管环节的有效落实对跨区域大气污

---

[1] 有学者认为，"跨区域执法，是指区域内的各省、自治区、直辖市可以跨越本行政区，到另一行政区进行执法的方式"，参见全国人大常委会法制工作委员会行政法室编著：《中华人民共和国大气污染防治法解读》，中国法制出版社 2015 年版，第 250 页。

监管执法目标的整体实现也具有举足轻重的意义,故本书拟选取事中监管环节中的跨区域大气污染监管执法问题进行研究,并借此实现对跨区域大气污染执法体制、机制的整体探索。鉴于此,本书以"跨区域大气污染监管执法研究"为题,通过对跨区域大气污染监管执法的概念剖析、模式选择以及机制建构,促进我国跨区域大气污染监管执法机制的完善和相关法律制度的发展,从而保障跨区域大气污染监管执法在我国区域大气污染防治领域的有效开展。

一、选题的背景

基于大气环境的一体性和流动性,我国的大气污染也呈现出明显的区域性特征,而2014年横贯我国京津冀、长三角并波及我国整个东部地区的严重雾霾天气,更加深了我国政府和社会公众对大气污染区域性的认识。至此,我国政府和民众已充分意识到:行政疆界对大气环境的机械割裂不仅难以改变大气环境的整体性这一客观事实,反而会进一步加剧大气污染的外部性问题,并进而导致大气污染防治领域的"搭便车"甚而"以邻为壑"现象在相邻行政区划之间的频频发生,这不仅使得我国跨区域大气污染问题层出不穷,也导致了我国局部地区大气环境质量的整体恶化。[1]此外,大气环境的一体性不仅使得区域内地方政府无法凭一己之力实现自己所辖区域内大气环境的"洁身自好",还使其不能简单通过对等报复和"逐底竞争"的方式来对抗其他行政区域所造成的跨区域大气污染问题,这是因为,基于大气环境的一体性和公共性,大气污染防治领域的对等报复或"逐底竞争"无异于"集体自杀",并最终会导致哈丁所言的"公地悲剧"在大气污染防治领域的发生。[2]实际上,当前我国所面临的日益严重的区域性大气污染问题以及雾霾危机已经为大气污染防治领域的"公地悲剧"作了生动的注释,也反映出传统行政区大气污染治理模式已无法适应区域性大气污染防治的现实要求。基于此,要消除大气污染防治领域的"囚徒困境"和"逐底竞争",[3]并有效避免"公地悲剧"在大气污染防治领域的出现,我国地方政府在大气污染防治过程中就不能孤军奋战,而应寻求与区域内其他地方政府在大气污染防治领域展

---

〔1〕 赵美珍:《长三角区域环境治理主体的利益共容与协同》,载《南通大学学报(社会科学版)》2016年第2期,第1~4页。

〔2〕 See Garrett Hardin, "The Tragedy of the Commons", *Science*, Vol. 162., 1243~1248 (1968).

〔3〕 潘天群:《博弈生存——社会现象的博弈论解读》,中央编译出版社2004年版,第13~15页。

开合作，通过区域内不同政府之间在大气污染防治领域的协同来实现对区域内共有大气环境的一体性保护，[1]而这也是我国党和政府所倡导的区域大气污染联防联控的应有之义。

当前，随着民众对大气环境一体性以及大气污染区域性认识的不断深入，[2]区域大气污染联防联控也得到了我国政府和学界的认可和重视。在政府层面，为了推动跨区域大气污染联防联控的有效实施，我国中央政府出台了一系列政策法规，以便对地方政府的区域大气污染联防联控实践予以相应的指导、监督和规制。在中央政府政策法规的指引下，我国京津冀、长三角、珠三角等经济先行区以及其他需要实施区域大气污染联防联控的重点区域积极开展区域大气污染联防联控的实践探索，不仅为区域大气污染联防联控的具体实施出台了地方层面的政策、法规，还通过区域内地方政府之间的沟通协调达成了相应的合作协议，从而为区域大气污染联防联控的顺利实施创设了切实可行的路径和机制，并有效推动了我国区域大气污染联防联控实践的深入开展。在学界，我国学者也从不同角度对区域大气污染联防联控的理论基础和实施路径展开深入探究，并在论证区域大气污染联防联控的可行性、必要性的同时，对区域大气污染联防联控的实施路径及保障机制进行了相应探讨。这一切，既为区域大气污染联防联控的有效开展打下了坚实的基础，也为区域大气污染联防联控的深入进行储备了足够的动力。

需要指出的是，作为法治国家的内在要求，无论是我国政府所实施的区域大气污染联防联控实践，还是我国学者所开展的区域大气污染联防联控理论探索，都要在我国现有的法律框架下进行，并且其有效实施和开展也离不开我国现有法规体系的系统保障和有效支持。换言之，在法治语境下，不仅我国区域大气污染联防联控的实践探索和理论研究需要在我国现有法制框架下进行，而且我国学者有关区域大气污染联防联控的建议和措施也只有在转化为我国的法律制度之后才能在区域大气污染联防联控中稳定地发挥作用。这一切，既离不开我国政府对区域大气污染联防联控法规的制定和完善，更离不开我国学者对区域大气污染联防联控路径和机制的法制化研究和探索。

---

〔1〕 王超锋：《区域环境治理中的地方政府合作》，载《中国社会科学报》2017年5月10日。

〔2〕 此处的"区域"是指以大气这一环境要素的内在联系而划定的一个地理范围，具有科技性、开放性的特征，和行政区划所指称的"区域"概念不同。

为此目的，我国有的学者从宏观层面对包括区域法治、区域环境治理的法律制度在内的区域大气污染联防联控的基本法律问题进行系统研究，也有的学者从中观层面对区域立法协调、区域执法合作以及跨地区环保法院和检察院的设置等具体法律制度进行综合设计，[1]但目前从微观层面对区域大气污染联防联控所涉的立法、执法、司法等具体问题予以深入研究的学者还为数不多，因而既难以契合区域大气污染联防联控的法治化要求，也无法为我国区域大气污染联防联控的法治化进程提供充分的理论支持和路径指引。在此背景下，本书以"跨区域大气污染监管执法研究"为题，以期能将区域大气污染联防联控过程中所涉执法问题的研究引向深入，从而可以促进跨区域大气污染监管执法机制的完善，并进而保障跨区域大气污染监管执法活动的顺利实施。

作为一种跨行政区域的大气污染执法活动，跨区域大气污染监管执法是我国大气污染防治领域中的新内容，其实施不仅有利于打破行政区划对大气污染监管执法的阻隔，也为地方政府之间大气污染监管执法的合作搭建了桥梁，从而有助于促进大气污染监管执法的区域协同，并保障区域大气污染防治目标的有效实现。当前，为了促进跨区域大气污染监管执法的有效开展，我国京津冀、长三角等地区率先开展了对跨区域大气污染监管执法的实践探索，我国《大气污染防治法》也从立法角度对跨区域大气污染监管执法提出了明确要求，但总体来看，我国大部分地区的跨区域大气污染监管执法实践仍停留在口号阶段而没有取得实质性进展。究其原因，主要在于我国目前的跨区域大气污染监管执法不仅缺乏明确的路径指引，还缺乏系统、完善的实施机制保障。鉴于此，要推动我国跨区域大气污染监管执法的开展，既需要我国中央政府的顶层设计和地方政府的实践探索，也离不开我国学者对跨区域大气污染

---

〔1〕　参见陈润羊：《区域环境协同治理的体系与机制研究》，载《环境保护》2023 年第 5 期；胡中华、周振新：《区域环境治理：从运动式协作到常态化协同》，载《中国人口・资源与环境》2021 年第 3 期；毛春梅、曹新富：《区域环境府际合作治理的实现机制》，载《河海大学学报（哲学社会科学版）》2021 年第 1 期；公丕祥主编：《变革时代的区域法治发展》，法律出版社 2014 年版；刘旺洪主编：《区域立法与区域治理法治化》，法律出版社 2016 年版；骆天纬：《区域法治发展的理论逻辑》，法律出版社 2017 年版；周佑勇主编：《区域政府间合作的法治原理与机制》，法律出版社 2016 年版；康京涛：《论区域大气污染联防联控的法律机制》，载《宁夏社会科学》2016 年第 2 期；常纪文：《中欧区域大气污染联防联控立法之比较——兼论我国大气污染联防联控法制的完善》，载《发展研究》2015 年第 10 期。

监管执法的理论基础及其实施机制的具体分析，而本书对跨区域大气污染监管执法进行专门研究的价值也在于此。为此目的，本书在系统阐述跨区域大气污染监管执法的概念、特征、理论依据、功能等基本理论知识之后，从跨区域大气污染监管执法的主体、客体、程序、保障等基本要素的界定入手，对跨区域大气污染监管执法的机制进行系统建构，以便在促进我国跨区域大气污染监管执法理论发展的同时，推动我国跨区域大气污染监管执法的稳定实施。

二、选题的意义

如上文所述，尽管我国跨区域大气污染监管执法已有《大气污染防治法》第 92 条的明确规定以及学者的相关理论研究成果作为支撑，但其在实践中并未取得应有发展，究其原因，既与我国长期以来所秉持的"行政区大气污染执法"模式直接相关，也与我国跨区域大气污染监管执法理论的供给不足紧密相连。实际上，正是因为当前我国学者对跨区域大气污染监管执法的针对性研究还存在不足，所以才难以为跨区域大气污染监管执法提供系统的理论支持和明确的机制设计，并进而导致实践中跨区域大气污染监管执法的踟蹰不前。相应地，我国跨区域大气污染监管执法实践的踟蹰不前，也使得我国学者难以获取跨区域大气污染监管执法的实践素材，更无法将其研究成果付诸实践检验，二者互为因果，相互掣肘，并最终导致跨区域大气污染监管执法面临着理论缺失和实践缺乏的双重困境。要改变这一现状，就要在理论研究上寻求突破，以便通过理论研究为我国的跨区域大气污染监管执法建构系统的实施机制，并借助跨区域大气污染监管执法实践对学者的理论研究成果进行检验，从而发现理论研究成果的不足并改进完善，并最终通过这种理论与实践的良性互动，既促进跨区域大气污染监管执法理论的完善，又推动跨区域大气污染监管执法实践的开展。有鉴于此，本书对我国跨区域大气污染监管执法问题的研究也具有理论和实践两个层面的价值和意义。

1. 选题的理论意义

我国是单一制国家，政令的上通下达主要靠纵向的行政管理来实现，而这也使得作为国家权力之一的行政管理权抑或执法权具有明显的属地属性，即地方政府的执法机关应以自己的管辖范围为界进行执法，而不能超越自己的管辖范围去别的执法主体所辖的执法区域开展执法，这即是我们传统的

"行政区执法"。[1] "行政区执法" 不仅有利于明确执法机关的执法权限，也有助于确保执法机关各负其责、各司其职，因而对提高执法效能具有重要的作用。不过，一旦遇到跨区域事项，或者需要多个行政区域的执法机构的协同才能取得执法效果时，"行政区执法" 的弊端便暴露无遗。实践中，为了弥补行政区执法的弊端，通常需要借助行政协助的方式实现，[2] 或者需要上述行政区域的共同上级政府的介入才能解决，其中徒增的协助和协调成本自不必说，为保障行政协助和上级协调所必需的行政区划之间的信息沟通问题就已给协助和协调的顺利实施制造了重大障碍。为了避免这一问题，建立政府间的横向关系以加强不同行政区划之间执法主体的横向沟通势在必行，[3] 而本书所称的跨区域大气污染监管执法正有此意。

跨区域大气污染监管执法是为了突破行政区划对大气污染监管执法的阻隔而对传统 "行政区执法" 模式所做的一种革新，其也是为了建立不同行政区划之间大气污染监管执法主体的横向联系而做的一种全新尝试，对于这样一种崭新的执法类型，其正当性除了需要我国大气污染防治的现实需求作支撑以外，还需要完备的理论支持，而我国传统的行政区执法理论已无法担此重任。在此情况下，针对我国传统 "行政区执法" 纵向管理有余而横向沟通不足的弊端，本书以区域环境治理理论为基础，以横向政府间关系理论、博弈理论和合作理论为抓手，借助上述理论的有机结合，为跨区域大气污染监管执法提供相应的理论依据，而通过本书对相关理论的梳理和论证，在为跨区域大气污染监管执法的正当性提供必要理论支撑的同时，也可以对我国传统大气污染执法理论进行必要的补充，因而有助于丰富和充实我国大气污染执法理论的内容，从而促进我国大气污染执法理论体系的发展和完善。

2. 选题的实践意义

我国跨区域大气污染监管执法实践之所以踟蹰不前，不仅仅是因为我国跨区域大气污染监管执法实践缺少必要的理论支持，还由于我国的跨区域大

---

〔1〕　参见李广兵：《跨行政区水污染治理法律问题研究》，武汉大学 2014 年博士学位论文，第 71 页。

〔2〕　参见关保英：《论行政执法中的行政协助》，载《江淮论坛》2014 年第 2 期；黄学贤、吴志红：《行政协助分类研究初探》，载《江苏社会科学》2009 年第 1 期；徐键：《论行政协助的协议化——跨区域行政执法的视角》，载《浙江社会科学》2008 年第 9 期。

〔3〕　王建新：《在竞争中合作——地方政府间横向关系探析》，载《学术探索》2015 年第 3 期，第 46~51 页。

气污染监管执法实践缺少明确可行的路径以及系统完善的实施机制。实际上，正是由于我国现有法规及理论成果对如何实施跨区域大气污染监管执法缺乏详细系统的规制和设计，才导致地方政府在从事跨区域大气污染监管执法活动时无章可循、无据可依。有鉴于此，要推动我国跨区域大气污染监管执法实践的顺利开展，首先要明确跨区域大气污染监管执法的实施路径，并对跨区域大气污染监管执法的主体、客体、程序、保障等关键要素予以系统设计，从而为跨区域大气污染监管执法的稳定实施提供系统完善的机制保障。

由上文的分析可知，要推动跨区域大气污染监管执法实践的顺利开展，不仅要为跨区域大气污染监管执法提供系统的理论支持，更要明确跨区域大气污染监管执法的实施路径，并为跨区域大气污染监管执法的有效实施提供系统的实施机制，而这既是本书研究的主要目的，也是本书研究的核心内容。具体而言，通过本书的系统研究，不仅可以为我国跨区域大气污染监管执法的深入发展提供切实可行的路径指引，更可以为跨区域大气污染监管执法的有效实施提供系统的机制保障，从而有助于解决我国跨区域大气污染监管执法的现实窘境，促进我国跨区域大气污染监管执法实践的顺利开展。与此同时，本书有关跨区域大气污染监管执法的理论设计内容在经过跨区域大气污染监管执法实践的检验和验证之后，更可以去伪存真，日臻成熟，而其一旦获得我国立法机关的认可并被上升为法律制度之后，必将促进我国跨区域大气污染监管执法的相关法律依据的发展和完善，这不仅可以为我国跨区域大气污染监管执法活动的稳定有序实施提供可靠的法律保障，更可以在整体上促进我国跨区域大气污染监管执法的发展，对加快我国区域环境法治建设的进程也具有现实的推动作用。

第二节　国内外研究综述

需要指出的是，在跨区域大气污染监管执法首次得到我国《大气污染防治法》第92条的明确认可之前，其尚未作为一种独立的执法类型引起学界的关注，而即便在我国《大气污染防治法》明确提出跨区域执法的概念之后，我国目前有关跨区域大气污染监管执法的专门研究成果也为数不多。具体来说，当前既没有学者专门探讨跨区域大气污染监管执法的概念和由来，也没有学者专门对跨区域大气污染监管执法的路径和机制进行系统设计。因此，对于什么是跨区域大气污染监管执法、为什么要实施跨区域大气污染监管执法以及如何实施跨区域大气污染监管执法等关键问题，我国学界目前还没有给出明确统一的答案。幸运的是，无论是作为区域环境治理的一个必备环节，还是作为区域大气污染联防联控的一个重要举措，抑或是作为政府间横向关系的一个核心内容，跨区域大气污染监管执法都没有脱离学者的研究视野。换言之，不论学者的研究角度如何，也不论学者是否来自法学学科，其有关区域环境治理、区域环境立法、区域环境执法、大气污染联防联控以及政府间横向关系的研究都可以将跨区域大气污染监管执法的相关研究内嵌于中，其研究成果也已经从概念界定、理论依据、路径选择以及机制建构方面为跨区域大气污染监管执法研究的开展提供了多层面、多角度和全方位的理论素材和参考经验。实际上，正是由于国内外学者在上述领域的辛勤付出和卓越贡献，跨区域大气污染监管执法的相关研究才得以"站在巨人的肩膀上"继续前行。基于此，要保障跨区域大气污染监管执法研究的质量，就离不开对国内外学者相关研究成果的系统梳理和深入借鉴。为此目的，本书拟从宏观、中观、微观三个层面对国内外有关跨区域大气污染监管执法的研究现状进行梳理。

一、宏观层面的研究现状

所谓宏观层面的研究，是指主要专注于跨区域大气污染监管执法的基础理论问题的研究内容，这类研究的目的是解决跨区域大气污染监管执法是什么以及为什么要实施跨区域大气污染监管执法的问题，因而其研究重心多集中在对跨区域大气污染监管执法的概念、由来、特征、功能、必要性、可行性、理论依据、现实基础等方面的探索之上，但对于跨区域大气污染监管执法的实施路径、保障机制等细节性问题则尚未过多涉及。基于此，本书将那些侧重于跨区域大气污染监管执法基本理论研究的成果皆归入宏观层面的研究之中。总体来讲，宏观层面的研究之所以宏观，主要是因为其并不关注跨区域大气污染监管执法的细节，而更多的是对跨区域大气污染监管执法的范畴界定和正当性论证等基础性理论问题的研究，其目的也是明晰跨区域大气污染监管执法的独有位置，并为其正当性提供充分的理论支持。需要指出的是，尽管目前国内外专注于跨区域大气污染监管执法的研究成果还为数不多，但有关区域环境治理、区域环境法治、区域环境立法、区域环境执法、大气污染联防联控的研究成果则颇为丰硕，而要撇开环境要素，放眼至政府间横向关系、区域治理、区域法治、区域立法、区域执法、区域司法等广域范围的研究，则可借鉴的研究成果更是俯拾皆是，数量之大，可谓蔚为壮观。具体来说，当前学者有关跨区域大气污染监管执法的宏观层面的研究主要着眼于以下几个方面。

（1）对跨区域大气污染监管执法的概念界定，而这又主要落脚在对"区域"的概念解读之上。其中，珍妮斯（Janicec Griffith）、安东尼（Anthony Downs）以及安德鲁（Andrew Duany）等学者认为，区域是具有明确边界的一个地域，并从地理学、经济学的角度对区域的内涵和外延进行了界定。[1]此外，我国学者李煜兴、王春业等学者在详细分析了"区域"在不同学科所具有的含义之后，一致认为现今的"区域"是指因具有内在经济、地理、环境联系而成为一体的跨越行政区划的特定地区，因而跨行政区划是区域的本质特性，据此，无论是区域环境治理，还是区域立法协作，其都意指跨行政区的治理和协作。[2]由此可见，上述学者所认同的区域是一种跨行政区域。对此，美国学者道格拉斯·威廉姆斯（Douglas R. William）也持相同观点。[3]与此不同的是，我国学者高永志等在对区域的概念分析以后，以"跨区域"概念来描述经济、环境事项的跨行政区特征，其指的区域则是行政区域，而其所称的"跨区域"则和前述学者称的"区域"在意思上具有一致性，[4]而

〔1〕 See Janice C. Griffith, "Regional Governance Reconsidered", *21 J. L. & Pol. 506* (2005); Anthony Downs, "the Need for Regional Anti‑Congestion Politics", in Brookings Inst. Transp. Refoem Sereies. Ctr. On Urb. & Merto. Pol'Y. 2 (2004); Andrew Duany et al. , "Suburban Nation: the Rise of Sprawl and Decline of the American Dream", 57 (2000).

〔2〕 参见李煜兴：《区域行政规划研究》，法律出版社 2009 年版；王春业：《区域行政立法模式研究——以区域经济一体化为背景》，法律出版社 2009 年版；范俊玉：《区域生态治理中的政府与政治》，广东人民出版社 2011 年版；施从美、沈承诚：《区域生态治理中的府际关系研究》，广东人民出版社 2011 年版；刘莘主编：《区域法治化评价体系与标准研究》，中国政法大学出版社 2013 年版；陈俊：《区域一体化进程中的地方立法协调机制研究》，法律出版社 2013 年版；陈光：《区域立法协调机制的理论建构》，人民出版社 2014 年版。

〔3〕 Douglas R. Williams, "Toward Regional Governance in Environmental Law", *46 Akron L. Rev.* , 1047, 2013.

〔4〕 参见高永志、黄北新：《对建立跨区域河流污染经济补偿机制的探讨》，载《环境保护》2003 年第 9 期；李胜、陈晓春：《基于府际博弈的跨行政区流域水污染治理困境分析》，载《中国人口·资源与环境》2011 年第 12 期；余敏江、黄建洪：《生态区域治理中央与地方府际间协调研究》，广东人民出版社 2011 年版；方雷：《地方政府间跨区域合作治理的行政制度供给》，载《理论探讨》2014 年第 1 期；董皞、郭建勇：《独立而公正：行政案件跨区域审理改革的价值追求与制度设计》，载《法律适用》2015 年第 2 期。

学者李胜、李正升、金鑫则直接将"跨区域"界定为"跨行政区域",更是进一步明确了跨区域的含义。[1]不过,上述学者的研究表明,不论学者采用何种称谓来界定"区域"的含义,其研究目的都是处理跨行政区划的环境、经济事务,其目的也都是为了协调或处理在区域经济发展、环境保护过程中所产生的横向政府间关系。

(2)对跨区域大气污染监管执法正当性的论证,这既有对跨区域大气污染监管执法必要性的分析,也有对跨区域大气污染监管执法理论依据的探讨。其中,对于跨域治理的发生缘由,学者伯尔曼(Nick Bollman)认为,地方政府管理的碎片化难以适应区域性问题的解决需求,从而促成跨域治理的产生。[2]我国学者张成福从资源的稀缺性和组织的互赖性、公共议题和公共问题的跨域性、公共服务和公共产品的外溢性、对原有体制诸多弊病的超越以及治理能力提升的实质要求等几个方面进行论述。[3]学者杨桦认为,区域执法合作是区域经济一体化的必然要求,是遏制地方和部门保护主义的重要手段,是形成执法合力、治理跨区域公共事务的有效举措,也是统一执法程序和标准、提高执法效率和质量的有效途径。[4]曹锦秋等学者则从防治客体的流动性与区域性、主体关系上的横向性以及防治手段的综合性入手,对实施区域大气污染联防联控法律机制的必要性进行了系统论证。[5]

(3)对于跨区域大气污染监管执法的理论依据,学者伊丽莎白(Elisabeta R. Rosca)借助经济理论,从区域经济一体化的角度论证了区域发展的理论基础[6]。学者丹尼尔(Daniel P. Selmi)则将合作理论作为政府间实施空气质

---

〔1〕 参见李胜、陈晓春:《跨行政区流域水污染治理的政策博弈及启示》,载《湖南大学学报(社会科学版)》2010年第1期;李正升:《跨行政区流域水污染冲突机理分析:政府间博弈竞争的视角》,载《当代经济管理》2014年第9期;金鑫:《跨行政区划司法机关设置的改革:缘起、经验与实现》,载《武汉大学学报(哲学社会科学版)》2015年第5期。

〔2〕 Nick Bollman, "the New California Dream: Regional Solutions for 21st Century Challenges, in CICG Perspectives", Feb. 2002, available at http://www.csus.edu/news/regionreport.pdf, (accessed Jan. 12, 2017).

〔3〕 张成福、李昊城、边晓慧:《跨域治理:模式、机制与困境》,载《中国行政管理》2012年第3期,第102~109页。

〔4〕 杨桦:《论区域行政执法合作——以珠三角地区执法合作为例》,载《暨南学报(哲学社会科学版)》2012年第4期,第26~32页。

〔5〕 曹锦秋、吕程:《联防联控:跨行政区大气污染防治的法律机制》,载《辽宁大学学报(哲学社会科学版)》2014年第6期,第32~40页。

〔6〕 Elisabeta R. Rosca, "Regional Development: Theory and Implementation", 5 Cogito: Multidisciplinary Res. J., 28 (2013).

量法的理论基础。[1]学者徐兰飞认为，跨区域水污染治理所具有的公共产品属性、市场技术和生产规模的复杂性以及治理主体间的相互依赖性特征，使得地方政府间合作治理水污染具有了治理资源优势、行政管理体制变革成本较低优势，并符合自主治理的公共管理发展方向。[2]学者刘洋、万玉秋则运用博弈论的理论工具，从动态的、微观的角度分析跨区域环境事务中地方政府间的利益博弈过程和理性决策行为，并主张通过强化跨区域环境治理的合作来避免"囚徒困境"的产生。[3]学者王金南将空气流域理论、区域公共品理论、非合作博弈的"囚徒困境"理论、帕累托最优理论以及合作博弈理论列为区域大气污染联防联控的理论基础，并借助上述理论对区域大气污染联防联控的正当性进行论证。[4]

（4）对跨区域大气污染监管执法机制存在问题的解读。学者骆家林认为，跨区域生态环境联合执法机制的运行面临着区域合作协议不规范、执法权来源不清晰、保障机制不健全等诸多问题。[5]学者李胜、陈晓春认为，在区域利益、信息不对称和缺乏激励机制的影响下，地方政府很难真正履行中央政府的治理政策，而污染外部性和利益冲突则使各行政区之间难以达成合作治理，府际博弈的非理性均衡成为跨行政区流域水污染治理困境的深层次原因。[6]学者崔晶认为，地方政府在跨界公共事务治理中不仅面临着行政区划的体制性障碍和跨区域合作组织的缺失，还存在着合作协调机制不完善以及协调缺乏立法保障等问题。[7]金太军等学者认为，合作治理理念淡薄、生态补偿机制

---

〔1〕 Daniel P. Selmi, "Conformity, Cooperation, and Clean Air: Implementation Theory and Its Lessons for Air Quality Regulation", *1990 Ann. Surv. Am. L.*, 149（1990）.

〔2〕 徐兰飞：《中国跨行政区水污染治理中地方政府合作的理论探析》，载《山东行政学院学报》2011年第1期，第24~26页。

〔3〕 刘洋、万玉秋：《跨区域环境治理中地方政府间的博弈分析》，载《环境保护科学》2010年第1期，第34~36页。

〔4〕 王金南、宁淼、孙亚梅：《区域大气污染联防联控的理论与方法分析》，载《环境与可持续发展》2012年第5期，第5~10页。

〔5〕 骆家林：《论跨区域生态环境联合执法机制的完善》，载《青海社会科学》2022年第5期，第147~156页。

〔6〕 李胜、陈晓春：《基于府际博弈的跨行政区流域水污染治理困境分析》，载《中国人口·资源与环境》2011年第12期，第104~109页。

〔7〕 崔晶：《大都市区跨界公共事务运行模式：府际协作与整合》，载《改革》2011年第7期，第2~7页。

不完善、利益协调机制不健全、政绩考核体系单一等问题，是长三角区域政府协作生态治理的主要障碍。[1]张成福等学者认为，跨域治理还面临着利益如何均衡、信任如何建立、权力如何配置、责任如何归属、治理是否有效、治理是否正当等制度困境，需要理性反思、积极面对并努力实现超越。[2]学者易志斌认为，尽管推行区域环境保护合作的努力已经取得了初步成效，但这些合作行动仍面临以下问题：合作偏重务虚，没有一套制度化的议事和决策机制；合作受制于现行的体制和地方保护主义，领域和空间尚待拓展；合作缺乏有效的推行机制，利益关系尚待理顺。[3]学者道格·海德尔（Doug Haydel）认为美国加州地区的大气污染防治主要面临着技术不足、机动车污染控制设施安装不当以及区域间的大气污染控制法规存在不一致等三个方面的问题。[4]

二、中观层面的研究现状

与宏观层面研究主要对跨区域大气污染监管执法基本理论问题的探讨不同，中观层面的研究则主要针对跨区域大气污染监管执法所存在的问题或障碍而予以针对性的对策设计，因而具有较强的应用性。不过，和下文中微观层面的研究相比，中观层面的研究尚没有着眼于跨区域大气污染监管执法的某一个层面的具体问题，也不是专门针对跨区域大气污染监管执法过程中的某一个环节，而是侧重于对跨区域大气污染监管执法的实施路径及实施机制予以总括性分析和全面性设计，故本书将其称为中观层面。通过中观层面的研究，学者力图在为跨区域大气污染监管执法的有效实施勾画出可行路线图的同时，也为跨区域大气污染监管执法机制的构建提供全局性的建议。具体来说，当前学者有关跨区域大气污染监管执法中观层面的研究主要集中在对跨区域大气污染监管执法路径的探讨、跨区域大气污染监管执法完善对策的

〔1〕 金太军、陈雨婕：《论长三角区域生态治理政府间的协作》，载《阅江学刊》2012年第2期，第26~31页。

〔2〕 张成福、李昊城、边晓慧：《跨域治理：模式、机制与困境》，载《中国行政管理》2012年第3期，第102~109页。

〔3〕 易志斌：《中国区域环境保护合作问题研究——基于主体、领域和机制的分析》，载《理论学刊》2013年第2期，第65~69页。

〔4〕 Doug Haydel, "Regional Control of Air and Water Pollution in the San Francisco Bay Area", 55 Cal. L. Rev., 710~711 (1967).

分析以及跨区域大气污染监管执法机制的建构三个方面。

（1）对跨区域大气污染监管执法路径的探讨。对于跨区域大气污染监管执法的实施，学界普遍认为有两条路径可选：第一条路径主张成立跨行政区域的区域政府，并依托该政府建立统一的区域性大气污染监管执法机构，从而由其负责跨区域大气污染监管执法的实施，[1]第二条路径则是在不改变现行环境行政管理体制的前提下，通过建立一系列的执法协调机制来实现跨区域大气污染监管执法的目的。[2]成立区域性政府，意味着需要在纵向上重新分配中央、地方权力，并在横向上重新分配地方政府权力，这不仅会对我国现行行政管理体制造成很大冲击，而且还意味着人力、物力成本的巨额投入，因此第一条路径在我国尚难以大规模推广。相较而言，第二条路径则更具有可行性。[3]张成福等学者在分析了跨域治理模式的选择原则之后，将我国的跨域治理模式区分为中央政府主导模式、平行区域协调模式和多元驱动网络模式。[4]宁淼等学者在总结分析欧盟、美国与中国区域大气污染联防联控管理模式的基础上，把区域联防联控的管理模式分为纵向机构的管理模式和横向机构的协作模式，并认为"尽管设立跨行政区的管理机构是一个比较有效的方法，但是在短期内难以建立，而短期内以最小制度成本取得最优治理效果的方式则是通过行政区之间的横向合作来解决跨界污染"，从而主张区域环境协商是现阶段适用于我国区域空气质量管理的最佳模式。[5]学者胡佳则在比较市场协调机制、科层协调机制以及网络治理协调机制各自不足的基础上，提出了区域环境治理应走向整体性治理的主张。[6]此外，学者马修（Matthew Polesetsky）基于南海岸空气管理区的市场激励模式，认为市场手段是推动大

---

[1]　韩志红、付大学：《地方政府之间合作的制度化协调——区域政府的法治化路径》，载《北方法学》2009年第2期，第129页。

[2]　参见石佑启、杨治坤：《试论中部地区法制协调机制的构建》，载《江汉论坛》2007年第11期；程宝山、陈谦：《中部地区经济一体化进程中的法制协调》，载《河南社会科学》2010年第1期。

[3]　刘莘主编：《区域法治化评价体系与标准研究》，中国政法大学出版社2013年版。

[4]　张成福、李昊城、边晓慧：《跨域治理：模式、机制与困境》，载《中国行政管理》2012年第3期，第104~107页。

[5]　宁淼、孙亚梅、杨金田：《国内外区域大气污染联防联控管理模式分析》，载《环境与可持续发展》2012年第5期，第11~18页。

[6]　胡佳：《区域环境治理中的地方协调机制及其效用比较》，载《福建行政学院学报》2015年第3期，第9~14页。

气污染防治的重要路径。[1]

（2）对跨区域大气污染监管执法的完善对策的分析。学者徐键从行政协助的协议化入手，对跨区域执法的保障和完善问题进行了相应解读。[2]学者徐兰飞认为，在跨行政区水污染治理中要实现地方政府合作，需要解决三个层面的基本问题：如何让地方政府参与合作，怎样合作，以及如何保障合作的效果。要解决这三个问题，可以从制度、利益这两个基本要素出发来考虑构建地方政府合作的动力、运行、监督机制。[3]学者苗志红认为，执法统一是法治统一的关键所在。目前，可以通过优化执法环境、订立行政协议、成立协调机构和完善联席会议、行政协助、案件移送、信息共享和争议协调制度等协作机制来实现城市圈区域内执法的统一协调和功能优化。[4]学者易志斌认为，为扩大和深化区域环境保护合作，需要进一步界定合作的三大主体和区域环境保护合作领域，并建立相应的合作推进机制。[5]学者道格拉斯（Douglas R. Williams）则认为，要推动区域大气污染治理，需要建立拥有适当环境管理权的区域大气环境管理机构。[6]

（3）对跨区域大气污染监管执法的机制建构。宁淼等学者认为，区域大气污染联防联控机制主要包括主体机制、目标机制、运行机制和保障机制四个方面的内容。[7]张成福等学者认为，跨域治理的基本机制至少应包括利益机制、互助机制、沟通机制、协商机制、信息机制、资金机制、规划机制以及

---

[1] Matthew Polesetsky, "Will a Market in Air Pollution Clean the Nation's Dirtiest Air-A Study of the South Coast Air Quality Management District's Regional Clean Air Incentives Market", *22 Ecology L. Q.*, 359 (1995).

[2] 徐键：《论行政协助的协议化——跨区域行政执法的视角》，载《浙江社会科学》2008年第9期，第43~49页。

[3] 徐兰飞：《中国跨行政区水污染治理中地方政府合作的理论探析》，载《山东行政学院学报》2011年第1期，第24~26页。

[4] 苗志江：《武汉城市圈区域行政执法一体化探讨》，载《江汉大学学报（社会科学版）》2012年第3期，第64~69页。

[5] 易志斌：《中国区域环境保护合作问题研究——基于主体、领域和机制的分析》，载《理论学刊》2013年第2期，第65~69页。

[6] Douglas R. Williams, "Toward Regional Governance in Environmental Law", *46 Akron L. Rev.*, 1090 (2013).

[7] 宁淼、孙亚梅、杨金田：《国内外区域大气污染联防联控管理模式分析》，载《环境与可持续发展》2012年第5期，第1~11页。

评估机制八项内容。[1]学者陈俊认为,对区域立法机制的构建,应主要从推进区域立法协作机制、推进区域各地立法信息交流、通报协作机制以及构建和完善区域利益分享和补偿机制这三个层面着手。[2]曹锦秋等学者则主张从明确联防联控法律机制的指导思想、健全区域大气污染联防联控之主体、完善区域大气污染联防联控措施三个方面对跨行政区域大气污染联防联控法律机制进行完善。[3]高桂林等学者认为,要增强大气污染联防联控法律制度的实效性,需要从统筹协商、公平担责以及利益共享等角度建立以利益协调为中心的大气污染联防联控谈判机制,并以强化政府责任为核心完善大气污染联防联控的法律责任机制。[4]学者王金南主张应从成立大气污染联防联控协调小组、构建区域大气科学中心、健全区域空气质量网络监测体系、实施区域大气联合执法监管、完善区域大气环境保护投入机制以及统一评估考核区域大气污染防治工作进展方面来构建区域大气污染联防联控的保障体系。[5]学者莉萨(Lisa Trankley)认为,要推动固定源大气污染防治,就需要建立区域性大气污染防治机制,而这需要划定区域大气污染控制区、建立区域大气污染管理机构并赋予其相应的管理权限。[6]

三、微观层面的研究现状

国内外学者除了对跨区域大气污染监管执法机制进行全局性、系统性的构建之外,还专门针对跨区域大气污染监管执法机制的某一个环节或问题进行深入论述,通过对跨区域大气污染监管执法机制微观要素的深入分析,以求实现条分缕析、鞭辟入里的效果,并能在增强研究针对性的同时,提升研究的深度。鉴于此,本书将这类研究称为有关跨区域大气污染监管执法的微

---

〔1〕 张成福、李昊城、边晓慧:《跨域治理:模式、机制与困境》,载《中国行政管理》2012年第3期,第107~109页。

〔2〕 陈俊:《区域一体化进程中的地方立法协调机制研究》,法律出版社2013年版。

〔3〕 曹锦秋、吕程:《联防联控:跨行政区域大气污染防治的法律机制》,载《辽宁大学学报(哲学社会科学版)》2014年第6期,第32~40页。

〔4〕 高桂林、陈云俊:《评析新〈大气污染防治法〉中的联防联控制度》,载《环境保护》2015年第18期,第42~46页。

〔5〕 王金南、宁淼、孙亚梅:《区域大气污染联防联控的理论与方法分析》,载《环境与可持续发展》2012年第5期,第5~10页。

〔6〕 Lisa Trankley, "Stationary Source Air Pollution Control in California: A Proposed Jurisdictional Reorganization", 26 *UCLA L. Rev.* 917~924 (1979).

观层面的研究。相较于中观层面的研究，微观层面的研究只是着眼于跨区域大气污染监管执法的某一个环节，虽然其缺乏对跨区域大气污染监管执法的全局性掌控和系统性布属，但由于其侧重于对跨区域大气污染监管执法过程中某一个环节的深入探究，因而更有利于提高跨区域大气污染监管执法研究的深度和精度。当前，我国学者主要从执法本体构造的界定以及信息交流、沟通协商和利益平衡机制的建立这几个方面对跨区域大气污染监管执法的机制建构问题展开探讨，下文对此予以详述。

（1）对跨区域大气污染监管执法本体构造的探讨，而这又具体分为跨区域大气污染监管执法的主体、客体、程序三个方面的内容。其中，对于跨区域大气污染监管执法主体的探讨，学者冯汝认为建立跨区域环境政策的统一执行机构，是对跨地区环境治理纵向环境管理体制的重大改革，也是对横向合作机制不适应状况的体制创新。[1]学者周叶中、张彪认为缺乏法律基础、区域利益协调机制不完善、政府权力约束不足是制约区域协调组织发展的关键所在，指出区域协调组织应当将"地方政府合作关系法"作为建设的法律基础，完善区域利益协调机制，并通过"地方政府合作关系法"规范横向政府关系，进而实现对区域发展过程中政府权力的有效约束。[2]此外，对于跨区域大气污染监管执法客体的界定，学者王金南认为，区域大气污染联防联控首先涉及对控制区域的划分，而针对区域空气污染问题，可以有以下两种划分方式：一是根据大气污染特征划分联防联控区域，二是按照生态环境的地理特征——大气流动规律划分联防联控区域。[3]最后，对于跨区域大气污染监管执法的程序问题，学者崔卓兰、杜一平从行政权滥用的预测及防范角度对执法程序进行了设计，[4]学者欧阳志刚、李建华对执法程序的正当性内涵进行了深入解读，[5]而学者赵振宇则对程序设置的法制原则进行了详细探讨。[6]

〔1〕 冯汝：《跨区域环境治理中纵向环境监管体制的改革及实现——以京津冀区域为样本的分析》，载《中共福建省委党校学报》2018年第8期，第56~64页。
〔2〕 周叶中、张彪：《促进我国区域协调组织健康发展的法律保障机制研究》，载《学习与实践》2012年第4期，第39~46页。
〔3〕 王金南、宁淼、孙亚梅：《区域大气污染联防联控的理论与方法分析》，载《环境与可持续发展》2012年第5期，第5~10页。
〔4〕 崔卓兰、杜一平：《行政权滥用的预测与防范》，载《法学杂志》2012年第1期，第1~7页。
〔5〕 欧阳志刚、李建华：《论行政执法程序的正当性内涵》，载《求索》2011年第11期，第94~96页。
〔6〕 赵振宇：《论程序设置的法制原则》，载《中国青年政治学院学报》2007年第4期，第97~101页。

（2）对跨区域大气污染监管执法信息交流机制的构建。其中，学者司林波、王伟伟认为加强跨行政区生态环境协同治理的信息资源共享机制建设，能够克服跨行政区生态环境协同治理面临的"信息鸿沟"，有效提升跨行政区生态环境协同治理效果。[1]学者德真（Delen Abate）、沙希德（Shahid Akhtar）认为，信息的充分交流和获取是政府监管以及公众参与的基础，因而也是防范跨区域大气污染的重要手段。[2]林楠等学者从跨界地区政府间需要共享的水环境信息内容、跨区域水环境信息共享的思路、跨区域水环境信息传递的方式以及跨区域水环境信息共享的制度四个方面入手，建立了跨区域水环境信息共享机制。[3]学者李长友认为，我国现行环境信息公开法制缺乏区域性规定，其宗旨的偏失不仅阻碍了区域环境信息协作动力的生成，而且基层社会主体缺位也制约着区域环境信息生成和发布，并使其无法覆盖整个区域。应该将保障环境知情权作为环境信息公开法治宗旨贯穿始终，并改进区域环境信息生成方式、强调区域内乡镇以上政府和所有企业环境信息公开的法律义务、鼓励区域社会组织合法生成和公开区域环境信息、明确区域环境信息公开内容、将区域环境信息公开超越行政边界，以此建立和健全区域环境信息协作法律机制。[4]

（3）对跨区域大气污染监管执法利益协调机制的探讨。其中，学者郭钰认为，利益整合问题仍是跨区域生态环境合作治理的掣肘和短板，而通过搭建区域信任与利益协商桥梁、健全利益诉求与利益表达体系、统一利益目标与增强利益分配规范化、优化利益共享与利益补偿格局等途径来构建利益整合机制乃是协调跨区域生态环境合作治理利益关系的必由之路。[5]聂辉华等学者认为，要推动京津冀地区"环保风暴"的实施，就要构建环保方面的跨区转移支付机制，由经济发达地区向经济欠发达地区提供资金补偿，来调动

---

〔1〕 司林波、王伟伟：《跨行政区生态环境协同治理信息资源共享机制构建——以京津冀地区为例》，载《燕山大学学报（哲学社会科学版）》2020年第3期，96~106页。

〔2〕 Dejen Abate, Shahid Akhtar, "Information and Knowledge Inputs: Combatting Desertification in Africa and Transboundary Air Pollution in Europe", 24 Envtl. Pol'y & L., 71 (1994).

〔3〕 林楠等：《我国跨区域水环境信息共享机制》，载《哈尔滨工业大学学报》2012年第12期，第41~46页。

〔4〕 李长友：《论区域环境信息协作法律机制》，载《政治与法律》2014年第10期，第11~22页。

〔5〕 郭钰：《跨区域生态环境合作治理中利益整合机制研究》，载《生态经济》2019年第12期，第159~164页。

整个区域参与环保风暴的积极性。[1]学者杜秋莹、李国平认为，要实现区域可持续发展，必须实现跨区域环境成本的补偿，在传统的补偿方法之外，要探索多种区域合作方式，包括区域间货币补偿、资源环境的全成本定价、区域间资源环境的产权交易、生态特区建设等。[2]学者杨爱平认为，垂直激励机制利于政府间竞争但不利于政府间合作，应构建涵盖地方政府间利益分配、利益协调、利益补偿、利益让渡的平行激励机制，从而使地方政府实现一种地位平等、意思自治、利益兼容的制度化合作。[3]学者郑志国认为，为了实现经济发展与生态环境保护双赢，需要建立跨区域生态补偿机制，由中央和地方政府分别实行不同层级的跨区域生态补偿，积极探索多种补偿途径和方式，并确定合理的补偿水平。[4]学者江伟全认为，利益协调是空气污染跨域治理成功与否的关键，为了实现空气污染的跨域有效治理，在利益协调方面，必须构建多元主体共同参与的协调模式，完善利益协调的体系与功能，健全生态利益补偿机制，并创新各种利益协调的强制执行机制。[5]美国学者约翰（John P. Dwyer）认为，正是由于合作联邦机制将联邦权力分散下移，并为各州落实清洁空气法提供了资金支持，才有效调动了州政府实施清洁空气法的积极性。[6]

纵观国内外学者有关跨区域大气污染监管执法的研究成果，可以发现，虽然目前直接以跨区域大气污染监管执法作为研究对象的学术成果还为数不多，但学者已从区域环境治理、跨区域政府合作以及区域大气污染联防联控的角度对跨区域大气污染监管执法问题进行了全方位解读。其中，既有关于区域环境治理和政府间合作概念、内涵、特征、意义、理论依据以及存在障

---

〔1〕 聂辉华等:《"环保风暴"遭遇最大阻梗，跨区转移支付将为"蓝天梦想"解套》，载《华夏时报》2018年1月29日。

〔2〕 杜秋莹、李国平:《跨区域环境成本及其补偿》，载《社会科学家》2006年第4期，第69~72页。

〔3〕 杨爱平:《从垂直激励到平行激励：地方政府合作的利益激励机制创新》，载《学术研究》2011年第5期，第47~53页。

〔4〕 郑志国:《积极探索建立跨区域生态补偿机制》，载《南方经济》2015年第4期，第116~120页。

〔5〕 汪伟全:《空气污染跨域治理中的利益协调研究》，载《南京社会科学》2016年第4期，第79~84页。

〔6〕 John P. Dwyer, "The Practice of Federalism under the Clean Air Act", *54 Md. L. Rev.*, 1183 (1995).

碍等基本理论问题的宏观层面的研究，也有中观层面针对区域环境治理、政府间合作以及区域大气污染联防联控路径和机制的全方位系统建构，更有微观层面针对区域环境治理、政府间合作以及区域大气污染联防联控的主体设置、客体界定、信息沟通、利益平衡等保障机制的细化设计。通过对上述研究成果的梳理，在完整勾勒当前区域环境治理、政府间合作以及区域大气污染联防联控相关研究谱系的同时，也为跨区域大气污染监管执法的相关研究提供了可行的路径指引和丰富的材料支持，从而为跨区域大气污染监管执法研究的深入开展打下了良好基础。不过，当前国内外学者有关跨区域大气污染监管执法的研究在针对性和可操作性层面还存在不足之处，因而难免给人以意犹未尽之感，而这既为本书的写作提供了契机，也为本书的开展指明了方向。

第三节　研究思路、方法与结构

依据前人的研究基础，本书在探讨跨区域大气污染监管执法的概念、特征、理论依据、功能等基本理论问题的基础上，对跨区域大气污染监管执法的主体、客体、程序、保障等基本要素予以分门别类的设计，并借助对上述要素的分析整合，实现对跨区域大气污染监管执法机制的体系化建构，以便促进跨区域大气污染监管执法机制的完善以及跨区域大气污染监管执法制度的发展，并最终保障我国跨区域大气污染监管执法的顺利实施。为了保障本课题研究的顺利进行以及研究目标的有效实现，则需要对本书的研究思路、研究方法以及研究结构有一个明确的把握。

一、研究思路

跨区域大气污染监管执法是我国大气污染执法领域的新事物，其在实践中的运行还面临着概念不清、依据不足、机制不全的窘境。鉴于此，在研究进程中，本书始终遵循"是什么——为什么——怎么办"的研究思路，在系统分析跨区域大气污染监管执法的概念、特征、理论依据、功能等基本理论问题的基础上，从学理探究和实证考察入手，对跨区域大气污染监管执法的主体、客体、程序、保障予以具体分析和探索性设计，以便促进我国跨区域大气污染监管执法机制的完善，保障我国跨区域大气污染监管执法活动的顺利实施。

本书研究既注重现有学术理论对跨区域大气污染监管执法路径的选择和机制的建构，也注重实践对跨区域大气污染监管执法路径和机制的检验和修正。依此思路，在研究过程中，既注重对国内外现有研究成果的学习和借鉴，更立足于对我国跨区域大气污染监管执法实践的考察，以力争在丰富我国跨区域大气污染监管执法理论的同时，更能为我国的跨区域大气污染监管执法实践提供针对性的建议，并最终促进我国跨区域大气污染监管执法活动的顺利实施。

具体来说，本书对跨区域大气污染监管执法的研究是按照先理论、后实践以及先总括、后具体的思路展开的。如图 1 所示，本书首先对跨区域大气污染监管执法的基本理论问题进行探讨，然后再对跨区域大气污染监管执法机制展开建构。其中，跨区域大气污染监管执法的基本理论问题涉及跨区域大气污染监管执法的概念、特征、理论依据、功能四个方面的内容，而跨区域大气污染监管执法机制的建构则主要是从主体、客体、程序、保障四个方面对跨区域大气污染监管执法机制的具体内容进行设计。

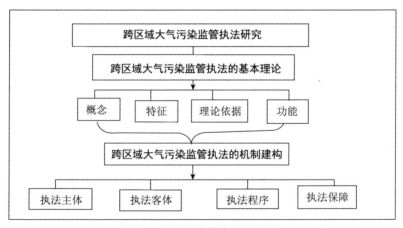

图 1 本书研究基本思路图示

二、研究方法

没有科学的方法，就很难产生科学的理论，如果研究方法失当，则不仅会增加研究成本，还容易导致研究结果与实际情况产生偏差，从而无法保障研究目标的有效实现。反之，如果采用了科学合理的研究方法，则不仅有利于保障研究活动的顺利进行，还能节省研究精力，保障研究效果。由此可见，对研究方法的选择也是本书研究工作中至关重要的一环。跨区域大气污染监管执法是我国大气污染防治领域的一个新事物，不仅对其理论基础的探讨需要政治学、经济学、管理学等多学科的支撑，而且对其执法机制的建构也需要环境与资源保护法学以及宪法与行政法学方面的知识储备；此外，为了保障研究的全面性，在研究过程中不仅需要对国内外学者的相关研究成果进行分析和借鉴，还要对我国跨区域大气污染监管执法的实践进行调查和梳理；最后，本书研究既要立足于我国的大气污染执法实际，还要对国外跨区域大气污染监管执法的理论和实践予以吸收借鉴。因此，为了在研究过程中做到理论和实践统一、国内和国外并重，就需要综合运用文献分析、比较研究、系统分析、规范研究、实证研究等多种研究方法，以保障本书研究的顺利进行和研究效果的有效取得。

1. 文献分析方法

只有站在巨人的肩膀上，才能看得更远，而学术研究要想取得进展，也离不开对现有研究成果的吸收和借鉴，而唯有对前人的研究成果予以充分的借鉴，才有可能在理论创新和对策设计上取得突破。跨区域大气污染监管执法作为我国环境保护领域的一个新事物，虽然当前学者对其关注还不算太多，但可资借鉴的国内外相关研究成果已经颇为丰硕。具体而言，无论是对跨区域大气污染监管执法理论基础的分析，还是对跨区域大气污染监管执法机制的构建，都可以从国内外学者的相关研究成果中找到依据，获得灵感。据此，要保障本书研究的顺利进行，就离不开对国内外学者有关跨区域大气污染监管执法相关研究成果的学习和借鉴。为此，本书在研究过程中不仅关注法学领域的相关研究成果，还充分涉猎政治学、经济学、管理学领域的学术见解，通过对环境执法、区域环境治理、府际关系等相关领域理论研究成果的分析和提炼，为本书研究的顺利进行积累素材和储备知识。

2. 比较研究方法

环境问题的共性为我国借鉴国外的先进环境理论以及环境治理经验提供了可能，尽管发达国家在政府组织形式以及环境管理体制方面和我国有明显的不同，但在跨行政区域的环境治理方面却大同小异，从而也使得我国在跨区域大气污染监管执法领域借鉴国外的相关理论成果和实践经验具有可行性。值得一提的是，与我国相比，发达国家较早意识到区域大气污染问题，并采取了相应的举措来应对区域大气污染的威胁，从而在区域大气污染防治领域积累了较为丰富的经验。通过对上述国家跨区域大气污染监管执法实践的考察以及相关理论研究成果的学习，并将上述国家的跨区域大气污染监管执法实践与我国的跨区域大气污染监管执法实践进行横向比较，不仅容易发现跨区域大气污染监管执法的共性规律，还有利于丰富我国的跨区域大气污染监管执法理论，从而有助于促进我国跨区域大气污染监管执法机制的发展、完善。

3. 系统分析方法

系统分析方法是将需要探讨和解决的问题看作为一个系统，从整体角度对相关内容加以综合分析，从而找出解决问题的具体方案。[1]本书将跨区域大气污染监管执法作为一个整体系统加以分析，并以跨区域大气污染监管执法机制的建构为主线，将跨区域大气污染监管执法的理论依据、实施路径、执法主体、执法客体、执法程序以及执法保障等各个层面的要素整合在一起，从而有效借助国内外学者在上述领域的相关研究成果来促进跨区域大气污染监管执法研究的系统化。这不仅有助于促成我国跨区域大气污染监管执法理论体系的形成，也可以为我国跨区域大气污染监管执法实践提供系统的理论支持和针对性的对策建议。

4. 规范研究方法

本书从法学角度对跨区域大气污染监管执法的路径选择及机制建构进行研究，因而无论是研究的起点，还是研究的终点，最后都要落脚在跨区域大气污染监管执法的相关法律法规之上。具体而言，我国2015年修订的《大气污染防治法》第92条有关"跨区域执法"的规定，是本书对跨区域大气污染监管执法问题进行研究的缘起，而本书对跨区域大气污染监管执法路径及机制的探讨，最终目的也是促进我国跨区域大气污染监管执法的相关法律法规的完善。要实现上述研究目的，既离不开对跨区域大气污染监管执法理论的探究和执法实践的探索，更离不开对我国跨区域大气污染监管执法相关法律依据的梳理、解析。据此，我国区域大气污染联防联控领域的相关法规不仅是开展跨区域大气污染监管执法实施问题研究的重要依据，也是本书研究的重要内容。具体来说，不仅跨区域大气污染监管执法的相关研究离不开对上

---

〔1〕 罗健：《马克思社会有机体理论的方法论》，苏州大学2013年博士学位论文，第176页。

述法律规范的系统解读，促进上述法规的完善也是本书开展跨区域大气污染监管执法研究的主要目的，而这都使得规范研究方法成为本书的重要研究方法之一。

5. 实证研究方法

法学是一门实践性和实证性都较强的学科，具有明确的对策性和应用性，而法学理论研究也具有明确的问题意识和实证意识，实际上，法学理论的生命力，也是源于其对现实的直接回应和与实践的紧密结合。这是因为，缺少了实践资料的支持，法学理论研究就缺少了可靠的素材和灵感来源；而缺乏了实践的验证，则法学理论的真伪也难以得到有效鉴别。此外，如果法学理论学说不能应用于法律实践或者为法治改革提供指导，则这种理论最终难逃石沉大海的命运。鉴于此，要保持法学理论研究的可靠性和生命力，就要让法学理论扎根于实践，并实现和实践的紧密结合，而实证研究则是拉近理论和实践的一条有效途径，这也使得实证研究方法成为本书研究不可或缺的重要方法之一。[1]具体来说，在本书研究过程中，通过考察我国地方政府的跨区域大气污染监管执法实践，不仅可以验证现有的跨区域大气污染监管执法理论，更可以及时了解实践中跨区域大气污染监管执法面临的困难和存在的问题，从而为理性建构跨区域大气污染监管执法机制提供明确的靶向，并最终有助于提高跨区域大气污染监管执法机制的针对性、实效性。

三、研究结构

本书在篇章布局上秉承"总—分"的逻辑结构，除导论之外，主要由六个部分的内容构成。其中，第一部分是本书的总论部分，主要是对跨区域大气污染监管执法的基本理论问题进行研究，其余部分则是本书的分论部分，分别对跨区域大气污染监管执法的主体、客体、程序、保障四个要素进行论述。本书认为，作为区域环境治理理念在大气污染执法领域的具体体现，跨区域大气污染监管执法不仅是区域环境治理理论、府际关系理论、博弈理论应用于大气污染防治领域的必然结果，也是区域性大气污染防治的应然要求，其实施不仅吻合区域大气污染防治的内在规律，更及时响应了我国对区域大

---

〔1〕 郭泰和：《公用企业信息公开研究》，中国政法大学出版社 2015 年版，第 26 页。

气污染进行联防联控的迫切需求，应作为我国贯彻区域大气污染联防联控的重要举措。由此可见，跨区域大气污染监管执法的实施不仅具有正当性、必要性，更具有可行性，理应作为我国区域环境治理的重要方式。

需要指出的是，当前我国相关政策法规还没有对跨区域大气污染监管执法进行系统的制度建构，而我国地方政府也没有大规模开展跨区域大气污染监管执法的实践。究其原因，是因为，跨区域大气污染监管执法在我国还是一个新事物，因而对于由谁来实施跨区域大气污染监管执法、在哪些领域以及对哪些事项实施跨区域大气污染监管执法、如何实施跨区域大气污染监管执法等诸多问题，目前都还缺乏明确的答案。在此情况下，从学理上对上述问题进行解读和回答则适逢其时。为此目的，本书以我国现有的政策法规为依据，以我国跨区域大气污染监管执法实践为基础，从跨区域大气污染监管执法的主体、客体、程序、保障四个方面入手，对我国跨区域大气污染监管执法的机制进行建构，并分别形成了本书四个部分的内容，再加上本书的结语部分，共同组成了本书的整体。为了便于读者对本书整体内容的把握，对于本书六个部分的内容，下文作一简要介绍。

（1）本书第一部分是有关跨区域大气污染监管执法基本理论问题的研究，主要是对跨区域大气污染监管执法的概念、特征、理论依据以及功能等基本理论知识的探讨，目的就是界定跨区域大气污染监管执法的基本范畴，并证成跨区域大气污染监管执法的正当性、可行性，从而有效回答什么是跨区域大气污染监管执法以及为什么要实施跨区域大气污染监管执法这两个基础性问题。为此目的，本书首先对跨区域大气污染监管执法的概念进行界定，以明确跨区域大气污染监管执法的内涵和外延。其次，通过分析跨区域大气污染监管执法的必要性及其理论依据，在分析跨区域大气污染监管执法由来的同时，对跨区域大气污染监管执法的特征、功能进行分析，以便在明确跨区域大气污染监管执法的定位及其所具有的价值和意义的同时，对跨区域大气污染监管执法的正当性进行论证。

（2）本书第二部分是对跨区域大气污染监管执法主体的分析和设置，围绕由谁来实施跨区域大气污染监管执法这一核心问题，本书在对跨区域大气污染监管执法主体的概念、类型、特征解读之后，分别依据统一执法模式、交叉执法模式和联合执法模式三种路径对跨区域大气污染监管执法的主体予以设置，并对各自模式下跨区域大气污染监管执法主体所具有的权限进行明晰。具体而言，在统一执法模式下，跨区域大气污染监管执法主体为国家设立的跨地区环保机构，其依据法定职权开展跨区域大气污染监管执法事宜；在交叉模式下，跨区域大气污染监管执法主体则为区域内地方政府共同的上级环境保护主管部门，其有权在本区域内组织交叉执法活动；在联合执法模式下，尽管名义上应由大气污染联合执法小组作为跨区域大气污染监管执法的主体，但实际上是由大气污染联合执法小组的成员在其管辖区域内分别行使大气污染监管执法权，因而也使得区域内地方政府所属的大气污染执法机构成为实质上的跨区域大气污染监管执法主体。需要指出的是，在上述执法模式中，联合执法模式较为适合我国跨区域大气污染监管执法实际，因而应将其作为我国跨区域大气污染监管执法的首要模式，并依据此模式将区域内地方政府所属的大气污染执法机构作为主要的跨区域大气污染监管执法主体。

（3）本书第三部分是对跨区域大气污染监管执法客体的界定，通过对跨区域大气污染监管执法客体的内涵、功能、界定原则、理论建构几个方面问题的探讨，目的就是解决在哪些领域以及对什么事项实施跨区域大气污染监管执法的问题。与传统大气污染执法相比，跨区域大气污染监管执法涉及两个甚至多个行政区划，其执法过程需要协调不同地区政府之间的关系，因而在执法信息获取以及执法行为实施上都要耗费比传统大气污染执法更高的成本。基于成本效益理论的要求，就需要对跨区域大气污染监管执法的客体进行界定，而不是把所有的大气污染项目都事无巨细地纳入跨区域大气污染监管执法的范畴之中。此外，无论依据统一执法模式下的主体建构，还是交叉执法模式以及联合执法模式下的机制设计，都会涉及对跨区域大气污染监管执法主体与传统大气污染执法主体之间关系的处理，而对跨区域大气污染监管执法客体的明确也有利于协调上述主体之间的关系，从而保障整个大气污染执法体制的协调统一。参照我国区域大气污染防治的实践，可知跨区域大气污染监管执法的客体应主要包括那些位于行政交界区域并具有较大大气污染风险的事项，而对于那些位于行政区域内部且不会产生明显跨区域大气污染效果的项目，则仍应由传统大气污染执法主体负责管辖，而不需要将其纳入跨区域大气污染监管执法的客体之中。

（4）本书第四部分是对跨区域大气污染监管执法程序的设计。程序是执法的灵魂，而跨区域大气污染监管执法程序不仅可以有效防止跨区域大气污染监管执法职权的滥用，还可以避免不正当干预以及其他违法行为对跨区域大气污染监管执法活动的干扰，因而对于保障跨区域大气污染监管执法的正当性、合理性以及促进执法公平和执法正义的实现都具有重要的作用。为了促成跨区域大气污染监管执法程序的完善，本书从如何实施跨区域大气污染监管执法这一问题出发，对跨区域大气污染监管执法的实施流程、遵循的步骤进行系统的程序建构，以保障跨区域大气污染监管执法能够按照既定的目的稳定而顺利地实施，并促进跨区域大气污染监管执法目标的有效实现。具体来说，本书从我国相关政策法规以及跨区域大气污染监管执法实践出发，并基于协调理论对跨区域大气污染监管执法的发起、运行、善后三个环节的程序进行设计，以保障跨区域大气污染监管执法的有效深入开展。

（5）本书第五部分主要是对跨区域大气污染监管执法保障机制的设计，其目的如同第四部分一样，也是为了保障跨区域大气污染监管执法的有效实施。实际上，跨区域大气污染监管执法的有效实施不仅需要完善的流程设计和程序安排，还需要充分的信息支持和完善的外部监督机制，并需要监管执法过程中的相关主体具有明确的责任意识。此外，协调区域内地方政府之间的利益关系也有助于跨区域大气污染监管执法的顺利实施。鉴于此，本书从信息公开、利益平衡、外部监督、责任追究四个方面为跨区域大气污染监管执法设定相应的保障机制，以促使跨区域大气污染监管执法的稳定实施并取得成效。

（6）本书结语部分，本书在简要回顾了跨区域大气污染监管执法的内涵及其四个构成要素之间内在联系的基础上，对跨区域大气污染监管执法在我国大气污染防治领域的应用前景进行了展望，并以本书的研究成果为基础，对我国跨区域大气污染监管执法制度的建构以及跨区域大气污染监管执法相关立法的完善提出了相应的对策和建议，以便在遵循区域大气环境一体性保护规律的同时，消除地方保护对大气污染监管执法的干扰，并从法律层面完善和强化政府间在大气污染防治领域的横向合作机制，从而有效应对和解决我国所面临的区域大气污染问题。需要明确的是，本书所研究的跨区域大气污染监管执法不是一个孤立的个体，其只是我国区域环境执法中的环节之一，而我们也应将其置于我国区域环境执法的大背景中加以审视和探索，并以跨区域大气污染监管执法为突破口和切入点，通过跨区域大气污染监管执法的先行先试及其体制、机制的逐步完善，带动包括跨区域水污染监管执法、固体废物跨省转移监管执法、跨行政区域不良环境影响建设项目环评审批等跨区域环境执法活动在内的区域环境执法体制、机制的整体建构，从而逐步推动我国环境监督管理体制由按行政区划设置向按环境区域设置的整体转变。[1]

---

〔1〕 当前，我国所进行的省以下环保机构监测监察执法垂直管理制度改革也有助于我国的环境管理体制从行政区管理向环境区域管理的转变，对消除行政区划对一体性环境的分割、遏制地方保护对环境执法的阻碍也具有重要的作用，但此种改革只能是一种过渡，理想的状态仍然是要打破按行政区划设置环境管理机构的模式，通过跨地区环保机构的建立，实现按环境区域设置环境保护机构的目的。

第二章 | 跨区域大气污染监管执法的基本理论

当前，跨区域大气污染监管执法还是我国环境执法领域的一个新事物，尽管我国学界已从区域环境治理、重点区域大气污染联防联控以及跨区域大气污染防治等角度对跨区域大气污染监管执法的相关问题展开了相应研究，但对于何为跨区域大气污染监管执法、为何要实施跨区域大气污染监管执法以及如何实施跨区域大气污染监管执法等基本理论问题，学界还缺乏系统深入的专门论述，这不仅不利于对跨区域大气污染监管执法的深入认识，也会阻碍跨区域大气污染监管执法在实践中的顺利开展。鉴于此，在具体研究跨区域大气污染监管执法的具体内容之前，本书拟首先对跨区域大气污染监管执法的概念、由来、特征、功能等基本理论问题作一系统梳理，以便在明确跨区域大气污染监管执法内涵的同时，界定跨区域大气污染监管执法的基本范畴，并为下文中跨区域大气污染监管执法问题的深入研究做好必要的理论铺垫和充分的知识准备。

第一节　跨区域大气污染监管执法的概念

著名人类法学家霍贝尔（E. Adamsn Hoebel）指出："一个探索者在任何领域中的工作总是从创造该领域中的语言和概念开始。"[1]因此，对跨区域大气污染监管执法基本理论问题的探讨也应从对跨区域大气污染监管执法概念的界定开始。需要指出的是，本书所称的"跨区域大气污染监管执法"一词，源于我国 2015 年修订的《大气污染防治法》第 92 条中对"跨区域执法"一

---

[1] ［美］E. 霍贝尔：《原始人的法》，严存生等译，贵州人民出版社 1992 年版，第 17 页。

词的使用，意指大气污染防治领域的跨区域监管执法。[1]其中，需要明确的是，"跨区域大气污染监管执法"中的跨区域着眼于监管执法行为的跨区域而非是大气污染影响的跨区域。[2]据此，本书中所称的跨区域大气污染监管执法并非针对跨区域大气污染所进行的执法，而是针对大气污染所进行的跨区域执法，其中，执法行为的跨区域性是本书中所称跨区域大气污染监管执法的基本特征。由此可见，跨区域大气污染监管执法既是跨区域执法的一种，也是大气污染执法的一种，是跨区域执法应用于大气污染防治领域所产生的一种新型执法形式。据此，跨区域大气污染监管执法这一概念实际上是由跨区域和大气污染监管执法这两个核心概念合并而成的，只要明确了跨区域和大气污染监管执法的概念，跨区域大气污染监管执法的概念便可得到明确界定。

一、跨区域概念的推演

无论是跨区域执法，还是跨区域大气污染监管执法，其都涉及"跨区域"这一核心内容。因此，要界定上述概念，自然离不开对跨区域概念的辨析。跨区域，顾名思义，是指跨越区域，而具体是指跨越什么区域，则有赖于对"区域"概念的进一步明晰，而这是一个较为复杂的问题。这是因为，由于研究视角和研究对象的差异，不同的学科对"区域"概念的界定也有所不同。当前，根据人类的生产、生活和管理活动的不同性质，可以将区域细分为自然地理区域、政治区域、经济区域、行政区域等具体类型，并且上述区域类型在理论和实践中都有所使用。[3]为此，在探讨跨区域的概念之前，应首先对区域的含义进行解析。

---

〔1〕 由此可见，我国《大气污染防治法》（2015 年修订）第 92 条所称的"跨区域执法"是一个总的执法类型，跨区域是该类执法的总体特征。此外，还可以依据跨区域执法的具体适用领域而对其名称作进一步细化。例如，其在大气污染防治领域应用时可被称为"跨区域大气污染执法"，其在水污染防治领域应用时则可被称为"跨区域水污染执法"，而其在海洋污染防治领域应用时则又可以被称为"跨区域海洋污染执法"。

〔2〕 基于大气环境的一体性以及行政区域对一体性大气环境的分割现实，所有的大气污染都具有跨区域特征。鉴于此，对大气污染作跨区域和非跨区域的区分，在理论和实践中并不具有现实意义，故本书中所称的跨区域是针对大气污染监管执法行为而言的，是指跨越行政区域的限制而实施的大气污染监管执法行为。

〔3〕 杨爱平、陈瑞莲：《从"行政区行政"到"区域公共管理"——政府治理形态嬗变的一种比较分析》，载《江西社会科学》2004 年第 11 期，第 24~25 页。

（一）区域内涵的解析

在我国环境治理领域，区域一词主要在两种含义上使用，一种是指环境区域，另外一种则指行政区域。其中，环境区域是一种根据环境要素之间的密切联系而划定的自然地理区域，有时专指具有内在环境联系的跨行政区划的地域范围，此时我们可将之称为跨行政区域的环境区域。在实践中，这种区域可能是跨省区的区域，也可能是省域范围之内的跨县、跨地级市的区域，还可能是其他跨行政区划的特定的地域。[1]当前，我国学者在研究区域环境治理问题时所使用的区域概念主要指的是自然地理区域或者具有内在经济、政治联系的环境区域，[2]而我国政策、法规中所称的"重点区域大气污染联防联控"中的区域也是指依据大气污染的内在规律而划定的大气环境区域。[3]与环境区域不同的是，行政区域则是国家为实施其政权建立和行政管理，依据领土大小，自然环境，政治、经济及文化状态等要素，将领土进行合理的分级划分，并设置相应的地方国家行政机关予以管辖的地域。[4]与区域被作为环境区域而普遍使用的情形相应，在我国当前的理论研究以及法规实践中，将区域界定为行政区域的情形也比比皆是，比如，我国部分学者在研究跨区域环境保护或污染防治问题时就将区域界定为省、市、县等行政区划，此时的区域显然是指行政区域。[5]此外，将区域界定为行政区划也得到

〔1〕　李煜兴：《区域行政规划研究》，法律出版社 2009 年版，第 23 页。

〔2〕　参见陈诚：《央地关系视角下区域环境协同立法的完善路径》，载《理论月刊》2022 年第 2 期；王川兰：《竞争与依存中的区域合作行政——基于长江三角洲都市圈的实证研究》，复旦大学出版社 2008 年版，第 21 页；曾鹏：《论区域经济一体化下区域行政执法合作》，广东教育出版社 2015 年版，第 42 页；李长友：《论区域环境信息协作法律机制》，载《政治与法律》2014 年第 10 期。

〔3〕　例如，《关于推进大气污染联防联控工作改善区域空气质量指导意见》中所指的重点区域就是基于大气污染因素划定的，是一种跨行政区域的环境区域。此外，环境保护部、国家发展和改革委员会、财政部发布的《重点区域大气污染防治"十二五"规划》也将重点区域明确界定为跨行政区划的环境区域。

〔4〕　宋月红：《行政区划与当代中国行政区域、区域行政类型分析》，载《北京大学学报（哲学社会科学版）》1999 年第 4 期，第 56~57 页。

〔5〕　参见胡春艳、周付军：《跨区域环境治理如何实现"携手共进"？——基于多案例的模糊集定性比较分析》，载《东北大学学报（社会科学版）》2023 年第 3 期；魏娜、赵成根：《跨区域大气污染协同治理研究——以京津冀地区为例》，载《河北学刊》2016 年第 1 期；曹瑞芬、张安录：《耕地保护补偿标准及跨区域财政转移机制——基于地方政府经济福利视角的研究》，载《中国人口·资源与环境》2015 年第 10 期；谢伟：《我国跨区域大气污染传输控制立法初探》，载《社会科学家》2015 年第 8 期；薛文博等：《中国 $PM_{2.5}$ 跨区域传输特征数值模拟研究》，载《中国环境科学》2014 年第 6 期；

了包括我国宪法在内的相关立法的确认。其中，我国《宪法》第30条就是按省、市、县三级行政区划对我国的行政区域进行的划分，而我国《环境保护法》第20条以及《水污染防治法》第28条也将区域明确界定为行政区域。

需要指出的是，虽然环境治理领域中的区域概念具有环境区域和行政区域两种不同的含义，但在实践中，我国有些政策法规在使用区域的上述两层含义时尚没有对其作出明确的区分。例如，我国2015年修订的《大气污染防治法》第92条规定："国务院环境保护主管部门和国家大气污染防治重点区域内有关省、自治区、直辖市人民政府可以组织有关部门开展联合执法、跨区域执法、交叉执法。"尽管该法规所使用的"重点区域"和"跨区域执法"两个概念皆涉及区域一词，但基于法律的文义，可知"重点区域"中的区域专指"环境区域"无疑，而"跨区域执法"中的区域则非属"行政区域"不可。受我国现有立法的影响，我国学者在研究区域环境治理问题时，也没有对区域的两种含义进行明确区分，[1]这种用语模糊性不仅容易给人带来困惑，也给跨区域含义的界定带来一定障碍。

幸运的是，为了避免区域所具有的两种含义在使用中可能带来的分歧，在实践中，我国部分立法机关及实务部门在使用区域概念时，就对区域的两种含义作了约定俗成的区分。比如，我国全国人民代表大会于2014年修订的《环境保护法》第20条就将跨区域明确界定为跨行政区域，从而有效避免了使用区域一词所造成的可能分歧。[2]此外，在学术研究领域，我国也不乏学者在研究过程中注意到区域内涵的多元性，并在研究过程中对其进行了有效区别，比如，学者肖爱在将环境区域称为区域的同时，又将行政区划下的区域

（接上页）林楠等：《我国跨区域水环境信息共享机制》，载《哈尔滨工业大学学报》2012年第12期；杨妍、孙涛：《跨区域环境治理与地方政府合作机制研究》，载《中国行政管理》2009年第1期。

　　〔1〕　在有些学者的研究中，区域既可以指基于环境要素的内在联系而确立的环境区域，也可以指基于行政区划的设置而建立的行政区域，但二者之间并没有作明确区分，皆使用了"区域"这一概念。参见兰宗敏、关天嘉：《完善中国区域环境规制的思考与建议》，载《学习与探索》2016年第2期；郭斌：《跨区域环境治理中地方政府合作的交易成本分析》，载《西北大学学报（哲学社会科学版）》2015年第1期。

　　〔2〕　《环境保护法》第20条第1款规定"国家建立跨行政区域的重点区域、流域环境污染和生态破坏联合防治协调机制"，从而将跨行政区域和重点区域做了巧妙的区分。

称为行政区域，从而也实现了对区域所具两种含义的有序界分[1]。

（二）跨区域概念的界定

由上文的分析可知，无论是学界的研究成果，抑或是实务部门制定的政策法规，其在涉及区域环境治理问题时，其中的区域指的是环境区域；但是，在涉及跨区域问题时，其中的区域则专指行政区域。此外，考察我国学者的研究成果，可以发现，在作为环境区域使用时，区域一词一般独立使用，其主要侧重于静态意义上的范围划定；但作为行政区域使用时，区域一般都和"跨"字结合而形成"跨区域"一词，并且其也更加侧重于对动态意义上的行为进行描述。对于区域所具上述两种含义之间的关系，我国学者也进行了精确描述，其中，黄爱宝教授就明确指出："区域环境治理就是指由包括政府在内的多元主体对于跨行政区划的生态环境区域的公共环境事务的合作治理。"[2]而杨妍、孙涛等学者从跨区域环境治理的角度对区域环境治理的相关问题所展开的探讨，也有助于进一步明确区域一词在具体应用场景中所具有的特定含义。[3]

由上文的分析可知，在学术研究领域，我国众多学者所研究的区域环境治理主要着眼于对整个环境区域的治理，其以整个环境区域的环境为着眼点，因而也超越了行政区域的界限，是一种跨行政区域的环境治理。在此种情况下，如果将区域的含义界定为行政区域，那么只有使用"跨区域"一词，才能准确表达出区域环境治理的这种跨行政区域特性。鉴于此，为了避免在使用区域概念时可能导致的混乱，最好的方法是将具有行政区域含义的区域一词直接改称为行政区域，而将跨区域问题直接表述为"跨行政区域"问题。不过，考虑到我国《大气污染防治法》明确使用了"跨区域"一词，并且该词也时常见诸相关学术研究成果及政策法规之中，并已逐渐成为我国学术研究以及法规实践中的一个固定概念，故本书也没有必要再重新创设一个新概念来替代之，而只需将"跨区域"一词明确界定为具有"跨行政区域"之义

---

[1]　肖爱、李峻：《协同法治：区域环境治理的法理依归》，载《吉首大学学报（社会科学版）》2014年第3期，第8~15页。

[2]　黄爱宝：《区域环境治理中的三大矛盾及其破解》，载《南京工业大学学报（社会科学版）》2011年第2期。

[3]　参见杨妍、孙涛：《跨区域环境治理与地方政府合作机制研究》，载《中国行政管理》2009年第1期；郭斌：《跨区域环境治理中地方政府合作的交易成本分析》，载《西北大学学报（哲学社会科学版）》2015年第1期。

即可。综上所述，可知本书所称的"跨区域"中的区域专指行政区域，而本书所称的"跨区域"则具有"跨越行政区域"的含义。

二、大气污染监管执法概念的界定

同传统大气污染执法相比，跨区域大气污染监管执法较好地回应了区域性大气污染防治的要求，其不仅有助于强化区域内地方政府之间大气污染防治执法的协同，还有利于消除行政区划对大气污染执法的阻隔，因而是落实重点区域大气污染联防联控制度的重要举措。据此，实施跨区域大气污染监管执法，不仅是大气污染联防联控机制在大气污染执法领域的具体要求和直接体现，而且对保障重点区域大气污染联防联控的有效实施也具有重要的意义。需要指出的是，作为大气污染执法的一种，跨区域大气污染监管执法与传统大气污染执法一样，其都是国家有权机关对大气污染防治法规的实施，也是对其所承担的大气污染监管职权的行使，因而在本质上也是大气污染执法的一种。鉴于跨区域大气污染监管执法与大气污染执法之间的内在联系，要准确界定跨区域大气污染监管执法的概念，除了要明确跨区域的概念之外，还需要对大气污染执法的概念进行明晰。不过，尽管大气污染执法一直是我国环境保护领域的热点问题，而且我国学者也对大气污染执法存在的问题及完善的对策展开了相关研究，但当前尚无有关大气污染执法概念的明确界定。幸运的是，当前我国学者已对环境执法的概念进行了详细的探讨，而大气污染执法作为环境执法的一种，现有的环境执法概念则可以为大气污染执法概念的界定提供可靠的参照路径。鉴于此，对大气污染执法概念的界定也应依据环境执法的概念进行。

（一）环境执法概念的引入

执法，即法的执行，同立法和司法一样，其不仅是法律实施的重要途径，更是维护社会秩序以及建设法治国家的重要保障，对促进我国经济社会的有序发展也具有重要的作用。相较于跨区域概念的缺失，由于执法一词较早得到了学者的充分关注，因而其在概念上也较为统一和确定，主要指国家行政机关、法律授权、委托授权的组织及其公职人员在行使行政管理权的过程中，依照法定职权和程序、贯彻实施法律的活动。[1]作为行政机关行使公权力的

---

〔1〕 参见张文显主编：《法理学》，高等教育出版社、北京大学出版社1999年版，第295页。

特定方式，执法既可以表现为行政机关作出决定、下达命令、进行裁决的具体行政行为，也可以表现为行政机关依照立法机关的法律授权制定授权立法等抽象行政行为，本书所称的执法侧重于执法机构实施法律的具体行为，因而不将授权立法等抽象行政行为列入其中。综上可知，执法是指执法主体把法律法规适用于具体对象或案件的活动，具体来说，其既包括行政审批、行政许可等事前预防的执法行为，也包括监督检查等事中监管的执法行为，还包括行政处罚等事后追责的执法行为。

作为执法的一种，环境执法是指国家环境行政机关及其工作人员根据法律授权，依照法定程序，执行或适用环境法律法规，直接强制地影响行政相对人权利和义务的具体行政行为。[1]在实践中，其又具体表现为环境监督检查、环境许可、环境处罚等具体执法行为。参照环境执法的概念，可知环境执法具有三个方面的特征要素。首先，环境执法主体是享有环境执法权的国家环境行政机关及其工作人员；其次，环境执法的目的是实施环境保护法规，因而其执法的法律依据也主要来自环境保护领域的法律法规。此外，作为执法行为的一种，环境执法也要遵守我国行政法规中有关执法权限和执法程序的相关法律规定。最后，环境执法是一个行为束，其具体包括环境审批、环境许可、环境监测、环境检查、环境命令、环境处罚等一系列具体执法行为类型。

（二）大气污染监管执法的内涵解析

作为环境执法的一种，大气污染监管执法是指大气污染监管执法主体为了防治大气污染，保障大气污染防治法规的落实，依据相关法律规定对大气污染行为所进行的事前审批、事中监督检查以及事后责任追究等一系列具体行政执法行为的总称。由此可见，大气污染监管执法作为环境执法的一种，其在要素结构上也应与环境执法保持一致，因而本书在此不予赘述。需要明确的是，大气污染监管执法有广义和狭义之分，广义上的大气污染监管执法包括大气污染执法主体实施大气污染防治法规的全过程，具体而言，这既包括行政审批、许可等事前预防的大气污染监管执法行为，也包括监督检查等事中监管的大气污染监管执法行为，还包括行政处罚、行政裁决等事后追究的大气污染监管执法行为；相较而言，狭义的大气污染监管执法则专指事中

---

〔1〕 冯锦彩：《论中国环境执法制度的完善——以中美环境执法制度比较为视角》，载《环境保护》2009 年第 6 期，第 11 页。

监管过程中的大气污染监管执法行为，而事前预防及事后责任追究阶段的大气污染监管执法行为则不在其中。综上可知，本书中所称的大气污染监管执法，就是从狭义的大气污染监管执法角度引申而来的，意指大气污染监管执法主体在事中监管环节对大气污染活动或项目所从事的现场检查、监测等大气污染监管执法行为。

就事前预防环节的大气污染监管执法而言，大气污染监管执法行为皆可按属地原则进行，由具有管辖权的行政机关对其管辖区域内的事宜予以审批、许可等事前监管行为，即便存在跨区域的执法合作，事前监管环节中的执法合作也只限于相关执法信息的交流和共享，而并不存在实质性的跨区域执法行为。同样地，对于事后追究环节中的行政处罚等执法行为，由于其可以直接影响行政相对人的合法权益，因而要严格依照法定的职权进行，并且只能由享有行政处罚职权的大气污染监管执法主体予以实施，其他相关主体则难以实质性地参与其中。这是因为，如果允许多主体处罚的话，不仅容易造成执法冲突，更容易侵害执法相对人的合法权益。据此，在事后追究的行政处罚环节，也难以开展实质性的跨区域执法合作。综上可知，真正能够开展跨区域执法的环节主要集中在事中监管阶段。鉴于此，本书对大气污染监管执法概念的选取也主要着眼于事中监管这一阶段，即大气污染监管执法机关为了保障大气污染防治法规的有效实施，依法对行政相对人实施事中监管的一系列法律行为，其目的是通过对行政相对人的监督管理，确保行政相对人严格守法，从而保障大气污染防治法规的有效实施。

三、跨区域大气污染监管执法概念的总结

由上文中对跨区域概念的分析可知，跨区域意指跨越行政区域。据此，跨区域执法则意指跨越行政区域所进行的执法。当前，这一概念也得到了我国立法部门的初步印证，[1] 不过，我国立法部门工作人员只是将跨区域的区域界定为省级行政区域，并将跨区域执法解释为跨域省级行政区划所进行的

---

[1] 为了促进我国新《大气污染防治法》的有效实施，我国全国人大常委会法制工作委员会的工作人员对《大气污染防治法》中所使用的"跨区域执法"的概念进行了释义，将跨区域执法界定为"区域内的各省、自治区、直辖市可以跨越本行政区，到另一行政区进行执法的方式"。参见全国人大常委会法制工作委员会行政法室编著、童卫东主编：《〈中华人民共和国大气污染防治法〉释义及实用指南》，中国民主法制出版社2015年版，第227页。

执法。实际上，不仅跨越省级行政区域的执法是跨区域执法，即便跨越市级行政区域、县级行政区域甚至乡镇行政区域所进行的执法也都具有跨区域执法的特性，因而也都应被称为跨区域执法。考虑到我国跨区域执法的应用实际，本书也拟选取后者这一更为宽泛的定义，即只要是跨越行政区域所开展的执法都可以被称为跨区域执法，而对于其跨越行政区域的级别大小则在所不问。[1]值得注意的是，对跨区域执法概念的理解和界定不能过于机械，而应从目的论或效果论的角度来框定跨区域执法的内涵。简言之，我们不能把跨区域执法简单理解为由甲地的执法主体到乙地进行执法这样一种执法活动，而应把所有有助于突破行政区划对执法阻碍的执法活动和执法类型都纳入跨区域执法之中。据此，我国执法实践中所开展的统一执法、联合执法以及交叉执法等区域执法活动都应被纳入跨区域执法的范畴之中。

此外，借助上文中对大气污染监管执法概念的分析，可以发现，作为环境执法的一种，跨区域大气污染监管执法也是国家行政机关、法律授权、委托授权的组织及其公职人员依照法定职权和程序，贯彻实施法律的活动，只不过同传统大气污染监管执法相比，其是一种跨越行政区域的大气污染监管执法活动。据此，可知跨区域大气污染监管执法即为跨行政区域的大气污染监管执法，是指大气污染执法主体依照法定的职权和程序可以超越行政区划的限制而在不同行政区域之间实施大气污染现场检查、监测的一种大气污染执法活动。据此，所谓跨区域大气污染监管执法，即为跨越行政区域的大气污染监管执法，是指特定大气污染执法主体依据相应的职权和程序跨越行政区域的限制而以整个大气环境区域作为执法区域从事大气污染监管执法活动的一种执法类型。

为了加深对跨区域大气污染监管执法概念的了解，我们还需要明确以下三点内容。首先，在执法的实施路径上，本书所称的跨区域大气污染监管执法是一个广义的概念，其不仅指大气污染执法机构赴异地开展大气污染监管执法活动这样一种执法类型，还包括不同行政区域之间的大气污染执法机构组建联合执法队伍进行联合执法以及在共同上级环境保护主管部门组织指导

---

〔1〕　参照《中共中央办公厅、国务院办公厅关于省以下环保机构监测监察执法垂直管理制度改革试点工作的指导意见》，我国县环保局将作为市级环保局的派出机构，从而使得市级环保机构成为一个整体，其可以在市级范围内直接实施大气污染执法工作，而不需要依赖本书所称的跨区域大气污染监管执法机制。鉴于此，本书所称的"跨区域"主要指跨市级及以上的行政区域。

下进行交叉执法两种情形,但不管采用何种执法方式,只要超越了行政区划对大气污染执法行为的限制并有助于促进区域内政府间大气污染监管执法的协同,其都应被纳入跨区域大气污染监管执法的范畴。其次,跨区域大气污染监管执法中的跨区域着眼于监管执法行为的跨区域而非是大气污染的跨区域;[1]换言之,本书所称的跨区域大气污染监管执法并非针对跨区域大气污染所进行的监管执法,而是针对大气污染所进行的跨区域监管执法,其中,执法行为的跨区域性是本书中所称跨区域大气污染监管执法的基本特征。最后,跨区域大气污染监管执法专指现场检查、监测等事中监管环节的执法行为,而事前审批、事后责任追究过程中的大气污染执法行为则不在其中。

第二节 跨区域大气污染监管执法的由来

马克思主义学者普遍认为,实践是理论的基础,也是理论的出发点和归宿点,实践对理论起决定作用,而理论则必须接受实践的检验,为实践服务,并随着实践的发展而发展。[2]不过,理论并非简单地依附于实践,而是对实践具有重要的指导作用,理论是实践的头脑、灵魂和精神内核,没有理论作为依据和指导的实践是盲目的、不自觉的。[3]综上可知,理论既来自实践,但同时又对实践具有重要的指导作用,二者辩证统一、相辅相成,处于一种互动相通、互辅共生、互补增值、互惠共赢的多层次、多向度的结构关系之中。[4]此外,需要明确的是,无论是理论还是实践,其都具有明确的目的性、指向性和强烈的问题意识,其产生和发展都应立足于现实,也都是对现实问题的积极回应。由此可见,理论、实践、现实三者之间是一种相互促进、共

---

〔1〕 如上文所述,基于大气环境的一体性以及行政区域对一体性大气环境的分割现实,所有的大气污染都具有跨区域性。鉴于此,对大气污染作跨区域和非跨区域的区分,在理论和实践中都不具有现实意义,故本书中所称的跨区域是针对大气污染监管执法行为而言的,以便通过跨区域大气污染监管执法概念的使用,将本书中所称的跨区域大气污染监管执法与传统的属地大气污染监管执法区分开来。

〔2〕 赵家祥:《理论与实践关系的复杂性思考——兼评惟实践主义倾向》,载《北京大学学报(哲学社会科学版)》2005年第1期,第5页。

〔3〕 刘伟:《实践:理论的历史实现形态——对理论与实践之间关系的探究》,载《理论月刊》2014年第3期,第33页。

〔4〕 姜建成:《理论与实践的关系:马克思主义发展哲学的一个基本问题》,载《当代中国马克思主义哲学研究》2013年第0期,第319~327页。

存共生的关系，没有现实的需求，理论和实践就失去了立身之本和发展动力，没有理论和实践的探索，现实问题也难以得到及时的呼应及有效的解决，而理论与实践之间则以现实为基础，以解决现实问题和满足现实需求为共同目的，从而处于一种和谐共生的关系之中。作为一种新兴的大气污染执法类型，跨区域大气污染监管执法的产生不仅是区域环境治理理论在大气污染执法领域的直接应用，更是对严峻的区域性大气污染现实的及时回应，其发展历程也完全符合马克思主义哲学对理论与实践关系的精准界定。

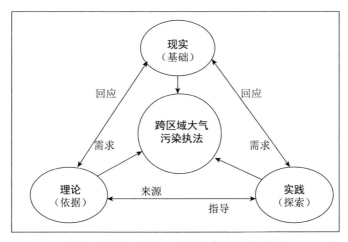

图2　现实、理论、实践三者之间关系图

由图2所示可知，跨区域大气污染监管执法在我国大气污染防治领域的出现并非偶然，其产生和发展不仅是对我国严重的区域性大气污染现实的直接回应，更是区域环境治理理论以及区域环境治理实践在我国大气污染执法领域相互促进、协调发展的必然结果。换言之，跨区域大气污染监管执法的发展历程是在回应日益严峻的区域性大气污染现实的基础上由区域环境治理理论和跨区域大气污染监管执法实践相辅相成、相互促进的过程。由此可见，跨区域大气污染监管执法的产生不仅具有扎实的现实基础，也具有深厚的理论依据，并且其产生发展过程也是一个为回应区域性大气污染治理的现实需求而在区域环境治理理论指导下的实践探索过程。

由上文的分析可知，跨区域大气污染监管执法在我国大气污染防治领域的出现并非无中生有、空穴来风，其产生是为了回应我国区域性大气污染的严峻现实，其发展也得到了区域环境治理理论和区域环境治理实践的有力支撑。可以说，我国跨区域大气污染监管执法的产生和发展既具有扎实的现实基础，又具有充分的理论依据，还具有可靠的实践资源。为了明确跨区域大气污染监管执法的由来，并加深对跨区域大气污染监管执法这一新兴执法类型的认识和了解，本书从现实、理论、实践三者的内在关系出发，从跨区域大气污染监管执法的现实基础、理论依据、实践探索三个层面对跨区域大气污染监管执法的发展历程进行梳理，以便在明晰跨区域大气污染监管执法由来的同时，对跨区域大气污染监管执法的理论基础和现实依据进行分析，并进而实现对跨区域大气污染监管执法必要性和可行性的论证目的。

一、跨区域大气污染监管执法的现实基础

正如学术研究要有明确的问题意识一样，跨区域大气污染监管执法的产生也具有明确的问题解决意识，其是在我国区域性大气污染日益严重的现实背景下产生的，并且其产生也是我国执法领域对区域性大气污染的直接回应。[1]由此可见，跨区域大气污染监管执法具有明显的现实回应性和问题对策性，其产生和发展虽然离不开相关理论的支撑和法律制度的设计，但更离不开日益严峻的区域性大气污染现实，可以说，严峻的区域性大气污染现实是催生跨区域大气污染监管执法的最为直接和深层的原因。鉴于此，要追溯跨区域大气污染监管执法的由来，首先应从对区域性大气污染的介绍开始。所谓区域性大气污染，并非指的是大气污染的一种类型，而是指大气污染所具有的基本特征，即大气污染的跨行政区域性。由此可见，此处的区域性大气污染中的区域性具有明确的指向性，其是专门针对跨行政区域而言的，其目的也是准确表达大气污染超越行政区划的限制从而给包括多个行政区划在内的空间范围造成危害这一事实。基于此，我国学者将区域性大气污染定义为"污染范围跨越不同行政区划的大气污染现象"，[2]从而明确彰显了区域性大气污染的跨行政区域特征。

---

〔1〕 需要说明的是，此处"区域性大气污染"中的区域是指基于大气这一环境要素的内在联系而形成的地理区域，而"跨区域大气污染监管执法"中的区域则是指基于国家行政区划而形成的行政区域，二者具有不同的含义。

〔2〕 龚扬帆、董雪烈：《区域性大气污染防治法律制度研究》，载《环境与发展》2014 年第 4 期，第 26 页。

事实上，之所以会产生区域性的大气污染现象，其根源就在于环境的一体性以及环境要素的流动性，[1]而大气作为环境要素之一，其更具有鲜明的一体性和流动性特征，并且这种一体性和流动性的大气环境也是难以通过行政区划的方式进行分割的。正是由于大气的一体性、流动性和行政区域的分割性之间的矛盾，才催生了大气污染的跨行政区域特征。在此种情况下，在一个行政区域内产生的大气污染会扩散到其他的行政区域，并和其他区域的大气污染因素交织融合，进而产生更为严重的区域性大气污染问题。据中新网报道，在 2013 年 12 月，我国 20 省份同时出现雾霾天气，而京津冀、长三角等重污染区已连成片，[2]而这正是区域性大气污染的真实写照。此外，借助对我国京津冀、长三角以及珠三角地区主要城市月度空气质量等级的横向比较，可以发现，自 2020 年至今，尽管各主要城市的空气质量等级存在差异，但同一月份各城市空气质量等级却呈现出明显的正相关关系，并且这种正相关关系在同一区域内的城市间表现得更为明显，这也在一定程度上印证了大气污染的区域性特征（详见表1）。

表 1　我国主要城市月度空气质量等级横向比较表

地区 月份	京津冀地区			长江三角地区			珠三角地区		
	北京	天津	石家庄	南京	上海	杭州	广州	深圳	珠海
2020 年 1 月	良	轻度	轻度	良	良	良	良	优	优
2020 年 6 月	轻度	轻度	轻度	良	良	良	良	优	优
2020 年 12 月	良	良	良	良	良	良	良	良	良
2021 年 1 月	良	良	轻度	良	良	良	良	良	良
2021 年 6 月	良	良	轻度	良	良	良	良	优	优
2021 年 12 月	良	良	良	良	良	良	良	良	良
2022 年 1 月	良	良	轻度	良	良	良	良	优	优
2022 年 6 月	轻度	轻度	轻度	良	良	良	良	优	优

---

〔1〕　王灿发、傅学良：《论我国〈环境保护法〉的修改》，载《中国地质大学学报（社会科学版）》2011 年第 3 期，第 34 页。

〔2〕　《20 省份出现雾霾天，京津冀长三角重污染区连成片》，载 http://www.chinanews.com/gn/2013/12-07/5592772.shtml，最后访问日期：2016 年 11 月 26 日。

地区 月份	京津冀地区			长江三角地区			珠三角地区		
	北京	天津	石家庄	南京	上海	杭州	广州	深圳	珠海
2022 年 12 月	良	良	良	良	良	良	优	优	良
2023 年 1 月	良	良	良	良	良	良	优	优	优
2023 年 6 月	轻度	轻度	轻度	轻度	良	良	良	优	优

（注：本表数据来源于中国空气质量在线监测分析平台提供的我国各城市空气质量历史数据）

　　鉴于大气的区域一体性及流动性，我国地方政府在防治大气污染时很难独善其身，也难以靠一己之力保障其所辖区域的大气质量，而是和其他地方政府处于一种一损俱损、一荣俱荣的连带关系之中。在此种情况下，如果地方政府之间无法就大气污染防治达成一致并实现协同治理的话，那么这种各自为战的局面就很难避免"搭便车"行为或者"逐底竞争"行为以及"公地悲剧"现象在大气污染防治领域的发生，而大气污染问题也必将日益严重。鉴于此，与大气污染的跨行政区域特性相适应，对其防治也应通过不同行政区域之间的协作来完成。需要指出的是，我国传统的环境管理体制主要采用属地管理原则，各行政区政府只对其所辖区域的环境质量负责，[1] 从而也导致了"各人自扫门前雪、哪管他人瓦上霜"现象在大气污染防治领域的发生。此外，大气污染的负外部性以及大气污染治理收益的正外部性特征，也催生了地方政府之间"搭便车"甚而"以邻为壑"行为的出现。实际上，考虑到大气污染防治的成本以及大气污染治理给地方政府的经济发展所带来的压力，并且经济发展依然是地方政府当下所承担的重要任务之一，在此种情况下，如果不采取措施来加强地方政府之间在大气污染防治领域的沟通和合作，则难以防止"囚徒困境"和"逐底竞争"现象在大气污染防治领域的出现，而大气环境的"公地悲剧"也在所难免。

　　由上文的分析可知，尽管区域性大气污染的产生与大气的区域一体性和流动性这一客观原因有关，但其深层原因却是由区域内地方政府间在大气污

---

　　[1]　我国《宪法》第 107 条规定，各级人民政府依照法律规定的权限，管理本行政区域内的各项行政工作。我国 2014 年修订的《环境保护法》第 6 条也明确要求"地方各级人民政府应当对本行政区域的环境质量负责"，表明我国环境保护领域的属地管理和负责原则已得到了立法的明确确认。

染防治领域的不合作所致。正是由于行政区划对一体性大气环境的分割，再加上实践中行政区负责原则的推行，才导致了区域内地方政府之间在大气污染防治领域的缺乏协调甚而各自为战，而在信息失灵及保障约束机制缺失的情况下，"搭便车""以邻为壑"等种种不合作行为也会频繁发生，从而导致大气污染防治领域的乱象丛生，并加速了区域性、复合型大气污染的出现。

　　由上文的分析可知，要有效治理区域性大气污染并彻底根除大气污染问题，可行的破解之策便是要突破行政区划对大气污染防治的阻碍，而这需要区域内地方政府间加强在大气污染防治领域的沟通和合作才能实现。为此目的，我国从政治、经济、科技、社会等角度促成区域内地方政府间在大气污染防治领域的交流和合作，并通过制定相应的政策法规来促进和规范区域内地方政府间大气污染防治合作的实施，而跨区域大气污染监管执法作为区域内地方政府间大气污染防治合作的重要举措之一，其产生既源于严重的区域性大气污染现实，更会对区域性大气污染的防治发挥重要的作用。

二、跨区域大气污染监管执法的理论依据

　　理论，是指人们关于事物知识的理解和论述，[1]也是人们从对事实的推测、演绎、抽象或综合而得出的评价、看法、提法或程式。科学的理论是系统化的科学知识，是关于客观事物的本质及其规律性的相对正确的认识，也是经过逻辑论证和实践检验并由一系列概念、判断和推理表达出来的知识体系。[2]由此可见，科学的理论不仅是对实践经验的总结和升华，更可以对实践产生有效的指导作用。由上文的论述可知，我国严峻的区域性大气污染现实为跨区域大气污染监管执法的产生提供了必备的原生动力，是跨区域大气污染监管执法产生的现实基础。同样地，跨区域大气污染监管执法的相关理论则为跨区域大气污染监管执法的产生和发展提供必要的智力支持。

　　需要指出的是，随着跨区域大气污染监管执法的深入发展，围绕着跨区域大气污染监管执法自身也会形成一套理论体系，但在系统的跨区域大气污

---

　　〔1〕　双传学：《论马克思主义理论之美》，载《清华大学学报（哲学社会科学版）》2014 年第 6 期，第 119 页。

　　〔2〕　张钦亚：《中国特色社会主义理论体系开放性的方法论思考》，载《理论月刊》2010 年第 9 期，第 24 页。

染监管执法理论形成之前，跨区域大气污染监管执法的产生和发展则需要公共信托理论、区域环境治理理论、博弈理论、府际关系理论以及合作理论等外来理论的支撑。依据上述理论与跨区域大气污染监管执法关系的远近，本书将上述理论分为直接理论依据和间接理论依据两种类型。其中，公共信托理论和区域环境治理理论与跨区域大气污染监管执法之间具有密切的联系，可以被认为是跨区域大气污染监管执法的直接理论依据。相较而言，博弈理论、府际关系理论以及合作理论虽可以直接解释跨区域大气污染监管执法问题并为跨区域大气污染监管执法提供理论支持，但这些理论也可以作为区域环境治理的理论依据，因而应将其视为跨区域大气污染监管执法的上游理论，故本书将其作为跨区域大气污染监管执法的间接理论依据。

（一）跨区域大气污染监管执法的直接理论依据

在跨区域大气污染监管执法形成自有的理论体系之前，作为跨区域大气污染监管执法的直接理论依据，公共信托理论和区域环境治理理论对跨区域大气污染监管执法的产生和发展都发挥了重要的指导和推动作用。其中，依据公共信托理论，环境资源就其自然属性和对人类社会的重要性而言，它应成为全体国民的"共享资源"和"公共财产"，不应再被视为"自由财产"而成为所有权的客体，任何人不能对其占有、支配和损害。为了合理支配和保护这一"公共财产"，共有人将其委托给国家进行管理。国家作为全体共有人的受托人，必须对全体国民负责，不得滥用管理权。[1]由此可见，包括空气、水、土地、生物资源在内的所有的环境资源皆为我国公民所共有，而不能被行政区划分割所有。换言之，甲地所属行政区划内的环境资源并非专为甲地所有，乙地所属行政区划内的环境资源也并非专为乙地所有，上述区域内的环境资源仍然属于区域内全体公民共有，而上述地区的政府对环境资源的保护也是受区域内全体公民的委托而为之，因而并非专对其管辖区域内的公民负责。据此，公共信托理论不仅可以解释政府环境职能的公共性，也为跨区域大气污染监管执法的产生提供了正当性支持，是跨区域大气污染监管执法的必备依据之一。当前，国内外学者已对环境保护领域的公共信托理论作了大量研究，其研究成果已能为跨区域大气污染监管执法提供充分的理论

---

[1] 徐祥民等：《环境公益诉讼研究——以制度建设为中心》，中国法制出版社 2009 年版，第 97 页。

支持。[1]为此，本书不再对公共信托理论予以详述，而主要对区域环境治理理论这一新兴理论进行专门介绍。

对于实践中的跨区域大气污染监管执法而言，区域环境治理理论不仅可以为具体的跨区域大气污染监管执法活动提供科学的依据，更可以在更广阔的背景上预见跨区域大气污染监管执法实践的发展进程和结果，并在一定程度上制约着跨区域大气污染监管执法实践的深度和广度。[2]实际上，正是由于区域环境治理理论的推动和支撑，才为区域内政府间的大气污染执法合作提供了足够的理论动力，也为跨区域大气污染监管执法的开展提供了有力支持，是跨区域大气污染监管执法得以萌生发展的必不可少的精神食粮和思想动力。鉴于此，要探讨跨区域大气污染监管执法的理论依据，自然离不开对区域环境治理理论的分析。

所谓区域环境治理理论，是指有关区域环境治理的一套理论体系，也是由区域环境治理相关知识所形成的有机理论体系。毛泽东认为："真正的理论在世界上只有一种，就是从客观实际抽出来又在客观实际中得到了证明的理论。"[3]本书中所称的区域环境治理理论也是来自区域环境治理实践并经区域环境治理实践检验过的知识理论体系，其不仅有效回应了区域环境治理的现实需求，更可以对区域环境治理实践发挥重要的支撑和指导功能。需要指出的是，区域环境治理理论的产生，既源于行政区治理模式下环境治理的碎片化现实，同时也是对区域环境整体性治理需求的系统回应，是为了消除行政区划对整体性环境治理的阻隔，并实现以区域环境为治理着眼点的一种新型环境治理理论。顾名思义，区域环境治理理论是有关区域环境治理的理论，据此，要深入了解区域环境治理理论，就需要对区域环境治理的相关知识做

---

〔1〕 参见陈文：《21世纪生态保护立法趋向研究》，黑龙江大学出版社2015年版，第136页；张锋：《自然的权利》，山东人民出版社2006年版，第234~237页；李琳莎、王曦：《公共信托理论与我国环保主体的公共信托权利和义务》，载《上海交通大学学报（哲学社会科学版）》2015年第1期；Haochen Sun, "Toward a New Social-Political Theory of the Public Trust Doctrine", *35 Vt. L. Rev.*, 563 (2011); Bernard S. Cohen, "The Constitution, the Public Trust Doctrine, and the Environment", *1970 Utah L. Rev.*, 388 (1970); Joan E. Van Tol, "The Public Trust Doctrine: A New Approach to Environmental Preservation", *81 W. Va. L. Rev.*, 455 (1979).

〔2〕 参见史瑞杰：《论理论对实践的指导作用》，载《天津商学院学报》1992年第3期，第57~58页。

〔3〕《毛泽东选集》（第3卷），人民出版社1991年版，第817页。

一具体分析。

1. 区域环境治理的概念

所谓区域环境治理，是一种以自然环境区域整体为治理对象的环境治理模式，其侧重于自然生态区域内各行政区域为实现生态区域的整体环境目标而进行的环境治理合作，因而与以地方利益为局限的狭隘的行政区环境治理有明显的区别。[1]需要指出的是，此处区域环境治理中的区域是指一个特定的生态环境区域，即由生态环境因素所产生的外部性影响所能达到的最远地理空间边界所形成的一个边界相对模糊、外部性影响相对封闭的区域，它既可以表现为大气环境所影响的相对封闭区域，也可以表现为水环境所影响的流域意义上的区域。[2]据此，区域环境治理中的区域是一个生态环境地理概念，其意指一国内部跨不同行政区划的环境区域，因而与本书中跨区域大气污染监管执法一词所用的区域概念具有明显的不同。[3]

综上可知，与传统的行政区环境治理相比，区域环境治理是突破行政区划的限制而着眼于跨行政区域的环境区域所进行的治理，其目的就是要打破行政区划对一体性环境治理的阻隔，从而使环境治理更加符合环境要素的一体性、区域性特征，其实施不仅有利于消除传统行政区环境治理所产生的诸多问题，更有利于保障环境治理目标的有效实现。由此可见，区域环境治理的本质内容就是要协调区域内地方政府之间在环境治理领域的关系，而区域环境治理理论的核心要义则是为区域内地方政府之间环境治理关系的建构、协调和完善提供充分的理论支持。

2. 区域环境治理的缘起

作为一种新型的区域环境治理模式，区域环境治理之所以能在环境治理领域兴起，源于我国传统行政区环境治理所存在的诸多弊端。具体来说，我国传统的行政区治理模式是一种行政区划相互独立的治理模式，在此种模式下，各地方政府只对其上级政府负责，但非具有隶属关系的地方政府之间却

---

[1] 曹树青：《区域环境治理理念下的环境法制度变迁》，载《安徽大学学报（哲学社会科学版）》2013年第6期，第119页。

[2] 黄爱宝：《区域环境治理中的三大矛盾及其破解》，载《南京工业大学学报（社会科学版）》2011年第2期，第50页。

[3] 在环境治理领域，区域主要具有两种含义：一种是指环境区域，另一种是指行政区域。对于区域所具有的两种含义的相互关系及其具体使用情景，在本书对跨区域大气污染监管执法概念的界定中已进行了详细探讨，此处不再赘述。

缺乏有效的联系。而且，政治锦标赛模式下的地方政府之间更多的是一种淘汰竞争关系甚而是零和博弈，从而使得地方政府之间不仅难以在环境治理领域开展有效的合作，还导致了地方政府在环境治理过程中各行其是，从而加剧了环境治理的碎片化问题。在此情形下，受限于环境的一体性以及环境问题的外部性，也使得地方保护主义、"搭便车"、"以邻为壑"等诸多问题在环境治理领域发生。此外，由于地方政府间在环境治理领域缺乏必要的信息沟通和合作交流机制，也使得"囚徒困境"在环境治理领域频频出现，这都阻碍了区域环境治理目标的实现，也导致区域性环境问题丛生。[1]

由上文的分析可知，正是行政区环境治理模式对整体性环境治理的分割，才带来了环境治理领域的诸多问题，如不采取措施对上述问题进行消除，则"公地悲剧"势必在环境治理领域重复上演，而区域性环境问题也将日益严重。在此情况下，要消除行政区环境治理的弊端，就需要打破将行政区划作为环境治理边界的固有观念，转而以跨行政区域的环境区域作为环境治理的着眼点，并将环境区域内的环境作为一个整体进行治理。要实现上述目的，就要解决好环境区域内地方政府之间的关系，并有效促成上述地方政府之间开展跨行政区域的环境治理合作，而这正是区域环境治理的应有之义。实践中，正是基于区域环境问题对区域环境治理的现实需求，才促进了区域环境治理的开展，并推动了区域环境治理理论的形成与发展。

3. 区域环境治理理论的界定

综合上文的论述，可以发现，正是由于传统行政区环境治理的固有弊端以及区域环境问题对整体性环境治理的现实需求，才促使区域环境治理这一新型治理模式在我国环境治理领域的迅速崛起。当然，有效的实践也需要正确理论的指导。为了保障区域环境治理活动的有效实施，并促成区域环境治理目标的全面实现，就需要完善的区域环境治理理论对其进行指导，而这也促进了区域环境治理理论的逐步发展和完善。据此，区域环境治理理论是针对区域环境治理的有效实施而形成的一套理论体系，其来自区域环境治理实践，经受了区域环境治理实践的检验，并对区域环境治理实践发挥着必不可少的指导作用。

---

〔1〕　李冰强：《区域环境治理中的地方政府：行为逻辑与规则重构》，载《中国行政管理》2017年第8期，第30~31页。

需要指出的是，区域环境治理理论是为了保障区域环境治理的有效实施而形成的一套理论体系，其不仅涉及区域环境治理内涵的界定，更为了促成区域环境治理的有效实施而提供理论上的指导和设计。具体而言，区域环境治理理论不仅涉及区域内环境治理主体的博弈，也涉及区域内地方政府之间的关系，更涉及区域环境治理主体之间的横向合作，要对上述问题进行理论性的阐释和指导，就需要博弈理论、府际关系理论、合作理论的支持。[1]由此可见，区域环境治理理论并不是从实践中直接产生的一个元理论，其是在对其他理论予以吸收、借鉴和融合的过程中形成和发展的，是在其他理论的基础上所形成的一个新的理论束。简言之，区域环境治理理论是在围绕着区域环境治理这一核心主题而对博弈理论、府际关系理论等相关理论的有机融合的基础上形成的一个新的理论体系。

综上可知，区域环境治理理论是围绕着区域环境治理实践而形成的一套理论体系，其产生和发展都与区域环境治理实践密切相关，因而是与区域环境治理实践共生共长的一套理论体系，其目的也是促成区域内地方政府之间在环境治理领域的合作和协同，以突破行政区划的阻隔而实现对区域环境的一体性保护。[2]跨区域大气污染监管执法的实施既是区域环境治理理论在区域大气污染防治领域的直接应用，也是在大气污染执法层面对区域环境治理理论的直接贯彻。需要指出的是，区域环境治理理论并非仅仅源于区域环境治理实践，其在区域环境治理实践中吸取营养并接受区域环境治理实践检验的同时，也从其他理论体系中获取必要的理论支持。基于此，要探讨区域环境治理理论的内容，就离不开对其上游理论的分析。考虑到本书已将区域环境治理理论的上游理论列为跨区域大气污染监管执法的间接理论依据，因而对区域环境治理理论的进一步探讨则自然转入对跨区域大气污染监管执法间接理论依据的介绍之中。

(二) 跨区域大气污染监管执法的间接理论依据

如上文所述，跨区域大气污染监管执法的间接理论依据主要包括博弈理论、府际关系理论、合作理论等理论体系。从严格意义上讲，上述理论也可

---

〔1〕 黄森:《区域环境治理》，中国环境科学出版社 2009 年版，第 209~211 页。
〔2〕 曹树青:《区域环境治理理念下的环境法制度变迁》，载《安徽大学学报（哲学社会科学版）》2013 年第 6 期，第 119~120 页。

以直接为跨区域大气污染监管执法提供理论支持，但考虑到上述理论都无法独立为跨区域大气污染监管执法提供全面支持且区域环境治理理论已在融合上述理论的基础上自成体系，故本书将区域环境治理理论作为跨区域大气污染监管执法的直接理论依据，而将博弈理论、府际关系理论、合作理论作为跨区域大气污染监管执法的间接理论依据。不过，基于区域环境治理理论与其上游理论的内在联系，对跨区域大气污染监管执法间接理论依据的分析不仅是对跨区域大气污染监管执法理论依据的充实，也是对区域环境治理理论的进一步明晰，从而具有一举两得之功和事半功倍之效。为此，本书对博弈理论、府际关系理论以及合作理论的内容予以分别介绍，以便为跨区域大气污染监管执法提供更为充分的理论支持。

1. 博弈理论

博弈理论是研究不同主体之间合作现象的重要工具之一。[1]当前，博弈理论可以分为合作博弈与非合作博弈，两者的区别在于人们的行为相互作用时，当事人是否能够达成一个具有约束力的协议。如果能，就是合作博弈；反之，则是非合作博弈。合作博弈强调的是集体主义、团体理性，是效率、公平、公正；而非合作博弈则强调个人理性、个人最优决策，其结果是有时有效率，有时则不然。[2]在上述两种类型的博弈中，由于对竞争的过度强调，学者研究更多的是非合作博弈，而其中"囚徒困境"作为非合作博弈的经典案例更是在经济学领域广为传颂。[3]但是，随着非合作博弈弊端的显现，合作博弈越来越受到重视，而为了保障合作博弈的有效实施，则需要博弈参与者达成有约束力的协议。此外，信息也是影响博弈参与人选择博弈策略的重要因素，一旦博弈参与人互相掌握充分的信息，则其达成合作博弈的可能性就会大大提高；反之，如果博弈参与人之间缺乏良好的信息沟通，则其就难以建立有效的信任关系，而其选择非合作博弈的可能性也会大大增加。实质上，"囚徒困境"的出现，主要原因就在于囚徒之间缺乏有效的信息交流和沟通。由此可见，为了促成博弈参与人之间合作博弈的达成，不仅要在博弈参

〔1〕 Moshe Hirsch, "Game Theory and International Environmental Cooperation", 27 J. Energy & Nat. Resources L., 503 (2009).

〔2〕 张维迎：《博弈论与信息经济学》，上海三联书店、上海人民出版社2004年版，第3页。

〔3〕 参见李伯聪、李军：《关于囚徒困境的几个问题》，载《自然辩证法通讯》1996年第4期，第25页。

与人之间形成具有约束力的协议，还要强化博弈参与人之间的信息沟通以增强其相互信任。

由于跨区域大气污染监管执法是一种跨行政区域的环境治理，因而在跨区域大气污染监管执法过程中也涉及多政府主体之间的博弈，其中既有上级政府和下级政府之间的博弈，更有非具有隶属关系的地方政府之间的博弈。其中，上级政府和下级政府之间是一种委托与代理的关系，但在简政放权之后，下级政府具有较大的自主性并具有自己相对独立的利益需求，在此种情况下，上级政府和下级政府的利益目标并非完全一致，而下级政府能否忠实地履行其受托义务则取决于上级政府对其的监管力度、对信息的掌握程度以及对下级政府激励机制的设置等多种因素，从而与上级政府处于动态的博弈过程之中。[1]为了调动地方政府执行上级决策的积极性，我国长期以来将政治锦标赛模式作为上级政府督促和激励下级政府的重要手段，该模式在有助于实现经济、社会目标的同时，也将非具有隶属关系的地方政府置于激烈的竞争关系之中。[2]在大气污染防治领域，由于大气污染的外部性以及我国将GDP作为主要的政绩考核依据，从而诱发地方政府在大气污染防治过程中出现"搭便车"以及"以邻为壑"等非合作博弈现象，不仅导致区域大气污染问题丛生，也加速了区域大气环境质量的整体恶化。要扭转这一局面，就要促使区域内地方政府之间从非合作博弈转向合作博弈，通过区域内地方政府的通力合作，实现对区域大气环境的共同保护，而跨区域大气污染监管执法就是这一合作的重要内容。

作为区域大气环境治理的重要内容之一，跨区域大气污染监管执法不仅是对区域性大气污染的有效回应，更是对传统行政区大气污染执法模式的革新，其目的就是要打破行政区划对一体性大气污染执法的限制，进而促成区域内地方政府从大气污染执法的非合作博弈转向大气污染执法的合作博弈。不过，要实现地方政府之间在大气污染执法领域的有效合作，不仅需要上级政府的指导、协调和监管，更需要大气环境区域内地方政府之间的有效沟通和协调，而跨区域大气污染监管执法作为一种跨行政区域的大气污染执法形

---

〔1〕 宋梅、田蕾：《煤炭资源富集地利益相关者及其协调发展模式研究》，冶金工业出版社2013年版，第25页。

〔2〕 参见周黎安：《转型中的地方政府：官员激励与治理》，格致出版社2008年版，第90页。

式，其产生和运作无疑为推动地方政府之间的大气污染执法合作提供了重要的抓手和难得的机遇。为了推动跨区域大气污染监管执法的有效实施，就有必要以博弈理论为指导，以大气污染的区域特性为依据，对地方政府之间的博弈心理及影响博弈的要素进行分析，并通过大气污染执法信息的沟通交流以及区域内地方政府之间的利益协调，促成环境区域内地方政府之间在大气污染执法领域合作博弈的达成。由此可见，博弈理论在跨区域大气污染监管执法领域具有重要的指导作用。有鉴于此，在跨区域大气污染监管执法实践的过程中，无论是对跨区域大气污染监管执法机构的设置，还是对跨区域大气污染监管执法机制的设计，抑或是对跨区域大气污染监管执法相关法规的完善，都要将博弈理论作为重要的理论依据，并将博弈理论的精神和要义深入贯彻其中。

  2. 府际关系理论

  顾名思义，府际关系理论是有关府际关系的理论，因而府际关系理论的产生、发展和完善都是围绕着府际关系这一核心命题展开的。基于此，对府际关系理论的介绍自然离不开对府际关系的深入探究。作为一个新概念，府际关系最早出现于 20 世纪 30 年代的美国，[1]被用来描述美国联邦政府与州政府之间、州政府与州政府之间的特定关系，而美国学者克莱德·F. 斯奈德（Clyde·F. Snider）在其论文中对"府际关系"一词的首次使用，[2]也进一步促成了府际关系被作为一个独立概念而在政治学领域广泛应用，并逐渐形成了自己确定的内涵。我国学者赵永茂、孙同文、江大树认为："府际关系乃是一个国家内部不同政府间的相互运作关系。狭义来说，主要是指各层级政府间的垂直互动关系；而就广义而言，府际关系则更涵盖同级政府间的水平互动关系。"[3]谢庆奎、杨宏山也认为："广义的府际关系，不仅包括中央政府与地方政府之间、上下级地方政府之间的纵向关系网络，而且还包括互不隶属的地方政府之间的横向关系网络。"[4]

---

  〔1〕 Deil S. Wright, *Understanding Intergovernmental Relations* (*3rd ed.*), Brooks/Cole Publishing Company, 1988, p. 13.
  〔2〕 ［美］克莱德·F. 斯奈德：《1935–1936 年的乡村和城镇政府》，载《美国政治科学评论》1937 年第 31 期，转引自谢庆奎、杨宏山：《府际关系的理论与实践》，天津教育出版社 2007 年版，第 3 页。
  〔3〕 赵永茂、孙同文、江大树：《府际关系》，暨大府际关系中心 2001 年版，第 6 页。
  〔4〕 谢庆奎、杨宏山：《府际关系的理论与实践》，天津教育出版社 2007 年版，第 2 页。

由上述学者的定义可知，府际关系就是政府之间的关系，因而政府是府际关系的当然主体，而不宜将跨行政区域的私主体之间的关系纳入府际关系之中。此外，府际关系又可分为两种类型，具有两个向度。首先，是中央政府与地方政府、上级地方政府与下级地方政府之间的纵向关系，主要表现为领导与被领导的关系；其次，是同级地方政府之间以及不存在行政隶属关系的非同级地方政府之间的横向关系，主要表现为协作或合作的关系。[1]（如图3所示）

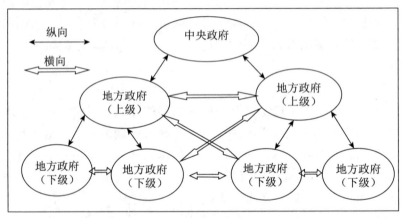

图3 府际关系示意图

需要指出的是，我国横向的府际关系主要发生在同级的地方政府之间，但非具有行政隶属关系的非同级地方政府之间也可以建立相应的横向关系，而这通常发生在直辖市和其周边的地级市之间。比如，2015年10月，沧州市、唐山市与天津市分别签订加强大气污染联防联控的合作协议，[2]这不仅可以推动沧州、唐山两市的大气污染防治进程，更有助于沧州、唐山两市与天津市在大气污染防治领域建立有效的横向合作关系。此外，区域环境治理涉及政府、企业、社会组织、公众等多个主体，是政府、企业、社会组织、公众共同参与、相互合作的多元共治，[3]而跨区域大气污染监管执法作为区域环境治理的重要内容之一，其顺利实施既需要政府的主导和推动，也需要

---

〔1〕 曾鹏：《论区域经济一体化下区域行政执法合作》，广东教育出版社2015年版，第102页。
〔2〕 刘清波、段丽茜：《天津将投4亿元助我省治霾》，载《河北日报》2015年10月25日。
〔3〕 田千山：《生态环境多元共治模式：概念与建构》，载《行政论坛》2013年第3期，第95页。

企业、社会组织以及公众的积极参与和有效配合。但需要指出的是，无论是宏观层面的区域环境治理，还是微观层面的跨区域大气污染监管执法，其都有赖于政府这一核心主体的主导和推动，而政府与政府之间的关系也是上述活动有效开展的基础关系。[1]这是因为，基于政府所具有的组织力量和管理能力，其在承担环境治理任务时具有其他主体所无法比拟的优势，而考虑到环境的公共属性，也只有政府是担负环境保护职责的最为合适的主体。正因为如此，国外学者也依据信托理论将环境保护职责赋予政府之上。[2]基于此，尽管跨区域大气污染监管执法的顺利实施也需要公权力之外的其他主体的参与和配合，但其本质上依然是一种公权力行为，只有政府才是实施跨区域大气污染监管执法的合适主体，而政府在跨区域大气污染监管执法过程中的地位和作用自然不言而喻。

综上可知，基于政府在跨区域大气污染监管执法过程中的重要地位和作用，要保障跨区域大气污染监管执法的有效实施，就必须处理好跨区域大气污染监管执法过程中政府与政府之间的关系，而这就需要府际关系理论的支持。依据府际关系理论，跨区域大气污染监管执法主要涉及两种类型的府际关系：一种关系是上级政府对下级政府在参与跨区域大气污染监管执法过程中的监督、指导、组织、协调所产生的关系，此种关系主要靠科层制下的行政管理、督察来实现；另一种关系则是区域内地方政府之间在实施跨区域大气污染监管执法过程中所形成的合作关系，此种关系是一种横向的协作关系，其建立和维持既可以通过地方政府间自愿达成的执法协议来实现，也可以借助我国立法部门制定的相应法规来完成。

3. 合作理论

由上文的分析可知，跨区域大气污染监管执法过程中所形成的横向府际关系在本质上就是一种合作关系，而为了促成此种关系的有序建立和稳定运行，也离不开合作理论的支持。众所周知，合作是一种广泛存在的社会现象，人们在复杂的社会环境中与别人交往时，除了冲突外更多地需要合作，随着社会和生产力的发展，人们越来越认识到合作的重要性，并将"合作现象"

---

[1]　Jerome Neil Kline, "Intergovernmental Relations in the Control of Water Pollution", *4 Nat. Resources Law.*, 505-536 (1971).

[2]　Bernard S. Cohen, "The Constitution, the Public Trust Doctrine, and the Environment", *1970 Utah L. Rev.*, 388 (1970).

视为一个独立的问题加以研究，运用科学的方法去研究分析各种形式的合作现象，以求考察其实质，并寻找其共性，从而以合作为主题而逐渐形成一套新的理论体系。[1]简言之，合作理论是人类为了促成有效合作的实现而对"什么是合作、为什么合作以及如何合作"等基本问题进行理论探索后而形成的系统知识体系，其不仅对合作的性质和功能进行了科学的分析和界定，更对合作的实现路径及保障措施进行了深入分析，从而为人类社会各种合作的有效实现提供了充分的理论支持。

　　人类很早就开始了对合作思想与理论的研究和探寻，并对如何克服个人短期和眼前的私利而通过合作最大化人类的社会福祉这一问题进行了深入思考。从西方社会思想史来看，在这方面最为人们所熟知的例子便是霍布斯（Hobbes Thomas）的"利维坦"和卢梭（Rousseau Jean-Jacques）的"社会契约论"。[2]其中，霍布斯认为："如果没有一个强权的国家政府机构，人类的合作是难以产生的。"[3]此外，法国思想家卢梭则认为："在存在公益的情况下，通过达成社会契约，就可以达成并维持人类社会或社群之间的相关合作。"[4]对此，美国经济学家曼瑟尔·奥尔森（Manour Olson）也指出："除非一个集团中人数很少，或者除非存在强制或其他某些特殊手段以使个人按照他们的共同利益行事，否则有理性的、寻求自我利益的个人不会采取行动以实现他们共同的或集团的利益。"[5]其所主张的强制或其他特殊手段与霍布斯所言的具有强权的政府机构以及卢梭所言的社会契约具有高度融合之处。以上述学者的论述为基础，德国制度经济学家柯武刚、史漫飞认为："制度的一个功能就是使复杂的人际交往过程变得更易理解和更可预见，从而不同个人之间的协调或合作也就更易发生。"[6]这一论断不仅明确指出了制度在保障人类协调或合作中所具有的独特功能，也为合作机制的建构指明了方向。

---

〔1〕　参见李瑞涵、赵强、吴育华：《合作理论及其稳定性分析》，载《天津大学学报（自然科学与工程技术版）》2002年第6期，第715页。

〔2〕　熊必军：《制度分析视域下的中国特色政党制度研究》，中央编译出版社2013年版，第149页。

〔3〕　Hobbes Thomas, *Levathan*, Oxford University Press, 1943, p.100.

〔4〕　Rousseau Jean-Jacques, trans. by Maurice Cranston. *The Social Contract*, Penguin Books, 1968, p.77.

〔5〕　[美]曼瑟尔·奥尔森：《集体行动的逻辑》，陈郁、郭宇峰、李崇新译，格致出版社、上海三联书店、上海人民出版社1995年版，第2页。

〔6〕　[德]柯武刚、史漫飞：《制度经济学：社会秩序与公共政策》，韩朝华译，商务印书馆2000年版，第142页。

区域环境治理是针对传统环境治理中地方政府之间的不合作弊端而生的，其目的就是促成区域内地方政府在环境治理过程中能够以区域整体环境利益为重，通过区域内地方政府之间的协同合作，实现对区域环境的有效保护。鉴于环境治理主体的多元性，区域环境治理所涉及的合作也具有多种类型，其中既有区域内地方政府之间的合作，也有区域内企业、社会组织以及公众之间的合作，更有政府与企业、社会组织及公众之间的协调和配合。但需要指出的是，考虑到跨区域大气污染监管执法主要是一种政府行为，因而其实施也主要涉及区域内地方政府之间的合作，具体则表现为地方政府所属的大气污染执法主体在开展跨区域大气污染监管执法过程中所进行的合作。

综上可知，跨区域大气污染监管执法的核心和主要内容便是要促成区域内地方政府之间在大气污染执法领域达成合作。为了促成区域内地方政府之间在大气污染执法领域的有效合作，依据合作理论，可以采用以下三种手段或途径来实现这一目的。首先，要建立促进大气污染执法合作的政府机构，这既可以由区域内地方政府的共同上级政府来担任，也可以通过成立区域性的大气污染执法机构来实现；其次，要促成区域内地方政府间达成相应的大气污染执法合作协议，而这可以在上级政府的监督指导下通过地方政府间的平等协商来完成；最后，则要完善跨区域大气污染监管执法的相关制度，以便为跨区域大气污染监管执法的实施提供有效的法规保障。通过上述举措的落实，方能确保跨区域大气污染监管执法过程中地方政府间大气污染执法合作的有效进行。

三、跨区域大气污染监管执法的实践探索

由上文的论述可知，严峻的区域性大气污染现实为跨区域大气污染监管执法的产生提供了必备的原生动力，而逐步完善的区域环境治理理论则为跨区域大气污染监管执法的发展提供了有效的智力支持。在现实需求和理论依据的双重推动下，我国中央和地方政府也对跨区域大气污染监管执法实践展开了积极探索，并在与区域环境治理理论等相关理论的双向互动下取得了相应进展。回顾我国跨区域大气污染监管执法的实践历程，不仅有助于明晰跨区域大气污染监管执法的过去和现在，更有利于规划和设计跨区域大气污染监管执法的将来。为了推动跨区域大气污染监管执法的实施，我国中央政府出台了相应的政策和法规，在中央政府和上级政府的协调和指导下，我国地

方政府也制定了相应的法规，并签署了相关的协议，而以上述政策法规和合作协议为基础，我国地方政府的执法机构也开展了相应的跨区域大气污染监管执法活动。由此可见，我国现有的跨区域大气污染监管执法实践主要包括政策法规、合作协议以及具体的执法活动三个方面的内容，鉴于此，本书也从政策法规、合作协议以及具体的执法活动三个层面对我国跨区域大气污染监管执法的实践历程进行梳理。

（一）跨区域大气污染监管执法的政策法规

鉴于跨区域大气污染监管执法在推动区域性大气污染防治以及促进区域大气环境的一体性保护方面所具有的重要作用，我国中央政府在协调地方政府开展跨区域大气污染监管执法的同时，也通过制定政策和法规对跨区域大气污染监管执法进行顶层设计，以确保跨区域大气污染监管执法有章可循、有法可依，从而能够在法律制度框架内合法、有效、稳定地实施。因此，对跨区域大气污染监管执法的相关政策法规进行梳理，也可以从法治层面上反映出跨区域大气污染监管执法从无到有，从萌芽到逐步发展完善的实践进程。在梳理跨区域大气污染监管执法的政策法规之前，首先需要明确的是，由于跨区域大气污染监管执法是区域环境治理在大气污染防治领域的具体体现，同时也是大气污染联防联控的重要举措，因而我国有关区域环境治理以及大气污染联防联控的相关政策法规也应视为跨区域大气污染监管执法的政策法规。据此，我国有关区域环境治理以及大气污染联防联控的政策法律规定也应纳入跨区域大气污染监管执法的政策法规范畴。鉴于上述政策法规的数量庞大，本书拟从政策、法规两个角度对跨区域大气污染监管执法的政策法规进行梳理。

1. 跨区域大气污染监管执法的相关政策

早在 2005 年，我国政府就意识到环境治理的区域性，并在《国务院关于落实科学发展观加强环境保护的决定》第 20 条中首次规定"按照区域生态系统管理方式，逐步理顺部门职责分工，增强环境监管的协调性、整体性"，并要求"……健全区域环境督查派出机构，协调跨省域环境保护，督促检查突出的环境问题"。2016 年 3 月，第十二届全国人民代表大会第四次会议批准了《中华人民共和国经济和社会发展第十三个五年规划纲要》，其中第 38 章第 4 节以及第 44 章第 5 节提出要"构建区域生态环境监测网络、预警体系和协调联动机制，削减区域污染物排放总量。加强大气污染联防联控"并"探索建立跨地区环保机构，推行全流域、跨区域联防联控和城乡协同治理模式"。2016 年 7 月，我国环境保护部印发关于《"十三五"环境影响评价改革实施方案》的通知，其中第 5 条第 4 款要求"完善规划环评会商机制，对可能产生跨界环境影响的重大规划，指导规划编制机关实施跨行政区域环境影响会商，强化区域联防联控"。2016 年 7 月，中共中央办公厅、国务院办公厅联合发布了《国家信息化发展战略纲要》，其中第 44 条要求"健全环境信息公开制度。实施生态文明和环境保护监测信息化工程，逐步实现污染源、污染物、生态环境全时监测，提高区域流域环境污染联防联控能力"。2016 年 9 月，中共中央办公厅、国务院办公厅下发了《关于省以下环保机构监测监察执法垂直管理制度改革试点工作的指导意见》，其中第 13 条要求试点省份加强跨区域、跨流域环境管理，并对跨地区环保机构的设置以及区域协作机制的建立进行了相应安排。

此外，基于大气污染的区域性，以我国相关的区域环境治理政策为基础，我国就大气污染联防联控问题出台了相关的政策规定。其中，2010 年 5 月，国务院办公厅转发了环境保护部等部门《关于推进大气污染联防联控工作改善区域空气质量的指导意见》，就区域大气污染联防联控的指导思想、基本原则、工作目标及具体事项进行了系统全面的规定。2013 年 9 月，国务院印发了《关于〈大气污染防治行动计划〉的通知》，要求"建立京津冀、长三角区域大气污染防治协作机制，由区域内省级人民政府和国务院有关部门参加，协调解决区域突出环境问题，组织实施环评会商、联合执法、信息共享、预警应急等大气污染防治措施"，并就区域执法以及区域重污染天气监测预警系统的建设作出了明确规定。[1] 2014 年，国务院办公厅印发《关于加强环境监管执法的通知》，其中第一部分第 4 项提出要建设"环境保护重点区域、流域地方政府要强化协同监管，开展联合执法、区域执法和交叉执法"。2016 年，国务院印发关于《"十三五"生态环境保护规划》的通知，在第四章第一节专门对大气环境质量的改善作出规定，要求"深化区域大气污染联防联控。全面深化京津冀及周边地区、长三角、珠三角等区域大气污染联防联控"，并再一次重申"完善环境执法监督机制，推进联合执法、区域执法、交叉执法，

---

〔1〕 参见《国务院关于印发〈大气污染防治行动计划〉的通知》第 24 条、第 26 条、第 29 条以及第 30 条的相关规定。

强化执法监督和责任追究"。

2. 跨区域大气污染监管执法的相关法规

以上述政策为基础，我国立法对区域环境治理以及大气污染联防联控的内容也进行了相应规定，并对跨区域大气污染监管执法进行了初步明晰。其中，2014 年修订的《环境保护法》第 20 条第 1 款规定"国家建立跨行政区域的重点区域、流域环境污染和生态破坏联合防治协调机制，实行统一规划、统一标准、统一监测、统一的防治措施"。以我国《环境保护法》的规定为基础，我国 2015 年修订的《大气污染防治法》以专章对重点区域大气污染联合防治问题进行规定，要求"重点区域内有关省、自治区、直辖市人民政府应当确定牵头的地方人民政府，定期召开联席会议，按照统一规划、统一标准、统一监测、统一的防治措施的要求，开展大气污染联合防治"，并在第 92 条明确规定"国务院环境保护主管部门和国家大气污染防治重点区域内有关省、自治区、直辖市人民政府可以组织有关部门开展联合执法、跨区域执法、交叉执法"的内容。

在地方层面，以我国《大气污染防治法的》上述规定为基础，《浙江省大气污染防治条例》也以专章的形式对区域大气污染联合防治问题进行了规定，要求浙江省人民政府根据国家有关规定，与长三角区域省、直辖市以及其他相邻省建立大气污染联合防治机制，开展大气污染联合防治。我国吉林、浙江两省也在各自的《大气污染防治条例》中对跨区域执法的内容作了明确规定，从而在为跨区域大气污染监管执法提供明确依据的同时，也对本地区跨区域大气污染监管执法实践的开展提出了迫切要求。

通过对我国现有政策法规的梳理，可以发现，自 2005 年至今国家已出台了多项政策，并在《环境保护法》《大气污染防治法》等法规中对跨区域大气污染监管执法问题进行规定，从而使跨区域大气污染监管执法在我国具备了一定的政策和法规基础，从而也具有了充分的合法性依据，但需要指出的是，我国当前的政策法规还比较原则，内容也多为对跨区域大气污染监管执法的宏观要求，充其量仅是对跨区域大气污染监管执法的宣示性规定，而难以对跨区域大气污染监管执法提供系统可靠的政策法规依据，从而也无法有效推动跨区域大气污染监管执法实践的顺利开展。要扭转这一局面，就要对我国相关的政策法规进行细化，尤其要就跨区域大气污染监管执法问题制定专门的法律规范，以便为跨区域大气污染监管执法的有效开展提供明确可行的法律依据。

不过，由于跨区域大气污染监管执法在我国是一个新事物，当前跨区域大气污染监管执法的实施还处于探索之中，尚未形成可以推广的模式和经验。在此情况下，就难以通过立法对跨区域大气污染监管执法的实施问题进行系统规制，而只能有赖于地方政府对跨区域大气污染监管执法的先行先试，待积累相应的经验之后再将其上升为法律形式。为此目的，我国地方政府在中央政府或上级政府的指导和协调下，以我国现有的政策法规为依据，对跨区域大气污染监管执法的路径、方式及保障机制展开了实践探索，并以政府间行政协议的方式加以固定，从而有效推动了跨区域大气污染监管执法实践的深入开展。鉴于此，对政府间所达成的跨区域大污染执法协议进行梳理，对把握跨区域大气污染监管执法的实践进程也具有重要的意义。

（二）跨区域大气污染监管执法的政府间协议

政府间协议是指政府之间达成并签订的契约，它以合意性为基础，所以各成员对是否订立协议、与谁订立协议、如何订立协议以及订立什么协议具有一定的选择权和自主权。由此可见，政府间协议的本质是对等性公法契约，其与民事合同一样，特别强调协议订立过程的平等性和自主性，[1]但需要指出的是，政府作为政府间协议的主体，其达成政府间协议的行为也是一种公权力行为，所谓法无授权不可为，[2]政府之间在达成相关协议时不仅要遵守我国现有的政策法律规定，更要在其法定的职责权限内进行。具体而言，尽管政府间协议是政府之间基于平等协商达成的，但其需要在我国现有的法律框架内完成。此外，尽管协议的内容可由政府之间自主协商确定，但也需要有相应的法律依据。由此可见，政府间协议具有很强的法定性，不仅是对我国现有政策法规的有益补充和延续，更可以为我国将来的立法积累经验，因而在我国法治建设中具有重要的作用。

鉴于政府间协议在法治建设中所具有的作用，为了推动跨区域大气污染监管执法的实施，我国地方政府在现有政策法规的基础上，也采用了政府间协议的方式对跨区域大气污染监管执法的细节进行规定，从而在不损害法律

---

〔1〕　参见何渊：《行政协议：行政程序法的新疆域》，载《华东政法大学学报》2008 年第 1 期，第 22～23 页。

〔2〕　习近平：《加快建设社会主义法治国家》，载《求是》2015 年第 1 期，第 6 页。

稳定性的前提下又实现了对跨区域大气污染监管执法的有益探索，对推动跨区域大气污染监管执法实践的顺利开展发挥了重要的作用。基于此，对跨区域大气污染监管执法的政府间协议进行梳理，不仅有助于厘清跨区域大气污染监管执法实践的发展历程，更可以明晰跨区域大气污染监管执法实践的发展现状。为此目的，本书依据跨区域大气污染监管执法政府间协议的行政等级，从省级、市级、县级三个层面对跨区域大气污染监管执法的政府间协议进行梳理。

1. 跨区域大气污染监管执法的省级政府间协议

依据我国《大气污染防治法》第 86 条第 2 款"重点区域内有关省、自治区、直辖市人民政府应当确定牵头的地方人民政府，定期召开联席会议，按照统一规划、统一标准、统一监测、统一的防治措施的要求，开展大气污染联合防治，落实大气污染防治目标责任……"的规定，从而既明确了重点区域内省、自治区、直辖市人民政府开展大气污染联合防治的职责，也赋予了上述政府实施大气污染联合防治的权限。以上述法规为基础，我国重点区域的省级人民政府在国务院环境保护主管部门的指导和督促下，各自通过相应的地方立法授权其与周边政府开展大气污染防治的合作，并为大气污染防治合作的事项积极进行沟通协商，达成了相应的合作协议，从而为本地区跨区域大气污染监管执法的开展提供了相应的顶层设计。为了明晰我国当前省级层面跨区域大气污染监管执法政府间协议的现状，下文对我国现有的省级政府间协议进行梳理。

鉴于京津冀地区存在的严重雾霾污染及其他区域性大气污染问题，我国区域大气污染联防联控实践也最早在该地区展开，该区域内的省级人民政府也为此签署了相关协议。其中，2014 年 8 月北京市人民政府和天津市人民政府签署了《进一步加强环境保护合作框架协议》，就共同参与编制《京津冀及周边区域空气质量达标规划》、共同治理重点污染源、强化机动车污染防治、完善空气重污染预警会商联动机制、共同探索建立联合环境执法机制等大气污染防治合作事项达成了一致意见。[1]与此同时，天津市人民政府与河北省人民政府也签署了《加强生态环境建设合作框架协议》，同意在大气污染防治

────────

〔1〕 参见《北京市人民政府 天津市人民政府进一步加强环境保护合作框架协议》，载 http://www.jjhz-tj.gov.cn/zwgk/ghjh/20150331/t20150331_8873.html，最后访问日期：2022 年 12 月 31 日。

领域开展联防联控，并组织开展区域内大范围联动执法。[1]2015 年 12 月，京津冀三地环境保护厅局正式签署了《京津冀区域环境保护率先突破合作框架协议》，依据该协议，三地将针对跨区域、跨流域的环境污染以及秸秆焚烧、煤炭、油品质量等区域性环境问题，集中时间，开展联动执法，共同打击违法排污行为。[2]

在长三角地区，在经历过诸多跨界水污染、大气污染事件之后，长三角地区各级政府已充分意识到"行政有边界、环保无边界"的现实，并为开展跨区域的环境治理合作进行了积极探索。由于该地区主要面临着区域大气污染和水污染问题的困扰，因而该地区的环境治理合作主要围绕着跨界大气污染和水污染事件的共同应对而展开，并相继达成了包括《协同推进长三角区域生态环境数据共享合作备忘录》《沪苏交界地区跨界河湖共保联治备忘录》以及《浙皖"2+5"交界地区大气污染联防联控工作备忘录》在内的一系列省级政府间环境保护合作协议。

与京津冀、长三角地区涵盖省级政府之间的关系不同，珠三角地区只涉及广东省的九个地级市，相比长三角和京津冀地区，其牵涉的行政层次较少且不涉及跨省问题。[3]因此，本书对珠三角地区省级政府间协议的梳理是从泛珠三角地区而言的，具体包括广东、湖南、广西等内地九省（区）以及香港、澳门两个特别行政区。2013 年 7 月，泛珠三角区域环境保护合作联席会第九次会议于 7 月 25 日在贵州省贵阳市召开，会议签署了《四川省、云南省、贵州省交界区域环境联合执法协议》，对三省市交界地区环境联合执法事宜达成了一致意见。[4]此外，为进一步推进粤港澳三地大气污染联防联治合作，2014 年 9 月粤港澳三方共同签署了《粤港澳区域大气污染联防联治合作协议书》。2023 年 7 月，广西、湖南、广东、贵州、云南等五省（区）生态环境厅在南宁市共同签署《湘粤桂黔滇生态环境保护执法合作协议》，进一步

---

〔1〕　参见《天津市人民政府 河北省人民政府加强生态环境建设合作框架协议》，载 http://www. jjhz-tj. gov. cn/zwgk/ghjh/20150331/t20150331_ 8868. html，最后访问日期：2022 年 12 月 31 日。

〔2〕　杨学聪、武自然：《京津冀签署区域环保合作框架协议》，载《经济日报》2015 年 12 月 4 日。

〔3〕　高桂林、陈云俊、于钧泓：《大气污染联防联控法制研究》，中国政法大学出版社 2016 年版，第 64 页。

〔4〕　黄运、段舰：《泛珠三角区域环保合作联席会议召开 签署川滇贵联合执法协议》，载《中国环境报》2013 年 7 月 26 日。

推动和强化泛珠三角区域的生态环境保护执法合作。[1]

除了上述地区之外，我国其他省份也在跨区域环境执法协作方面展开了积极探索，其中，四川省生态环境厅、重庆市生态环境局于 2020 年 4 月共同签订了《联合执法工作机制》。2021 年 11 月，黑龙江省生态环境厅联合吉林、辽宁、内蒙古三省（区）生态环境厅共同签订生态环境执法联动协议。2023 年 8 月，河南省生态环境执法监督局、陕西省生态环境执法总队在郑州签订了《河南省、陕西省跨区域、跨流域生态环境执法联动协议》。上述协议的签署对推动该地区在大气、水污染防治领域开展联防共治、联合执法发挥了积极作用。

2. 跨区域大气污染监管执法的市级政府间协议

基于区域环境治理的需求，相邻的市级政府之间也在大气污染防治领域展开合作，并以我国现有的政策法规以及省级政府间协议为基础，签署了相关的市级政府间协议，从而对指导和推动本地区的跨区域大气污染监管执法进程发挥了重要的作用。需要指出的是，市级政府间协议的参与主体既可能位于同一省区范围之内，也可能分属于不同的省级区划之间，因而，从协议的涉及范围上讲，上述政府间协议既可能属于市际政府间协议，也可能属于省际政府间协议，但考虑到协议达成的自主性及平等性，以及协议的参与主体都是具有相同等级的市级政府，因此协议是否跨省对协议本身的达成和实施并无实质性影响，故本书并不考虑协议是否跨省这一因素，而将由市级政府参与达成的协议统称为市级政府间协议。不过，依据笔者的调查，当前的市级政府间协议主要存在于省级单位下的行政区划之内，而其中尤以山东省内区域市级政府间合作较为兴盛，依此思路，本书也主要对山东省区范围内所达成的市级政府间协议进行梳理。

在山东省域范围内，山东省淄博、东营、滨州三市为妥善解决边界环境污染纠纷、持续改善区域环境质量，于 2014 年 3 月签署了《行政区域边界地区环境执法联动协议》，按照"联合治污、团结治污"的原则，进一步深化行政区域边界地区环境执法交流合作，构建环境执法联动工作机制，推动区域联合执法。[2]2015 年 4 月，烟台市牟平区环保局、乳山市环保局以及威海市

---

〔1〕 蓝皓璟、韦寒汀：《湘粤桂黔滇签署执法合作协议——深化跨区域环境执法协作联动》，载《中国环境报》2023 年 8 月 8 日。

〔2〕《淄博、东营、滨州签署联动协议》，载《中国环境报》2014 年 3 月 26 日。

环保局高区分局共同签订了《烟台、威海行政区域边界地区环境执法联动协议书》，决定成立行政边界地区执法联动工作领导小组，通过联席会议、案件移交等形式建立边界地区环境执法信息交流平台，并对边界地区的突出环境问题开展追踪溯源和交叉互查。[1]2016 年 7 月，德州、沧州、衡水三市环保局负责人共同签订《行政边界地区环境执法联动协议》，依据协议，三市将开展联合执法，对边界环境污染案件积极协商查处；对属地不清的边界土小企业进行联合拆除、取缔；对危险废物异地倾倒案件积极配合对方调查取证。[2]

3. 跨区域大气污染监管执法的县级政府间协议

作为大气污染执法的基层单位，县级大气污染执法机构处于我国大气污染执法领域的最前沿，也是我国大气污染执法的落实者和实施者，因而在整个大气污染执法环节发挥着举足轻重的作用。为此，中共中央办公厅、国务院办公厅印发的《关于省以下环保机构监测监察执法垂直管理制度改革试点工作的指导意见》也明确指出县级环保部门要"强化现场执法"，并要求"环境执法重心向市县下移，加强基层执法队伍建设"，从而进一步明确了县级环境执法部门的职能和作用。由此可见，尽管跨区域大气污染监管执法机制的建构有赖于中央政府以及省市等上级政府的推动和协调，但跨区域大气污染监管执法活动的实施仍有赖于我国县级环境执法部门的参与。因此，探讨跨区域大气污染监管执法的县级政府间协议，对于理解跨区域大气污染监管执法的实践进程也具有重要的作用。

鉴于山东省域范围内县级政府间执法合作的兴起，本书拟专门对山东省域范围内跨区域大气污染监管执法的县级政府间协议进行梳理。其中，2014 年 11 月，聊城市东昌府区、经济开发区、茌平县（现茌平区）环保局签订了《聊城城区周边县（区）行政边界地区环境执法联动协议书》，以建立行政边界地区环境执法联动工作机制；[3]2015 年 4 月，平度、高密、莱州、昌邑四市环保局负责人共同签订《行政区域边界地区环境执法联动协议》，从而以协

〔1〕 威海市环保局：《烟台威海三区共签行政区域边界地区环境执法联动协议书》，载 http://www.sdein.gov.cn/ztbd/xgchbf/201504/t20150417_277022.html，最后访问日期：2020 年 2 月 19 日。

〔2〕 贺莹莹、李新城：《为共同防治环境污染，首次跨省界联动协议签署》，载《齐鲁晚报》2016 年 7 月 27 日。

〔3〕 高田、杨小川：《行政边界地区环境执法联动协议签订》，载《大众日报》2014 年 12 月 3 日。

议的形式在四地建立环境执法联动机制。[1]此外，在 2016 年 9 月，临淄区、青州市两地检察机关与环保部门共同签署了《行政边界地区环境联动执法协议》，双方按照"联合治污、团结治污"的原则，达成了"坚持共防共治、坚持三个统一、坚持属地管理、坚持问题导向、实行信息共享、实行联合执法"六项共识。[2]2017 年 1 月，为妥善解决边界环境污染纠纷，山东省诸城市环保局与五莲县环保局联合签署《行政区域边界地区环境执法联动协议书》，并启动首次边界地区环境联合执法检查。[3]

在我国其他省区，县级政府间的环境执法协议也时有出现。其中，在 2016 年 3 月，赣榆区环保局与日照市环保局岚山分局签署了《赣榆区、岚山区边界区域环境联合执法联动工作协议书》，随后于 5 月签署了《岚山区、赣榆区边界区域环境保护联合联动工作备忘录》，共同成立了区域联合执法小组，建立环境信息共享制度和规划编制沟通机制，为联合执法打下了坚实的制度基础，[4]也有效强化了省际交界区域的环境执法合作。2015 年 6 月，缙云县环保局和永康市环保局签署了《永康市、缙云县行政边界地区环境监管联动工作协议书》，根据协议，两地将联合成立行政边界区域环境联合执法工作领导小组，下设办公室，定期或不定期召开联席会议，交流工作进展，讨论完善相关制度，及时研究解决各种问题。[5]2015 年 10 月 29 日，为深化行政区域边界地区环境执法交流合作，构建环境执法联动工作机制，荣昌区、大足区、潼南区、永川区、安岳县、东兴区、龙马潭区、隆昌县（现隆昌市）、泸县、富顺县等十区（县）环保部门在泸县环保局共同签订了《渝西川东"8+3"区域环境执法联动合作协议》，依照协议，各签订单位应定期或不定期地联合开展各类环保专项行动，通过区域联合检查，交叉联合执法等方式，建立健全区域环境执法联动机制，突破区域限制，实现资源共享，形成执法合力。[6]

---

〔1〕 张晓帆、王诺：《四地启动行政边界地区环境执法联动》，载《大众日报》2015 年 4 月 27 日。

〔2〕 张琦、刘丰毅：《临淄、青州达成边界环境联动执法协议》，载 http://news. lznews. cn/mobilewap/zibo/201609/t20160913_ 10808831. html，最后访问日期：2023 年 1 月 18 日。

〔3〕 王学鹏：《诸城五莲签署跨界联动执法协议》，载《中国环境报》2017 年 1 月 20 日。

〔4〕 於如春、韩东良：《苏鲁边界联合执法》，载《中国环境报》2016 年 6 月 22 日。

〔5〕 缙云县府办、王慧梅：《缙云永康将联动执法 共防共治边界环境》，载 http://www. inlishui. com/html/hot/2015/0602/44900. html，最后访问日期 2023 年 2 月 12 日。

〔6〕 荣昌环保：《渝西川东十区县共签行政区域环境执法联动协议书》，载 http://blog. sina. com. cn/s/blog_ 83087a6c0102wgi6. html，最后访问日期：2023 年 2 月 19 日。

（三）跨区域大气污染监管执法的机制、方案

为了促进跨区域大气污染监管执法的实施，我国一些地区在达成相应的政府间协议之前，以我国现有的政策法规为依据，就环境执法的区域间合作事宜进行沟通协商，形成了相应的工作方案，并建立了相应的合作机制。虽然这些方案或机制还缺乏政府间协议的系统性和政策法规的稳定性，但却是地方政府探索跨区域大气污染监管执法制度的重要环节，因而在跨区域大气污染监管执法制度的形成过程中具有重要的作用。可以说，跨区域大气污染监管执法机制、方案的建立是地方政府探索跨区域大气污染监管执法制度的必经阶段。这是因为，只有经过了跨区域大气污染监管执法机制、方案等初级阶段的实践探索，才能积累丰富的跨区域大气污染监管执法实践经验，地方政府也才能制定切实可行的政府间协议，而我国中央政府以及有立法权的地方政府也才能制定具有针对性的和切实可行的法规政策。由此可见，我国区域内地方政府有关跨区域大气污染监管执法机制、方案的实践探索也是跨区域大气污染监管执法实践的重要形式，对推动跨区域大气污染监管执法实践的发展具有重要的意义。

在经历过诸多跨界水污染以及跨界大气污染事件之后，我国长三角地区的各级政府也充分意识到"行政有边界、环保无边界"的现实，并为开展跨区域的环境治理合作进行了积极探索。因此，本书对跨区域大气污染监管执法机制和方案的梳理也从我国长三角地区开始。其中，2013 年 6 月，上海、江苏、浙江、安徽三省（市）在马鞍山共同签订跨界环境污染事件应急联动工作方案，决定从建立各级跨界环境污染纠纷处置和应急联动机制、开展联合执法监督和联合采样监测、协同处置应急事件、妥善协调处理纠纷、信息互通共享、加强预警、开展后督察工作等七个方面加强合作。[1]2014 年 4 月，浙江省嘉兴市、湖州市与上海市嘉定区、金山区、青浦区，江苏省苏州市签署《沪苏浙边界区域市级环境污染纠纷处置和应急联动工作方案》，依据方案，各方每年确定交界地区 3 公里范围内重点环境风险企业名单，必要时可以实行联合检查，并计划定期开展联合环境监测。[2]2014 年 10 月，为进一步加强边界地区环境联合执法工作，桐乡、海宁两市联合建立边界区域环

〔1〕　李陈续：《长三角建跨界污染联动机制》，载《光明日报》2013 年 6 月 6 日。
〔2〕　纪驭亚：《交界流域设监测点，帮助判断污染源方向》，载《今日早报》2014 年 4 月 29 日。

境执法工作机制，以形成执法合力，共同解决边界区域环境污染问题。[1]
2015 年 9 月，马鞍山与芜湖两市正式制定边界区域环境污染纠纷处置和应急联动工作方案，规定两地在必要时开展市级联合检查，并将交叉联合执法区域界定为两地交界处互相延伸 3 公里范围内。此外，对于涉及跨界污染的纠纷或信访，将采取各种对策及时化解矛盾纠纷，并在必要时成立联合调查执法小组，突破行政区域束缚，以联合执法小组的名义到对方辖区进行环境执法。[2]

在珠三角地区，为了应对行政区域交界地区的环境污染问题，地方政府也积极展开探索，并就行政区域交界地区环境联合执法机制进行了相应设计。其中，2013 年 10 月，佛山市环保局制定了《佛山市区级行政区域边界环境执法工作机制》，规定由市环保局牵头成立由市级及相邻区环境监察部门执法人员组成的跨区环境联合执法小组，并规定在市环保局的组织下，相邻两区环保部门任何一方执法人员均可突破行政区域束缚，以联合执法小组的名义到对方辖区进行包括排查污染源、勘查现场、制作现场笔录、采集样品、保存物证在内的环境执法活动。[3]

除了长三角、珠三角地区之外，我国其他地区的地方政府也在行政区划的交界地区开展环境联合执法实践，并建立了相应的工作机制和实施方案，从而为跨区域大气污染监管执法的实施提供了有力支撑。其中，2014 年 4 月，山东省环境保护厅印发了《关于建立行政边界地区环境执法联动工作机制的意见》，对建立完善行政边界地区环境执法联动工作机制的必要性、基本原则、长效机制、组织领导和监督检查等事项进行了明确规定，依据该规定，广饶县与淄博市临淄区于 2014 年 9 月建立合作机制，决定由双方共同成立一个领导小组，设立包括联合执法小组在内的四个工作小组，并由双方环境监察部门联合组成监察队伍，进行联合执法检查。[4]

〔1〕 陈新:《桐乡海宁建立边界区域环境执法工作机制》，载 http://www.cnjxol.com/xwzx/jxxw/szxw/content/2014-10/07/content_3173688.htm，最后访问日期：2022 年 3 月 20 日。

〔2〕 王燕、韩宁会:《马鞍山芜湖携手保卫"市界"》，载《马鞍山日报》2015 年 9 月 16 日。

〔3〕 参见《佛山市区级行政区域边界环境执法工作机制》，载 http://www.foshanepb.gov.cn/zwgk/gzzd/201310/t20131030_4456856.html，最后访问日期：2022 年 4 月 10 日。

〔4〕 李汉章:《广饶与临淄建立合作机制 重拳出击向跨界污染宣战》，载 http://dongying.iqilu.com/dyminsheng/2014/0904/2130321.shtml，最后访问日期：2023 年 1 月 17 日。

第三节　跨区域大气污染监管执法的特征

与传统行政区大气污染执法相比，[1]跨区域大气污染监管执法最为显著的特征便是其跨区域性，而基于跨区域性这一本质特征的外在彰显，跨区域大气污染监管执法在执法主体、执法领域、执法程序、执法保障，以及执法依据方面都与传统行政区大气污染执法具有明显的不同。为此，本书以跨区域大气污染执法的跨区域特性为基础，以厘清跨区域大气污染监管执法与传统行政区大气污染监管执法之间的区别为主线，从跨区域大气污染监管执法的执法主体、执法领域、执法程序、执法保障以及执法依据五个方面入手，对跨区域大气污染监管执法的特征展开具体分析。

一、执法主体的复合性

从概念界定上来看，跨区域大气污染监管执法的主体与传统行政区大气污染执法的主体一样，其皆是依法享有大气污染执法监督管理职权的大气污染防治行政主管部门或其他有权组织。不过，从执法区域上考量，二者的执法权限则具有明显的不同。其中，依照属地管辖原则，传统行政区大气污染执法主体只能在其所属行政区域的管辖范围内行使大气污染执法权。换言之，其执法区域因受到行政区划的严格限制而无法到其管辖区域之外的其他行政区域进行大气污染执法。与传统行政区大气污染执法不同，跨区域大气污染监管执法的执法主体则可以在不同的行政区域之间开展大气污染监管执法，从而使其执法领域超越了行政区划的限制，而这是传统大气污染执法主体所无法做到的。不过，要实现跨区域大气污染监管执法主体进行跨区域大气污染监管执法的目的，通过对传统大气污染执法主体实行执法扩权的做法是行不通的，因为一旦赋予传统大气污染执法主体以跨区域执法权，不仅容易造成执法行为的无序而浪费执法资源，还容易造成大气污染执法领域的多头执法而引发执法冲突，并最终导致执法乱象的发生。鉴于此，要保障跨区域大

---

[1]　我国传统的环境管理体制实行属地管辖原则，因而大气污染执法机关也只对其所属行政区域内的大气污染事宜享有执法权，而无法对其他行政区域的大气污染事宜行使执法权限，这种以其管辖的行政区域作为执法界限的传统执法模式即为行政区大气污染执法。

气污染监管执法主体的合法性，并避免跨区域大气污染监管执法主体的设置与我国现有大气污染执法体制产生冲突，就必须采取合适的路径以实现跨区域大气污染监管执法主体与我国现有环境监督管理体制的有机结合。

参照学界探讨并结合我国跨区域环境执法实践，本书认为，对于跨区域大气污染监管执法主体的设置，我国目前有三条路径可走：第一，成立跨行政区域的大气污染监管执法机构；第二，成立政府间的大气污染联合监管执法小组；第三，由区域内地方政府共同的上级环境保护主管部门组织实施跨区域大气污染监管执法。其中，第一种途径需要通过对我国现行环境管理体制进行改革才能实现，〔1〕第二种途径则需要在上级政府的监督和指导下通过地方政府间的协商合作才能完成，而第三种途径则主要依靠上级政府的直接组织和调控予以实施。不过，需要明确的是，不管通过何种路径来实施跨区域大气污染监管执法，都使得跨区域大气污染监管执法主体与传统行政区大气污染执法主体具有明显不同，也使其具有更强的复杂性。这是因为，无论是通过成立政府间的大气污染联合监管执法小组，还是设立跨行政区域的大气污染监管执法机构，抑或由区域内地方政府共同的上级环境保护行政主管部门主导推动，跨区域大气污染监管执法的实施都要依赖于更多主体的参与，而这使其比传统行政区大气污染执法主体更为复杂，类型也更为多样。

具体来说，基于跨区域大气污染监管执法主体在跨区域大气污染监管执法过程中所处的地位或作用不同，我们可以将其分为三种类型。首先，是跨区域大气污染监管执法的组织协调主体，也即为促进和推动跨区域大气污染监管执法的实施而成立的议事协调机构，〔2〕此种机构通常由参与跨区域大气污染监管执法的各级政府共同派员组成，以商讨和决策跨区域大气污染监管执法事宜，并在一定程度上担负着跨区域大气污染监管执法机制的建构重任，因而是跨区域大气污染监管执法过程中不可缺失的重要主体之一。其次，是跨区域大气污染监管执法的参与主体，此种主体主要存在于跨区域联合监管

---

〔1〕 当前，我国实施的省以下环保机构监测监察执法垂直管理制度改革就是一种侧重于体制机构层面的改革，依据改革思路，县环保机构将成为市环保机构的派出机构，从而使得市环保机构成为实质意义上的跨地区环保机构，只不过此种跨地区环保机构还没有完全摆脱行政区划的限制，因而还无法有效满足区域性大气污染防治的要求。

〔2〕 议事协调机构指为加强某些领域、跨部门、跨地区的重要工作的领导和组织协调而设立的工作协调机构。参见《省以下环保机构监测监察执法垂直管理制度改革名词解释之机构编制（二）》，载《中国环境报》2016 年 11 月 29 日。

执法小组的执法方式之中，意指那些参加跨区域联合执法小组但又不在本辖区开展大气污染监管执法的执法人员。需要指出的是，尽管此处所称的参与主体并不享有完全的执法权，但其和普通的公众参与有本质区别，而且其参与不仅能保证跨区域大气污染监管执法的稳定实施，更能保障跨区域大气污染监管执法目标的有效实现。最后，则是跨区域大气污染监管执法的实施主体，也即那些享有跨区域大气污染监管执法权限并切实负责跨区域大气污染监管执法实施的主体。

具体来说，无论是跨区域联合执法小组中享有执法职权的政府部门，还是享有跨区域大气污染监管执法职权的跨区域大气污染监管执法机构，抑或是区域内地方政府所属的共同上级环境保护主管部门，其皆为跨区域大气污染监管执法的实施主体。需要指出的是，在上述三种主体中，跨区域大气污染监管执法的实施主体在整个跨区域大气污染监管执法过程中具有基础性作用，而本书对跨区域大气污染监管执法主体的探讨也主要集中在跨区域大气污染监管执法的实施主体之上。

二、执法领域的限缩性

所谓执法领域，是指大气污染监管执法所适用的范围和针对的对象，也即在哪些区域以及对哪些事项进行大气污染监管执法。实际上，只有明确了执法领域，才能明确执法的范围以及执法的对象，也才能使执法做到有的放矢，从而既防止执法漏洞的出现，又避免执法滥用的发生，并最终提升执法效能。据此，要保障跨区域大气污染监管执法的稳定实施，也需要对跨区域大气污染监管执法的领域作出界定。基于大气污染的区域性特征，从理论上讲，所有的大气污染事项都可能造成跨区域的污染后果，因而所有的污染事项也都应被纳入跨区域大气污染监管执法的范畴之中。此外，从执法区域上讲，跨区域大气污染监管执法也应着眼于整个环境区域，以便实现跨区域大气污染监管执法范围的全覆盖。

同传统行政区大气污染执法相比，跨区域大气污染监管执法需要跨越多个行政区域，并需要多个执法主体之间的协调和合作才能完成，因而其实施成本也远大于传统行政区大气污染执法。基于成本效益考量原则，没必要也不可能将所有的大气污染事项都纳入跨区域大气污染监管执法的领域之中，而只需将具有明显跨区域大气污染特征或者具有较强负外部性的大气污染事项纳入跨区域大气污染监管执法的范围即可，其他的大气污染事项则可以按照传统行政区大气污染执法方式运作，由行政区域内的大气污染执法机构依照属地管辖原则进行大气污染执法。这种执法领域的划定不仅使得跨区域大气污染监管执法的领域具有明显的限缩性，[1]更可以节约跨区域大气污染监管执法的成本，从而有助于提升跨区域大气污染监管执法的效能。

对于跨区域大气污染监管执法领域的限定，既要遵照实践经验，也要依照目的性原则进行。具体来说，作为区域大气污染联防联控的重要举措，跨区域大气污染监管执法不仅为了强化区域内地方政府之间在大气污染监管执法的合作，更为了消除跨区域大气污染事件的出现。由此可见，促进区域大气污染协同并防范区域大气污染出现是跨区域大气污染监管执法的主要目的。从理论上来讲，所有的大气污染都有产生跨区域损害后果的可能，但依据实践考察，可以发现，能够造成跨区域大气污染纠纷的项目大多位于行政区划交界地区，[2]可见位于行政交界区域的大气污染项目更容易造成跨行政区的大气污染纠纷。此外，基于污染成本转嫁心理，地方政府也多将具有负外部性的大气污染项目放在行政区划的交界之处，从而也使得行政区划的交界地区成为大气污染的重灾区。

综合上文的论述可知，如果把跨区域大气污染监管执法的领域限定在行政区划交界地区的大气污染项目之上，将有助于节约跨区域大气污染监管执法的成本，并可以有效提升跨区域大气污染监管执法的针对性和实效性。在将跨区域大气污染监管执法的领域限缩在行政区划的交界区域之后，同传统行政区大气污染执法领域相比，跨区域大气污染监管执法的领域明显较小，其只是传统行政区大气污染执法领域的一部分，且在原有执法领域中占有相

---

〔1〕 我国《大气污染防治法》第92条的规定明确将跨区域大气污染监管执法的实施范围限定在国家大气污染防治重点区域之内。这既反映出国家推行跨区域大气污染监管执法所持的审慎态度，也彰显出对跨区域大气污染监管执法领域进行限缩的必要性和可行性。

〔2〕 案例一：2011年嘉兴"2·24"大气污染事件的肇事企业就位于浙江平湖市和上海金山区的交界地带。参见王杭徽等：《嘉兴"2·24"大气污染事件查明：上海市金山区金山卫镇的一家化工厂为肇事者》，载《嘉兴日报》2011年2月26日。案例二，位于山东阳信县和无棣县的交界区域的阳信县所属化工厂排放带来的异味给邻县村民的生产生活带来了不利影响。参见赵丰：《不能共享化工产业发展成果，却"共享"污染，持续多年居民不知如何反映——当大气污染越了界》，载《大众日报》2016年10月19日。案例三：天津蓟县（现天津市蓟州区）垃圾焚烧发电项目排放的异味给河北玉田县几个村庄的村民带来严重影响。参见何林璘：《天津蓟县垃圾焚烧发电厂遭村民抵制，村民质疑环评调查问卷名单造假》，载《中国青年报》2016年12月2日。

对较小的比例（如图4所示），这既符合经济和管理学界的"二八定理"，[1] 也有利于突出跨区域大气污染监管执法的重心和作用所在，当然也有效彰显了跨区域大气污染监管执法领域的限缩特性。

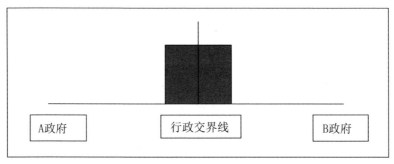

图4　跨区域大气污染监管执法领域示意图

三、执法程序的复杂性

在执法程序方面，由于跨区域大气污染监管执法的实施涉及行政区域之间的信息交流和沟通协作，因而其内容要比传统大气污染执法的程序更为丰富，在执法程序的设计上也要比传统行政区大气污染执法复杂。具体而言，为了确保跨区域大气污染监管执法的顺利实施，其除了要遵守我国现有大气污染执法的既定程序之外，对于跨区域大气污染监管执法活动的发起、具体的实施过程以及执法结果的处理等关键环节还需要另外的程序设计，尤其要对跨区域大气污染监管执法的流程进行详细安排。此外，考虑到跨区域大气污染监管执法过程所牵涉的主体众多，为了协调好上述主体之间的关系，需要对跨区域大气污染监管执法过程中相关主体之间的沟通和协作机制予以完善的程序安排。再次，跨区域大气污染监管执法是跨越行政区划而进行的执

---

〔1〕 20世纪初，意大利经济学家维弗雷多·帕累托在研究财富分配问题时，发现大约20%的人占有着80%的财富，美国管理学家约瑟夫·朱然在20世纪中期据此发展出管理学中的"重要少数与琐碎多数"原则，俗称"二八定理"，以用来表示社会问题的非均质分布。在界定跨区域大气污染监管执法领域时，也可以借鉴"二八定理"，将跨区域大气污染监管执法领域限定在那些具有突出跨区域污染特性的大气污染事宜上，以有效节约跨区域大气污染监管执法的成本，提升跨区域大气污染监管执法的效益。参见李本森：《法律中的二八定理——基于被告人认罪案件审理的定量分析》，载《中国社会科学》2013年第3期，第85~86页。

法，其实施过程要牵涉不同行政区划之间的关系处理，因而在执法过程中的交涉环节也相对较多，而这也需要相应的程序保障才能完成。最后，为了保障跨区域大气污染监管执法的时效性，在跨区域大气污染监管执法的启动、运行、终结环节还需要设置明确的时间节点，而这都使得跨区域大气污染监管执法程序要远远复杂于传统行政区大气污染执法程序。

四、执法保障的全面性

作为大气污染执法的一种，与传统行政区大气污染执法一样，跨区域大气污染监管执法的有效实施既需要依靠国家强制力这一坚强后盾，也需要完善的程序作为必要保障，但与传统行政区大气污染执法不同的是，跨区域大气污染监管执法至少涉及两个互不隶属的行政区划之间的关系，其执法活动的有效运行不仅要依赖于国家强制力的保障，更要依赖于地方政府之间在大气污染执法领域的通力合作。此外，考虑到严格的大气污染执法会给当地的经济社会发展带来一定的负面影响，因而跨区域大气污染监管执法的实施也更有可能遭受地方政府的抵制。在此情况下，要清除跨区域大气污染监管执法的障碍，并保障跨区域大气污染监管执法的顺利实施，不仅要凭借国家强制力的保障，更要依靠地方政府间横向协作关系的建立，而这只能通过地方政府间的自愿沟通和协商才能完成。

鉴于此，为了推动跨区域大气污染监管执法的有效实施，就要为跨区域大气污染监管执法提供比传统行政区大气污染执法更为充分和全面的保障。具体来说，除了要将科层制的管理体制作为跨区域大气污染监管执法的实施后盾之外，还要通过相应的机构调整和机制建构，以便为跨区域大气污染监管执法的实施提供必要的机构支持和机制保障。依此思路，首先要对我国现有的环境监督管理体制进行必要的改革，以便为跨区域大气污染监管执法的实施提供必要的体制及机构保障。具体而言，我国可在部分地区建立相应的跨区域大气污染监管执法机构，并由其负责该地区的跨区域大气污染监管执法事宜。[1]此外，在联合执法模式下，跨区域大气污染监管执法更多的是涉及地方政府间横向关系的处理，而与纵向的行政管理关系不同，这种横向的协作关系虽可以借助相关的机构来推动，但其有效建立和维持更有赖于地方

---

〔1〕 夏光：《探索建立跨地区环保机构的思考》，载《世界环境》2016年第2期，第20页。

政府之间的横向协调和充分沟通，为了保障这种横向协调和沟通的有效实施，除了要设置相应的跨区域大气污染监管执法机构之外，更要有赖于跨区域大气污染监管执法保障机制的建构和完善。

由上文分析可知，跨区域大气污染监管执法机构的设置是一个宏大工程，其不仅有赖于我国现有环境监督管理体制的系统改革，还需要处理好跨区域大气污染监管执法机构与地方政府之间的关系，因而在短时期内难以在我国大规模实行。在此背景下，要保障跨区域大气污染监管执法的有效实施，就需要建立完善的保障机制，而这也是跨区域大气污染监管执法制度的重要内容。[1]具体来说，为了保障跨区域大气污染监管执法的顺利实施，需要在区域内地方政府之间建立以下四个方面的保障机制。第一，要建立执法信息的沟通和交流机制，以实现区域内地方政府间大气污染执法信息的交流共享；第二，为了减缓跨区域大气污染监管执法给区域内地方政府带来的经济发展压力，还应建立相应的经济帮扶和利益平衡机制；第三，为了保障跨区域大气污染监管执法主体在执法过程中恪尽职守，防止执法不作为、乱作为现象的发生，还应建立完善的外部监督机制；[2]第四，为了强化跨区域大气污染监管执法主体的责任意识，并防止干扰跨区域大气污染监管执法的违法行为的出现，还应建立相应的责任追究机制，以增强跨区域大气污染监管执法活动的严肃性，为跨区域大气污染监管执法活动的有效开展创造良好的法治环境。综上可知，要保障跨区域大气污染监管执法的有效实施，需要从信息、监督、利益、责任等多个层面为跨区域大气污染监管执法建立系统完善的保障机制，从而充分体现跨区域大气污染监管执法保障的全面性。

五、执法依据的多元性

在执法依据方面，跨区域大气污染监管执法的执法依据要比传统行政区大气污染执法的执法依据更为广泛。这是因为，传统大气污染执法是一种典型的属地型执法，大气污染执法主体只要依照我国现有的法律法规所确定的执法权限和执法程序在其所辖地域范围内开展大气污染执法活动即可。但是，

---

〔1〕 宁淼、孙亚梅、杨金田：《国内外区域大气污染联防联控管理模式分析》，载《环境与可持续发展》2012年第5期，第17~18页。

〔2〕 王超锋：《我国区域环境执法的模式探究》，载《甘肃政法学院学报》2017年第6期，第101~103页。

作为一种跨行政区域的大气污染执法类型，跨区域大气污染监管执法除了要遵守我国现有法律法规所确定的执法权限和执法程序之外，还需要专门的法规予以调整，其中既可以有软法性规定，但更需要硬法性规范，而这有赖于相关立法才能完成。[1]具体而言，为了保障跨区域大气污染监管执法的合法性，对于跨区域大气污染监管执法的主体、跨区域大气污染监管执法的领域以及跨区域大气污染监管执法的程序等有关跨区域大气污染监管执法的关键要素，都需要相应的立法予以明确，以确保跨区域大气污染监管执法在法律框架内合法稳定地运行。正是有了上述法规的加入，才使得跨区域大气污染监管执法的法律依据变得丰富而多样。

实践中，对于地方政府之间横向关系的处理，除了要依据立法机关所制定的法律法规之外，为了提高地方政府在处理横向政府间关系时的主动性、积极性，各国政府均允许地方政府在法律的框架内经过自主协商而签署相关的合作协议，并依据协议来处理和协调其相互间的关系。在美国，政府间的协定在经过有权机关审查和批准之后便具有法律的性质，从而成为法律体系的有机组成部分。[2]跨区域大气污染监管执法作为区域环境治理的重要内容之一，其实施也有赖于地方政府间横向关系的有效建立，而为了协调跨区域大气污染监管执法过程中的地方政府间横向关系，也需要地方政府间就跨区域大气污染监管执法事宜达成相应的协议，不管此种协议是否具有法律的性质，其对地方政府间跨区域大气污染监管执法的实施也具有相应的调整和约束作用，因而也应将其视为跨区域大气污染监管执法的重要依据之一，并将其作为跨区域大气污染监管执法活动顺利实施的重要保障。据此，我国跨区域大气污染监管执法的依据既包括我国现行的法律法规，还包括对跨区域大气污染监管执法活动进行专门调整的法律规定，又包括地方政府间达成的相关协议，因而在执法依据上体现出明显的多元特性。

---

〔1〕 参见杨烨：《论区域行政执法合作——以珠三角地区执法合作为例》，载《暨南学报（哲学社会科学版）》2012 年第 2 期，第 31～32 页。

〔2〕 ［美］约瑟夫·F. 齐默尔曼：《州际合作：协定与行政协议》，王诚译，法律出版社 2013 年版，第 61 页。

第四节 跨区域大气污染监管执法的功能

跨区域大气污染监管执法的功能，是指跨区域大气污染监管执法所具有的作用和价值。作为一种新型的大气污染执法类型，跨区域大气污染监管执法的产生具有明显的问题回应性和对策提供性，其是针对我国现存大气污染执法体制所存在的问题而创设的一种补强型执法类型，因而对于消除我国现有大气污染执法过程中所存在的问题以及提升大气污染执法的效益具有重要的作用。实际上，跨区域大气污染监管执法之所以在我国大气污染防治领域产生，不仅因为其有深厚的理论依据和现实需求，更因为其具有独到的价值和功能。具体而言，跨区域大气污染监管执法在我国大气污染防治领域的应用不仅有利于消除传统大气污染执法体制中存在的问题，更有利于提升大气污染执法的效能，并最终促进区域性大气污染防治以及区域大气环境一体性保护目标的实现。[1] 由此可见，跨区域大气污染监管执法不仅适应了我国重点区域大气污染联防联控的迫切现实需求，更对我国区域大气污染防治目标的实现具有重要的推动作用，而明确跨区域大气污染监管执法的上述功能，不仅有助于彰显跨区域大气污染监管执法的正当性，也有利于明确跨区域大气污染监管执法的目的，从而为跨区域大气污染监管执法制度的设计指明方向。

一、跨区域大气污染监管执法的示范功能

行政有边界，环境无边界。环境的一体性以及行政区划对环境的分割现实已逐步得到国家和社会的重视，而区域性大气污染问题在大气污染防治领域的出现，不仅宣告了行政区各自为战的单打独斗模式在区域性大气污染防治领域的不足，更对行政区之间在大气污染防治领域的合作提出了迫切的要求。在此情况下，只有弥补我国现有大气污染防治模式的不足，并有效协调碎片化的行政区划与整体性的区域大气环境之间的矛盾，才能适应我国区域性大气污染防治的要求。要实现这一目的，就要突破行政区划对大气污染防治的阻碍，通过区域内地方政府之间的有效合作，达成对区域大气环境的整

---

〔1〕 王超锋：《跨区域大气污染执法：概念、特征及功能》，载《学术探索》2018 年第 3 期，第 84 页。

体性保护。

    当前，对大气污染进行区域性防治已成为一种理念并得到我国学界和政府部门的逐步认可，我国学者已在区域环境治理的相关研究中对区域性大气污染防治问题进行了探讨，并为大气污染防治的政府间合作提供了相应的对策，[1]我国现有政策法规也对重点区域大气污染联防联治进行了相应部署，但需要指出的是，无论是我国学者现有的研究成果，抑或是相关政策法规对区域环境治理的顶层设计，其都因过于抽象而失于翔实，而实践中区域环境治理还未得到有效实施，因而迫切需要相应的实践探索加以推动。这是因为，缺乏了实践的检验，区域环境治理更多的只是一种理念，尽管这种理念具有实施的必要性、正当性，但由于缺乏必要的实施路径，此种理念是否可行还处于未知状态，反而会削弱社会对区域环境治理这一理念的认知状态，从而更不利于区域环境治理在实践中的实施。鉴于此，要促进区域环境治理在我国环境保护领域的顺利开展，就迫切需要推动区域环境治理实践的有效实施，而跨区域大气污染监管执法作为区域环境治理的重要内容之一，其实施不仅是区域环境治理实践的重要内容，更是对区域环境治理实践的积极探索和主动宣示，而其成功实施对于其他领域的区域环境治理实践也具有重要的示范功能，因而对促成区域环境治理从理念向现实的整体转化具有积极的作用。

    正如文中所言，当前环境的一体性以及无界性已经得到了社会的共识，但这种共识更多地停留于意识中和口头上，还没有在实践中得到全面地执行。俗话说，身教胜于言传，相较于理论性的论证和政策性的倡导，具体的区域环境治理活动更具有说服和教育作用，也更易获得受众的共鸣和响应。需要指出的是，区域环境治理是一个系统工程，在治理对象上，其既需要对那些具有明确区域性特征的大气、水等环境要素的治理，也需要对那些具有跨行政区域特征的噪声污染、固废污染、光污染等污染事项的治理；而在治理手段上，为了促成区域环境治理目标的实现，则需要借助经济、政治、科技、

---

    [1] 参见唐湘博、陈晓红：《区域大气污染协同减排补偿机制研究》，载《中国人口·资源与环境》2017年第9期；杨丽娟、郑泽宇：《我国区域大气污染治理法律责任机制探析——以均衡责任机制为进路》，载《东北大学学报（社会科学版）》2017年第4期；陈建：《统一标准是跨省重点区域大气污染治理的出路——基于邻避扩张的视角》，载《江苏大学学报（社会科学版）》2017年第2期；王清军：《区域大气污染治理体制：变革与发展》，载《武汉大学学报（哲学社会科学版）》2016年第1期；康京涛：《论区域大气污染联防联控的法律机制》，载《宁夏社会科学》2016年第2期。

伦理、法律等多种手段的综合性应用。由此可见，区域环境治理具有较强的复杂性和综合性，因而区域环境治理目标的实现也难以一蹴而就，在此情况下，要推动区域环境治理实践的有效开展，就需要分领域、分阶段循序渐进地实施，或者选择区域环境治理的某个环节或内容进行率先突破，以便在整个区域环境治理领域取得示范和引领效果。当前，在区域环境治理背景下所开展的跨区域大气污染监管执法就承载着这一先行先试的示范功能。[1]

综上可知，跨区域大气污染监管执法以对大气环境要素的法律保护为突破口，通过促进区域内政府间大气污染执法领域的合作，保障法律对大气污染防治作用的全面发挥，从而在整个区域环境治理领域发挥其示范和引领作用。具体来说，跨区域大气污染监管执法可以在治理对象和治理手段两个层面发挥积极的示范作用。首先，跨区域大气污染监管执法是专门以区域性大气污染为治理对象的，一旦跨区域大气污染监管执法获得成功，则可以将其成功经验向水环境保护、固废污染防治等领域移植，从而有效带动上述领域的跨区域执法活动，并最终有助于区域环境执法模式的形成和执法体制的建构。其次，跨区域大气污染监管执法作为法律手段的一种，其有效实施对于立法、司法环节的区域环境治理合作也具有一定的借鉴和引领作用，从而有助于促进区域环境治理法律手段的完善。综上可知，跨区域大气污染监管执法实践的率先开展不仅能让人更好地感受到大气环境的一体性，还能让民众意识到区域环境治理在应对区域性大气污染问题的必要性，从而有效提升其实施区域环境治理的紧迫感，并为区域环境治理的顺利开展创造良好的舆论环境。此外，借助跨区域大气污染监管执法的有效示范，也可以有力证明区域环境治理的现实可行性，从而在促进区域环境治理从理念向现实的有效转化以及带动多领域、多渠道的区域环境治理工作的开展方面都具有重要的示范和引领作用。

二、跨区域大气污染监管执法的增信功能

所谓增信，就是增加信任，而增信功能则是指某事物所具有的增加信任的作用。由于跨区域大气污染监管执法的实施需要区域内众多地方政府的参与，而上述政府在参与过程中不仅需要相互交流和沟通，还可以通过组成联

---

〔1〕　王超锋：《跨区域大气污染执法：概念、特征及功能》，载《学术探索》2018年第3期，第84页。

合执法小组和交叉执法的方式到对方所辖行政区域内进行大气污染执法，从而可以实质性地全程参与对方领域的大气污染执法过程，这不仅有利于区域内地方政府之间大气污染执法信息的交流和共享，还有利于区域内地方政府之间在大气污染执法领域的相互监督，从而有利于增进区域内地方政府之间的相互信任，并最终有助于推动区域内地方政府在大气污染防治领域的合作。[1]这是因为，区域内地方政府之所以在大气污染治理合作过程中出现"以邻为壑""搭便车""囚徒困境"等非合作博弈，这既与当前缺乏完善的合作机制和保障制度有关，更与合作各方缺乏必要的信息沟通和相互监督有着直接的关系。[2]跨区域大气污染监管执法在促成区域内地方政府之间大气污染执法信息交流的同时，也有利于强化区域内地方政府之间的大气污染执法监督，因而有助于提升区域内大气污染执法的透明度和公信力，从而对促进区域内地方政府之间的互信、强化区域内大气污染监管执法的合作具有重要的作用。

众所周知，大气是一体的并且可以无视行政区划而自由流动，从而使得大气环境和大气污染问题都具有明显的区域性，而且这种区域性常常突破行政区划的限制而横跨于数个行政区之间。在此情况下，一旦出现了区域性大气污染问题，其防治就难以单靠某一政府的努力来实现，而必须依靠区域内地方政府之间的合作才能完成。此外，由于大气是一种共有物，这使得大气污染和大气治理都具有较强的外部性，从而使得区域内地方政府在处理大气污染问题时常常滋生"搭便车"的心理，严重的甚而会有"以邻为壑"思想的产生。这种区域内地方政府之间的非合作博弈不仅使得区域内大气环境的治理雪上加霜，也为区域内地方政府之间的大气污染治理合作制造了障碍。鉴于此，要促成区域内地方政府在大气污染防治领域的合作，就要克服大气污染的外部性给区域内地方政府之间的合作所带来的障碍，而要实现这一目的，除了依靠完善的制度设计，[3]还需要增强区域内地方政府之间的互信，

---

〔1〕 王超锋：《跨区域大气污染执法：概念、特征及功能》，载《学术探索》2018 年第 3 期，第 85 页。

〔2〕 张玉强：《跨区域行政合作：类型、困境与合力机制研究》，载《四川行政学院学报》2014 年第 2 期，第 25~26 页。

〔3〕 美国经济学家曼瑟尔·奥尔森指出，"除非一个集团中人数很少，或者除非存在强制或其他某些特殊手段以使个人按照他们的共同利益行事，否则有理性的、寻求自我利益的个人不会采取行动以实现他们共同的或集团的利益"，从而暗指制度对促成合作的重要作用。参见 [美] 曼瑟尔·奥尔森：《集体行动的逻辑》，陈郁、郭宇峰、李崇新译，格致出版社、上海三联书店、上海人民出版社 1995 年版，第 2 页。

第二章 跨区域大气污染监管执法的基本理论

而借助跨区域大气污染监管执法过程中区域内地方政府之间的相互交流和互相监督，则可以有效促进区域内地方政府在大气污染防治领域的互信，进而对推动区域内其他层面的环境治理合作发挥重要的作用。

三、跨区域大气污染监管执法的纠偏功能

一般认为，跨区域大气污染监管执法有利于整合区域内地方政府的大气污染执法力量，并有助于实现对区域性大气环境的整体性保护，这既是跨区域大气污染监管执法的基本功能，也是跨区域大气污染监管执法所具有的价值所在。实际上，作为一种全新的执法类型，跨区域大气污染监管执法是在传统行政区大气污染执法无法适应区域性大气污染防治要求的背景下产生的，其产生不仅是对区域性大气污染防治要求的适应，更是对传统行政区大气污染执法的补强和修正。这是因为，除了难以适应区域性大气污染防治的要求之外，传统行政区大气污染执法还存在着这样那样的问题，[1] 从而偏离了大气污染执法的正常轨道并难以实现大气污染执法的预期目的，而跨区域大气污染监管执法的出现则有助于清除传统行政区大气污染执法所具有的痼疾。由此可见，跨区域大气污染监管执法是专门针对传统行政区大气污染执法所具有的不足和存在的问题而设计的，其具有明显的问题意识和对策特征，不仅是对传统行政区大气污染执法的补强，更是对传统行政区大气污染执法所具问题的纠偏和修正。据此，本书也将跨区域大气污染监管执法所具的上述功能统称为纠偏功能，并依据传统行政区大气污染执法所导致的不同问题将跨区域大气污染监管执法的纠偏功能细化为以下三个方面的内容。

（一）促进区域大气污染执法的协同

我国科层制模式下所形成的行政区负责原则不仅有利于明确各行政主体的责任范围，也有利于提升行政区政府的责任意识，从而使各行政区内的地方政府都能做到守土有责，并最终实现国家治理之目的。需要指出的是，尽管行政区治理模式具有上述优点，但也存在一系列的缺陷，尤其是容易导致行政区之间的恶性竞争及其他形式的非合作博弈，从而在整体层面降低国家

---

[1] 受大气污染外部性以及行政区之间经济利益明确界分的影响，传统行政区管理体制容易诱发地方保护主义，从而难免给行政区大气污染执法带来干扰。此外，在行政区大气污染执法模式下，执法主体与执法相对人之间的关系相对稳定，也为执法俘获的产生提供了可乘之机，这些问题都会阻碍大气污染执法的实施，并严重影响大气污染执法的效果。

· 079 ·

治理的成效，妨碍国家治理目标的达成。此外，行政区治理模式只在专属于行政区内部的事务治理时有效，但在治理跨行政区域的事务时就难以发挥相应作用。考虑到大气污染所具有的跨区域特性，传统的行政区治理模式已难以适应区域性大气污染防治的要求，这是因为，大气污染没有行政区划界限，某一行政区域所产生的大气污染可以飘散到其他的行政区划之中，并且不同行政区划所产生的污染物互相交汇累积还会产生新的大气污染问题，从而使得大气污染具有典型的跨区域性特征。在此种情况下，传统的行政区治理模式自然难以适应区域性大气污染的防治要求，而对其防治只能依靠区域内不同地方政府之间的通力合作才能完成。跨区域大气污染监管执法便是在这一背景下产生的，因而对促进区域内地方政府之间的大气污染执法协同具有重要作用。

具体来说，由于传统的行政区治理模式倚重于行政区的各自为战和单打独斗，其已难以适应区域性大气污染的防治要求，在此情况下，只有强化行政区之间的合作，才能有效防止区域性大气污染的出现。[1]跨区域大气污染监管执法意在强化行政区之间在大气污染执法领域的合作，其实行不仅有利于纠正传统行政区大气污染执法的弊端，更有利于整合不同行政区之间的大气污染执法力量，促进行政区之间大气污染执法的协同，并最终实现对区域大气环境的整体性保护。具体来说，借助于行政区之间大气污染监管执法力量的联合以及跨区域大气污染监管执法机构的设置，跨区域大气污染监管执法既可以有效促成行政区之间大气污染监管执法的合作，也可以有效促成各行政区之间大气污染监管执法力量的整合，从而有效克服传统行政区大气污染执法模式下各行政区相互隔绝的执法弊病，并最终实现行政区之间大气污染监管执法的协调统一。[2]综上可知，跨区域大气污染监管执法既有助于促进行政区之间大气污染监管执法力量的整合，又有助于促进大气污染监管执法效能的整体提升，因而对区域性大气污染防治目标的实现具有重要的推动作用。

（二）化解地方保护对大气污染执法的阻碍

当前，尽管环境保护与经济发展协调进行的理念已经深入人心，但"发展经济就要破坏环境，保护环境就会阻碍经济发展"的错误认识在实践中仍

---

〔1〕 魏娜、赵成根：《跨区域大气污染协同治理研究——以京津冀地区为例》，载《河北学刊》2016 年第 1 期，第 144~145 页。

〔2〕 王超锋：《推动跨区域执法，促进区域大气环境质量改善》，载《中国环境报》2018 年 1 月 11 日。

有较大的市场，加之受到环境外部性以"GDP 至上"思潮的影响，一些地方政府不仅将环境保护视为发展经济的大忌，甚至不惜以牺牲环境为代价来换取经济的发展。[1]在此背景下，一些地方政府不仅降低门槛引入污染企业，甚而对上述污染企业的污染行为倍加袒护，并阻碍环境执法机关对上述企业进行执法检查，从而纵容了上述企业的污染行为，这就是为我们所熟知的地方保护。地方保护是地方政府为促进本地区的经济发展而对污染企业采取的不合理保护，其看似促进了本地区的经济发展，却是以损害本地区及其他相邻地区的环境利益为代价，长远来看无异于饮鸩止渴，因而是环境保护过程中必须克服的障碍之一。

长期以来，我国环境保护领域的地方保护并没有得到有效清除，例如，在京津冀及周边地区首轮次大气污染防治强化督查中，督察组发现：郓城县随官屯镇人民政府对山东省菏泽市郓城县龙泉油脂有限公司燃煤小锅炉的查封形同虚设；河北省对"散乱污"企业排查不彻底，清理工作不到位；河南省新密市来集镇政府则存在虚报清单的情况，[2]上述现象皆是地方保护在环境保护领域的直接反应。此外，渭南市在《关于加快县域工业园区发展的意见》中要求"除税务和安全生产外，其他部门不得对工业园区内企业进行检查"、[3]武汉市两名环保执法人员因损害投资环境而被免职的事件，[4]则更是将环境保护领域的地方保护推向极致。实际上，作为我国环境保护领域的重要内容，我国大气污染防治工作也同样面临着地方保护的困扰，实践中，我国大气污染防治领域的地方保护主要表现为地方政府的相关部门及其工作人员为了本地区经济发展的私利，不仅对大气污染行为持放任或纵容态度，更是对大气污染执法机构的正常执法活动进行干扰、限制甚至阻挠，以达到保护大气污染企业的目的。其不仅阻碍了大气污染执法活动的正常实施，更纵容了相关企业的大气污染行为，是造成局部地区大气污染行为屡禁不止、大气环境质量日益恶化的重要原因。鉴于此，要推动大气污染防治工作的有效实施，首

---

[1] Lester Ross, *Environmental Protection and Economic Development in the Mainland*, 1987 Occasional Papers/Reprint Ser. Contemp. Asian Stud., 81 (1987).

[2] 参见闫海超、高楠:《"散乱污"问题不小》，载《中国环境报》2017 年 4 月 19 日。

[3] 冯永强:《中央第六环保督察组向陕西省反馈督察情况》，载《中国环境报》2017 年 4 月 12 日。

[4] 贺震:《生态环境要为投资环境让路吗》，载《人民日报》2017 年 3 月 25 日。

先应克服大气污染执法领域的地方保护问题，这不仅需要深刻的理念引导和系统的思想教育，更需要完善的制度设计和有效的实践落实。

为了消除环保领域的地方保护问题，我国学者提出了提升环境保护机构的权限以及设立跨行政区域的环保机构的建议，以增强地方环保机构的独立性，从而防止地方政府对其环境执法活动的干扰，而我国实行的省以下环境监测监察执法垂直管理制度改革的目的也在于此。[1]依此思路，跨区域大气污染监管执法的提出也承载着消除地方保护对大气污染执法干扰的重任，其实施不仅有助于化解地方保护对大气污染执法的阻碍，更有利于根除大气污染防治领域的地方保护问题，而这都得益于跨区域大气污染监管执法所采用的新型大气污染执法方式。具体来说，跨区域大气污染监管执法可以通过不同行政区大气污染执法机构所组成的联合执法小组进行执法，也可以借助于设立跨行政区域的大气污染执法机构来实现，而有条件的地区也可以采用跨区域交叉执法的方式来完成，而无论采用上述何种大气污染监管执法方式，跨区域大气污染监管执法的实施都需要区域内多个地方政府的人员或机构的介入，由于上述人员或机构与其执法活动所涉的地方政府并无直接的利害关系，因而其在执法过程中也不易受到上述地方政府的干扰和控制，从而能有效抵制地方保护的干扰，保障大气污染执法活动的顺利实施。

（三）防范大气污染执法俘获问题的产生

所谓执法俘获，是指执法的利害关系人通过俘获执法机关或者执法人员，使得行政机关在规章、政策制定和实施过程中有意识地偏袒和保护某些利益集团，甚至形成利益共同体，从而使执法背离其公平、合理、效率等价值取向。[2]美国学者马修·D. 金（Matthew D. Zinn）则直接将"执法机关应当积极执法而未能积极执法的现象"界定为俘获，并将执法不严列为俘获的主要表现形式，[3]这既反映出国外学者对执法俘获问题的关注，也反映出执法俘获问题在国外执法领域也是一个严重的问题。长期以来，执法不严在我国环境执法领域也广受诟病，其中，有些环保机构及其执法人员向污染企业通风报信，

---

〔1〕 胡斌：《论独立环境监察执法体制与机制的建构》，载《中国环境管理》2016年第2期，第82~83页。

〔2〕 桂林：《执法俘获：法治危害及其治理路径》，载《上海行政学院学报》2010年第5期，第24页。

〔3〕 Matthew D. Zinn, "Policing Environmental Regulatory Enforcement: Cooperation, Capture, and Citizen Suits", *21 Stan. Envtl. L. J. 81*, 107 (2002).

甚而充当排污企业的保护伞。例如，2005 年 8 月，驻马店市环境监测站原站长曹某阳利用职务之便，多次将单位取样检测时间向排污企业通风报信；[1]而在 2004 年至 2008 年间，广东省东莞市沙田镇环保分局副局长饶某东为收取好处费，共 15 次给污染企业通风报信。[2]需要指出的是，作为环境执法的一种，我国大气污染监管执法也面临着俘获问题的侵扰，并导致监管执法不严、违法不究的现象在我国大气污染执法领域长期存在。据报道，全国人大环资委于 2014 年分赴 10 个省份开展《大气污染防治法》实施情况的监督检查，结果发现八成大气污染类举报案件未得到查处，[3]这一数据为我国大气污染执法俘获的现状作了最好的注解。

实践中，由于环境执法机关的部分工作人员贪图私利，而执法相对人也乐于通过贿赂的形式来换取执法机关在执法过程中的偏袒和保护，二者通过这种利益输送从而形成共谋关系，并最终损害了环境公共利益，这即是本书所称的执法俘获问题。据此，现实中的执法俘获通常表现为环境执法机构在执法过程中对污染企业所进行的不合理偏袒甚至非法保护。此外，由于执法俘获通常局限于某一行政管辖区域内部，因而其最终也通常以地方保护的形式出现，由此可见，本书中所称的执法俘获与上文中所说的地方保护同质同形，皆属于规制俘获的一种。需要指出的是，我国目前所关注的地方保护主要指地方政府及其工作人员对环境保护机构的干扰和阻碍，而环境保护机构却常常作为一个想履行职责但又面临各种阻力的无辜者而游离于公众和学界的审查之外，从而也使我国环境保护领域的执法俘获问题无法得到有效的规制[4]。在此种情况下，专门指出环境保护领域的执法俘获问题就显得尤为必要，而鉴于本书研究的主题为跨区域大气污染监管执法问题，因而本书所称的执法俘获也专指大气污染防治领域的执法俘获问题。

要杜绝大气污染防治领域的执法俘获，除了要提升执法人员的职业操守和责任意识之外，还要强化对其的外部监督，并增大行政相对人俘获大气污

---

[1] 吕峰等：《收受贿赂向企业"通风报信"》，载《检察日报》2013 年 12 月 24 日。

[2] 邓新建：《先进工作者蜕变贪官只用 3 年》，载《法制日报》2010 年 9 月 14 日。

[3] 椿桦：《"十举八不查"，环境执法何时硬》，载《广州日报》2014 年 10 月 31 日。

[4] 例如，对我国环境执法领域中存在的执法不严问题，我国学界主要将其归因于地方政府及其工作人员对其执法活动的干扰和阻碍，从而提出要扩大环境执法机关的权限以及提升环境执法机关在人事、财政方面的独立性的对策，但却忽视了环境执法机关自身的原因和存在的问题，尤其是执法俘获问题的存在。

染监管执法主体的成本。作为大气污染监管执法的新形式，跨区域大气污染监管执法则不仅有利于强化大气污染监管执法的外部监督，也有利于加大行政相对人俘获大气污染监管执法主体的成本，从而有助于解决大气污染防治领域的执法俘获问题。[1]具体来说，借助联合执法和交叉执法等新型大气污染执法方式的应用，可以使执法主体的成员组成更加多元，也使得执法主体与执法区域的对接更加灵活，这不仅可以强化不同行政区域之间执法人员的相互监督，也有助于增大执法相对人俘获执法人员的成本，从而进一步强化我国大气污染执法领域的约束机制，[2]并降低执法俘获在大气污染防治领域出现的可能性。

---

〔1〕 王超锋：《推动跨区域执法，促进区域大气环境质量改善》，载《中国环境报》2018 年 1 月 11 日。

〔2〕 陈亮：《环境规制俘获的法律防范——基于美国经验的启示》，载《环球法律评论》2015 年第 1 期，第 164 页。

第三章 | 跨区域大气污染监管执法的主体

　　执法的开展离不开执法主体的存在，跨区域大气污染监管执法的顺利实施也离不开跨区域大气污染监管执法主体的支持。[1]跨区域大气污染监管执法主体不仅是跨区域大气污染监管执法职权的享有者，也是跨区域大气污染监管执法活动的实施者，更是跨区域大气污染监管执法责任的承担者。可以设想的是，如果没有确定的跨区域大气污染监管执法主体，则跨区域大气污染监管执法的职责权限就无法得到落实，而跨区域大气污染监管执法活动也自然难以实施。由此可见，在跨区域大气污染监管执法的诸要素中，跨区域大气污染监管执法主体占有相当重要的地位。基于此，本书对跨区域大气污染监管执法机制的探究也从对跨区域大气污染监管执法主体的探讨开始。当前，无论是我国有关区域大气污染联防联控的政策法规，还是地方政府有关区域大气污染联防联控的合作实践，其都对跨区域大气污染监管执法的主体有所涉及，但对于跨区域大气污染监管执法主体的资格、类型、权限还缺乏科学的设置和明确的界定，从而难以保障跨区域大气污染监管执法的顺利实施。此外，由于跨区域大气污染监管执法在我国大气污染防治领域才刚刚开始，因而实践中对于跨区域大气污染监管执法主体的设置也未形成统一的模式。在此情况下，从学理上对跨区域大气污染监管执法主体的设置问题加以探讨，有助于推动跨区域大气污染监管执法主体制度的完善，保障我国跨区域大气污染监管执法的稳定实施。为此目的，本书以我国现有的政策法规为依据，以跨区域大气污染监管执法的实践为基础，在对跨区域大气污染监管执法主体的类型予以系统梳理的基础上，从跨区域大气污染监管执法的实施

---

　　〔1〕 陈德敏、郭海蓝：《大气污染防治法律适用与执法主体适格性研究——基于长安汽车排放超标一案的分析》，载《中国地质大学学报（社会科学版）》2017年第5期，第46页。

模式入手，对我国跨区域大气污染监管执法的实施主体予以相应的类型化设计。

第一节　跨区域大气污染监管执法主体的类型

　　跨区域大气污染监管执法主体是一个综合性概念，其是由跨区域大气污染监管执法过程中所涉的多个主体所组成的一个集合，而并非单指跨区域大气污染监管执法的具体实施主体。由此可见，与传统行政区大气污染执法主体不同，跨区域大气污染监管执法主体具有较强的多元性，其不仅包括跨区域大气污染监管执法活动的具体实施者，还包括在跨区域大气污染监管执法过程中发挥决策、组织以及协调等相应作用的其他行政主体。具体来说，依据行政主体在跨区域大气污染监管执法过程中所处的地位及发挥的功能不同，可以将跨区域大气污染监管执法主体分为三种类型。其中，既有对跨区域大气污染监管执法进行顶层设计的决策主体，又有组织和协调跨区域大气污染监管执法活动的协调主体，更有直接负责跨区域大气污染监管执法实施的执行主体。此外，依据跨区域大气污染监管执法主体在跨区域大气污染监管执法过程中所享有的权限不同，又可以将跨区域大气污染监管执法的执行主体细分为跨区域大气污染监管执法的职权主体以及跨区域大气污染监管执法的参与主体两种。由此可见，基于跨区域大气污染监管执法的跨区域性，其不仅在执法主体的设置上较传统行政区大气污染执法主体复杂，其在主体类型上也比传统执法主体更为多样，从而使得其执法主体呈现出明显的多元性质。

　　鉴于跨区域大气污染监管执法主体的类型众多，在具体探讨跨区域大气污染监管执法主体的设置之前，需要对跨区域大气污染监管执法主体的具体类型加以明确，以明了跨区域大气污染监管执法的相关主体在跨区域大气污染监管执法过程中所具有的地位和作用，从而有助于从制度层面对跨区域大气污染监管执法主体进行针对性的设计。由上文的分析可知，依据不同的分类标准，可以将跨区域大气污染监管执法主体分为不同的类型。其中，依据跨区域大气污染监管执法的模式不同，可以将其分为统一执法模式下的跨区域大气污染监管执法主体、联合执法模式下的跨区域大气污染监管执法主体以及交叉执法模式下的跨区域大气污染监管执法主体三种类型。〔1〕此外，依据跨区域大气污染监管执法主体在跨区域大气污染监管执法过程中所处的地位及发挥作用的不同，则又可以将跨区域大气污染监管执法主体分为决策主体、组织协调主体以及实施主体三种类型。

考虑到下文中要依据不同的跨区域大气污染监管执法模式来对跨区域大气污染监管执法主体进行设计，因而本书此处对跨区域大气污染监管执法主体的类型分析也主要着眼于对上述主体在跨区域大气污染监管执法过程中所处地位及发挥作用的考察，也即只对跨区域大气污染监管执法的决策主体、组织主体以及实施主体三种类型予以具体分析，以借此明晰跨区域大气污染监管执法主体的范畴，并廓清本书研究的重心指向。

一、跨区域大气污染监管执法的决策主体

决策主体意指决策活动的承担者，〔2〕而跨区域大气污染监管执法的决策主体则是指有权决定是否实施跨区域大气污染监管执法的主体。需要指出的是，为了和其他的主体类型相区分，本书所指的跨区域大气污染监管执法决策主体只负责相关的顶层设计，并不实际参加具体的跨区域大气污染监管执法活动，即其主要职责是为跨区域大气污染监管执法提供必要的权力依据和正当性支持。具体来说，作为一种新型的大气污染执法方式，跨区域大气污染监管执法既是对传统大气污染执法方式的创新，但同时也面临着正当性和合法性不足的窘境。目前，我国的跨区域大气污染监管执法既缺乏丰富的实践经验，也缺乏完善的法律依据，这都阻碍了跨区域大气污染监管执法的进一步发展，并且也无法保障跨区域大气污染监管执法的有效实施。相较于此，跨区域大气污染监管执法的决策主体要么是中央政府，要么是党的最高领导机构，其皆位于我国政治体制的上层，因而也具有更多的行政资源和更高的领导权威，由其来倡导跨区域大气污染监管执法，有助于增强跨区域大

---

〔1〕 需要指出的是，依靠我国科层管理体制而建立的督政模式也可以实现区域大气污染监管执法的协同效果，因而也是我国区域大气污染监管执法的重要模式之一，但考虑到其实施运作过程及机理与本书中所称的跨区域大气污染监管执法有本质区别，故本书未将其列入跨区域大气污染监管执法的模式之中。参见王超锋：《我国区域环境执法的模式探究》，载《甘肃政法学院学报》2017年第6期，第92～94页。

〔2〕 李勃等主编：《科学决策辞典》，经济管理出版社1995年版，第2页。

气污染监管执法的正当性，从而有助于推动跨区域大气污染监管执法的顺利实施。

当前，为了推动跨区域大气污染监管执法的实施，我国党和政府出台了相应的政策，也制定了相应的法规。其中，在政策层面，国务院于 2013 年 9 月 10 日发布的《大气污染防治行动计划》第七部分第 24 项对"推进联合执法、区域执法、交叉执法等执法机制创新，明确重点，加大力度，严厉打击环境违法行为"予以明确规定。2014 年 11 月，国务院办公厅发布了《关于加强环境监管执法的通知》第一部分第 4 项明确要求"环境保护重点区域、流域地方政府要强化协同监管，开展联合执法、区域执法和交叉执法"。在立法层面，我国全国人民代表大会常务委员会于 2014 年修订通过了《环境保护法》，并在第 20 条明确规定"国家建立跨行政区域的重点区域、流域环境污染和生态破坏联合防治协调机制，实行统一规划、统一标准、统一监测、统一的防治措施"。此外，我国全国人民代表大会常务委员会 2015 年修订的《大气污染防治法》更以专章对"重点区域大气污染联合防治"进行规定，并在第 92 条授权"国务院环境保护主管部门和国家大气污染防治重点区域内有关省、自治区、直辖市人民政府可以组织有关部门开展联合执法、跨区域执法、交叉执法"。上述政策法规在为跨区域大气污染监管执法提供可靠依据的同时，也彰显了国务院、全国人民代表大会常务委员会等中央国家机构在推动跨区域大气污染监管执法中的决定性作用，从而也对上述机构决策主体的身份进行了明确彰显。

二、跨区域大气污染监管执法的协调主体

顾名思义，凡是在跨区域大气污染监管执法过程中发挥组织和协调作用的主体皆可以被称为跨区域大气污染监管执法的协调主体。由此可见，我国跨区域大气污染监管执法的协调主体是开放性的，上至中央政府及其机构，下至地方政府及其管理部门，只要其对跨区域大气污染监管执法的实施发挥了相应的组织和协调作用，其都可以成为跨区域大气污染监管执法的协调主体。实践中，跨区域大气污染监管执法的有效落实，不仅需要决策主体的顶层部署，也需要协调主体的组织协调。实际上，只有经过协调主体的有效组织和沟通协调，才能在不同行政区政府之间建立有效的合作机制，从而为跨区域大气污染监管执法的实施提供必要的支持和保障。需要指出的是，如同

跨区域大气污染监管执法的决策主体一样，跨区域大气污染监管执法的协调主体只是负责跨区域大气污染监管执法过程中的组织协调工作，其并不参与跨区域大气污染监管执法的具体实施事宜。需要指出的是，尽管跨区域大气污染监管执法的协调主体并不实际参与跨区域大气污染监管执法活动，但其在跨区域大气污染监管执法过程中同样发挥着不可或缺的作用，是跨区域大气污染监管执法得以有效开展的重要保障，因而也是我国跨区域大气污染监管执法的重要主体之一。

实践中，我国跨区域大气污染监管执法的协调主体主要集中在中央部委及省市两级政府之间，而其中尤以省级政府为多。依据我国现有政策法规的规定，我国中央机关的相关部委以及省级环境保护机构大多为跨区域大气污染监管执法的协调主体，其在自己的管辖范围内肩负着组织和协调跨区域大气污染监管执法的职责。例如，国务院于 2013 年 9 月发布的《大气污染防治行动计划》第八部分第 26 项明确要求"由区域内省级人民政府和国务院有关部门参加，协调解决区域突出环境问题，组织实施环评会商、联合执法、信息共享、预警应急等大气污染防治措施"。此外，为了保护生态环境，加强环境监管执法，2014 年 11 月，国务院办公厅发布了《关于加强环境监管执法的通知》，在第一部分第 4 项中明确要求"环境保护重点区域、流域地方政府要强化协同监管，开展联合执法、区域执法和交叉执法"的同时，在第 9 项又对环境执法稽查的相关内容进行了规定，要求"完善国家环境监察制度，加强对地方政府及其有关部门落实环境保护法律法规、标准、政策、规划情况的监督检查，协调解决跨省域重大环境问题。研究在环境保护部设立环境监察专员制度"。从而在对上级政府环境保护部门所应承担的环境执法监管职责进行明确的同时，也将其设定为跨区域大气污染监管执法的协调和监督主体。

三、跨区域大气污染监管执法的实施主体

所谓跨区域大气污染监管执法的实施主体，是指具体负责实施跨区域大气污染监管执法活动的主体。由此可见，跨区域大气污染监管执法的实施主体既是跨区域大气污染监管执法权限的拥有者，也是跨区域大气污染监管执法责任的承担者，更是跨区域大气污染监管执法活动的执行者，其在实际参与跨区域大气污染监管执法活动的同时，肩负着跨区域大气污染监管执法的

职责权限，并承担跨区域大气污染监管执法所致的法律后果。据此，本书中所称的跨区域大气污染监管执法的实施主体，实际上就是我国传统意义上的执法主体，即那些依据法律规定可以以自己的名义对外作出具体行政行为，并能独立承担由此产生的法律后果的行政组织。[1]与跨区域大气污染监管执法的决策主体以及协调主体相比，由于跨区域大气污染监管执法的实施主体是法律法规的执行者，因而其大多位于整个行政体制的底端，实践中则主要表现为基层的大气污染执法机构。

需要指出的是，尽管跨区域大气污染监管执法实施主体的行政位阶不高，但其却是跨区域大气污染监管执法活动的贯彻者和执行者，在整个跨区域大气污染监管执法过程中具有举足轻重的作用。实际上，正是由于基层环境保护部门在执法过程中所具有的重要作用，中共中央办公厅、国务院办公厅于2016年9月下发的《关于省以下环保机构监测监察执法垂直管理制度改革试点工作的指导意见》就明确提出要促进"环境执法重心向市县下移，加强基层执法队伍建设"。由此可见，相较于跨区域大气污染监管执法的其他主体，跨区域大气污染监管执法的实施主体更为重要，只有其得到了明确界定，才能有效保障跨区域大气污染监管执法职责的落实，也才能保障跨区域大气污染监管执法的有效实施，而本书对跨区域大气污染监管执法主体进行类型化梳理，目的也是突出跨区域大气污染监管执法的实施主体。

综合上文的分析，可知跨区域大气污染监管执法主体具有广义和狭义两个层面的内涵。其中，广义上的跨区域大气污染监管执法主体包括跨区域大气污染监管执法的决策主体、组织协调主体以及实施主体三种类型，而狭义上的跨区域大气污染监管执法主体则只包括跨区域大气污染监管执法的实施主体一种类型。考虑到跨区域大气污染监管执法的实施主体在整个跨区域大气污染监管执法过程中所具有的独特作用，本书也从狭义的角度展开对跨区域大气污染监管执法主体的相关探究。换言之，本书对跨区域大气污染监管执法主体的关注主要以跨区域大气污染监管执法的实施主体为主，而本书对跨区域大气污染监管执法主体的设计也以明确不同执法模式下跨区域大气污染监管执法的实施主体为要义。

---

[1] 福建省人民政府法制办公室编：《行政执法理论与实务》，厦门大学出版社2013年版，第56页。

第二节　统一执法模式下的跨区域大气污染监管执法主体

本书中所称的统一执法模式，是指由统一的跨区域大气污染监管执法机构对包括多个行政区域在内的大气环境区域进行统一执法的一种新型大气污染执法方式。需要明确的是，统一执法模式是为了突破行政区划对一体性大气环境的分割弊端而产生的，因而其无论是对大气污染执法机构的设置，还是对大气污染执法区域的界定，都突破了传统行政区划的界限，而将包含多个行政区域在内的大气环境区域作为一个统一的整体进行考虑，并依据该大气环境区域来对相应的大气污染执法机构进行设置，从而使得跨区域大气污染监管执法主体也具有较强的一体性、完整性，而这也是本书将其称为统一执法模式的缘由所在。在统一执法模式下，不仅大气污染执法区域因依循了一体性的区域大气环境而具有较强的统一性、整体性，而且跨区域大气污染监管执法机构也是一个相对独立的整体，此种大气污染执法模式借助统一的大气污染执法机构对包含多个行政区域在内的大气环境区域进行大气污染执法，从而既不改变由执法主体对其所属执法区域进行执法的传统执法习惯，又有效实现了跨区域大气污染监管执法的目的，因而在我国跨区域大气污染监管执法进程中具有重要的作用。[1]考虑到统一执法模式的有效运行主要依赖于统一执法主体的建构，因而成功设置统一的大气污染执法主体也是统一执法模式有效运行的关键。鉴于此，为了促进统一执法模式在我国跨区域大气污染监管执法领域中的有效应用，对统一执法模式下跨区域大气污染监管执法的主体予以专门探讨则显得尤为必要。为此目的，本书拟对统一执法模式下跨区域大气污染监管执法主体的现状、定位进行系统分析，并以此为基础对统一执法模式下跨区域大气污染监管执法主体的设置予以详细探索，以促进统一执法模式下跨区域大气污染监管执法主体的完善，保障统一执法模式下跨区域大气污染监管执法活动的有效实施。

一、统一执法模式下跨区域大气污染监管执法主体的现状

统一执法模式在我国大气污染防治领域的有效运行既有赖于我国现有政

---

〔1〕　王超锋：《我国区域环境执法的模式探究》，载《甘肃政法学院学报》2017 年第 6 期，第 92 页。

策法规的推动，也有赖于我国政府部门积极的实践探索。鉴于此，本书对统一执法模式下跨区域大气污染监管执法主体现状的考察也主要从政策法规以及实践探索两个层面进行，而考虑到政策法规在推动统一执法模式下跨区域大气污染监管执法活动的重要作用，本书对我国统一执法模式下跨区域大气污染监管执法主体现状的梳理也首先从对我国现有政策法规的考察入手。当前，我国党和政府出台了相关的政策法规，对统一执法模式在我国区域大气污染监管执法实践中的应用落实进行了相应的决策和部署。此外，为了推动区域环境治理以及大气污染联防联控活动的有效实施，我国也借助政策法规对区域环境治理以及大气污染联防联控问题作出了相应的顶层设计和宏观安排，尽管这些政策法规尚未专门就跨区域大气污染监管执法主体的设置问题作出明确规定，但考虑到跨区域大气污染监管执法是区域环境治理以及大气污染联防联控的应有之义，因而我国有关区域环境治理以及大气污染联防联控的相关政策法规自然可以将跨区域大气污染监管执法囊括其中，从而在为跨区域大气污染监管执法提供相应政策法规依据的同时，也对跨区域大气污染监管执法主体的设置作出了宏观层面的指引和设计。

（一）统一执法模式下跨区域大气污染监管执法主体的政策法规

考察我国现有的政策法规，可以发现，自 2015 年以来，中央便在一系列政策文件中提出了设立跨地区环保机构的要求。其中，2015 年 9 月，中共中央、国务院发布《生态文明体制改革总体方案》，要求建立污染防治区域联动机制，并开展按流域设置环境监管和执法机构的试点。此后，我国 2015 年 11 月出台的《中共中央关于制定国民经济和社会发展第十三个五年规划的建议》在第五部分第 5 项明确提出"探索建立跨地区环保机构"的建议，从而在将统一模式纳入我国环境监督管理体制改革进程的同时，也将跨地区的环保机构作为统一执法模式下的执法主体加以确立。[1]遗憾的是，对于在大气污染防治领域设置跨地区环境监管机构的问题，上述政策尚未有明确、具体的专门设计。

由我国现有的政策法规可知，我国统一执法模式下的跨区域大气污染监管执法主体主要是跨地区环保机构。需要指出的是，尽管我国现有的政策法规对建立跨地区环保机构提出了明确的要求，但其主要还是原则性规定，对

---

〔1〕 夏光：《探索建立跨地区环保机构的思考》，载《世界环境》2016 年第 2 期，第 19 页。

于何为跨地区环保机构、其具体承担何种职能以及如何协调跨地区环保机构与我国现有环保机构之间的关系等具体问题，上述政策都没有作出明确的规定，而对于如何设置跨地区环保机构这一关键性问题，上述政策也没有作出明确的指示，从而使跨地区环保机构的设置更多地处于一种理论可行而实践可操作性欠缺的状态。与此相应，当前我国立法对跨地区环保机构的设置也缺乏相应的规定，因而无法为实践中跨地区环保机构的设置提供有效的法律支撑，自然也难以为跨区域大气污染监管执法主体的设置提供明确的路径指引和法律支持。在此背景下，要推动统一执法模式下跨区域大气污染监管执法主体的设置，就离不开地方政府在区域大气污染联防联控实践中对统一执法模式下跨区域大气污染监管执法主体设置的积极探索。

（二）统一执法模式下跨区域大气污染监管执法主体的实践探索

作为上层建筑之一，政策法规的落实有赖于实践中的应用，而政策法规的制定更有赖于实践经验的支持。[1]实际上，我国现有的政策法规之所以无法对统一执法模式下的跨区域大气污染监管执法主体作出详细规定，主要原因在于我国统一执法模式下的跨区域大气污染监管执法实践还未大规模开展，从而无法为相关政策法规的制定提供可靠的经验和明确的思路。鉴于此，要推动统一执法模式下跨区域大气污染监管执法的相关政策法规的完善，就离不开统一执法模式下跨区域大气污染监管执法实践的有效开展。

实践中，考虑到大气污染的区域性特征以及大气污染联防联控的紧迫性需求，在我国制定详尽的政策法规之前，我国京津冀、长三角、珠三角地区已就大气污染联防联控问题展开了相应的实践探索，并就推动区域内大气污染的统一防治进行了诸多有益的尝试。其中，在京津冀地区，为了有效协调京津冀及其周边地区的大气污染联防联控活动，更好地治理京津冀及周边地区的大气污染，在中央政府的指导下，于2015年在京津冀及其周边地区成立了包括京、津、冀、晋、鲁、内蒙古、豫七省（区、市）及环境保护部、国家发展和改革委员会、工业和信息化部、财政部、住房和城乡建设部、中国气象局、国家能源局、交通运输部八部门在内的京津冀大气污染防治协作小组，[2]

---

〔1〕黄宗智：《中国法律的实践历史研究》，载《开放时代》2008年第4期，第105页。
〔2〕王尔德：《京津冀将建立一体化的环境准入和退出机制》，载《21世纪经济报道》2015年8月4日。

截至 2017 年 3 月份，该协作小组已先后召开了九次会议，对推进京津冀及其周边地区的大气污染联防联控发挥了重要作用。[1]不过，由于京津冀大气污染防治协作小组不是一个常设的机构，其只能在上述地区内的政府之间进行协调，还难以像跨地区环保机构那样具备实在的职权，因而也无法实际参与上述地区的大气污染执法工作。

此外，为了推动跨地区环保机构的设置走向深入，并早日为跨区域大气污染监管执法的实施确立一个明确的实施主体，2017 年 5 月 23 日，中央全面深化改革领导小组第三十五次会议审议通过了《跨地区环保机构试点方案》（下文简称为《试点方案》），要求在京津冀及周边地区开展跨地区环保机构试点，以理顺和整合大气环境管理职责，探索建立跨地区环保机构。据此，该《试点方案》已不再满足于在区域内地方政府间建立一个协调机制，而是要建立一个强势的、实体性的执行机构，其不仅具有法定的职权，还可以行使审批、环评、审查、检查等环境执法权限。[2]由此可见，《试点方案》中所言的跨地区环保机构即为本书中所指的统一执法模式下的跨区域大气污染监管执法主体。不过，与我国现有的政策法规一样，该《试点方案》主要是一个授权性规定，其在内容上还比较宏观，因而如何在统一执法模式下设置跨区域大气污染监管执法主体等关键性问题也难以在该《试点方案》中得到明确，而这都有待于试点地区地方政府的实践探索才能逐步加以解决。

综合上文的分析可知，无论是现有的政策法规，还是我国地方政府的大气污染执法实践，其对于统一执法模式下跨区域大气污染监管执法主体的设置还缺乏详尽的规定和成熟的经验，表明我国当前有关统一执法模式下跨区域大气污染监管执法主体的探索还处于起步阶段，对于统一执法模式下跨区域大气污染监管执法主体在整个环境监督管理体制中的地位以及如何协调统一执法模式下跨区域大气污染监管执法主体与其他大气污染执法主体之间的关系等关键问题，目前都还未形成明确的解决思路。这一问题不解决，不仅统一执法模式下的跨区域大气污染监管执法实践难以取得实质性进展，有关统一执法模式下跨区域大气污染监管执法的政策法规也无法得到细化落实。

---

〔1〕 王昆婷：《京津冀及周边地区大气污染防治协作小组第九次会议在京召开》，载《中国环境报》2017 年 3 月 1 日。

〔2〕 王尔德：《京津冀将开展跨地区环保机构试点，拟设独立机构》，载《21 世纪经济报道》2017 年 5 月 25 日。

在此背景下，从学理上探讨统一执法模式下跨区域大气污染监管执法主体的定位，并依据我国大气污染执法的现实国情以及大气污染执法的基本规律对统一执法模式下的跨区域大气污染监管执法主体进行设置，对弥补统一执法模式下跨区域大气污染监管执法实践的不足以及相关政策法规的缺憾大有裨益。为此目的，本书拟结合我国学者的研究成果，对统一执法模式下跨区域大气污染监管执法主体的基本范畴进行界定，以廓清统一执法模式下跨区域大气污染监管执法主体设置所需要解决的问题，并为统一执法模式下跨区域大气污染监管执法主体的设置提供可行的路径及系统的对策建议。

二、统一执法模式下跨区域大气污染监管执法主体的范畴

由上文对统一执法模式下跨区域大气污染监管执法主体现状的分析可知，无论是我国的政策法规，还是区域内地方政府的大气污染执法实践，虽然其都明确提出了设置跨区域大气污染监管执法主体的要求，但对于如何设置跨区域大气污染监管执法主体以及如何协调跨区域大气污染监管执法主体与我国传统大气污染执法主体之间的关系等具体问题，目前都还未形成明确的答案，这既为本书从学理上探讨统一执法模式下跨区域大气污染监管执法的主体留下了足够的空间，也对从学理上探讨统一执法模式下跨区域大气污染监管执法的主体提出了迫切要求。考虑到统一执法模式下的跨区域大气污染监管执法是一种有别于传统大气污染执法的新型大气污染执法模式，因而在设置跨区域大气污染监管执法主体时，既要突破传统大气污染执法主体的窠臼以免导致不必要的重复或者雷同，又要协调好其与传统大气污染执法主体之间的关系以保障整个大气污染执法体制的有机统一。为此目的，在对统一执法模式下跨区域大气污染监管执法的主体进行建构之前，本书拟从梳理统一执法模式下跨区域大气污染监管执法主体的定位及其与相关主体之间的关系入手，对统一执法模式下跨区域大气污染监管执法主体的基本范畴进行明晰。

（一）统一执法模式下跨区域大气污染监管执法主体的定位

毋庸讳言，作为跨地区环境保护机构的一种，统一执法模式下的跨区域大气污染监管执法主体无疑是一个实实在在的环境保护机构，其拥有相应的大气污染监管执法职权，并能以自己的名义独立开展跨区域大气污染监管执法，而非像联席会议或协调小组那样只是一个松散的协调组织。[1]鉴于此，为了跨区域大气污染监管执法主体的有效运转，则需要对其地位进行明确的界定。当前，我国现有政策法规尚未对跨地区环保机构的地位予以明确，而学界对跨地区环保机构的地位也存在不同解读。在此背景下，为了保障统一执法模式下跨区域大气污染监管执法主体建构的顺利实施，更为了保障统一执法模式下跨区域大气污染监管执法主体所具功能的充分发挥，在探讨统一执法模式下跨区域大气污染监管执法主体的建构之前，对统一执法模式下跨区域大气污染监管执法主体的地位加以明确就显得尤为必要。

1. 统一执法模式下跨区域大气污染监管执法主体的定位纵览

当前，以我国现有的政策法规为基础，我国学界对跨地区环保机构的地位进行了诸多解读。其中，环境保护部环境与经济政策研究中心时任主任夏光认为："跨地区环保机构，又称区域环保机构，是指在现有中央环保机构与各省级环保机构之间，再增加一层跨越各省级行政单元的环保机构。"[2]由此可见，夏光主任已将跨地区环保机构明确界定为我国政府的有机组成部分，并认为其是一个实实在在的政府机构部门，反映出我国学界也支持将跨地区环保机构实体化的倾向。以此为背景，作为跨地区环保机构的一种，本书所称的统一执法模式下的跨区域大气污染监管执法主体也应是政府的一个组成机构，并且是一个享有大气污染执法职权并可以承担大气污染执法职责的实实在在的大气污染执法主体。

2. 统一执法模式下跨区域大气污染监管执法主体的定位明晰

需要明确的是，本书所称的跨区域大气污染监管执法主体是一个跨越行政区划的限制来执行大气污染防治法规的机构，因而其主要职能是实施跨区域大气污染监管执法活动，从而也使其成为面向基层的、一线的大气污染执法机构，而对于学者所主张的在中央环保机构与各省级环保机构之间建立的跨越各省级行政单元的环保机构，本书则倾向于将其定位为跨区域大气污染监管执法的组织协调主体，其主要担负着组织协调以及引导所辖地区的跨区域大气污染监管执法活动，但并不宜直接享有相应的跨区域大气污染监管执

---

〔1〕 马维辉：《跨境污染案件频发，京津冀跨地区环保机构要来了》，载 http://www.chinatimes.cc/article/67751.html，最后访问日期：2022 年 12 月 26 日。

〔2〕 夏光：《探索建立跨地区环保机构的思考》，载《世界环境》2016 年第 2 期，第 19 页。

法职权。之所以如此考虑，是因为如果只将跨区域大气污染监管执法主体限定于中央和省级的环保机构之间，则上述主体的数量则会受到绝对限制，从而使其难以适应常规性的跨区域大气污染监管执法工作。此外，将跨区域大气污染监管执法主体的行政位阶定位过高，必然使其从基层获取执法信息的成本加大，从而难以保障跨区域大气污染监管执法活动的有效实施。鉴于此，本书所称的统一执法模式下的跨区域大气污染监管执法主体应是面向基层的一种跨越行政区域的大气污染监管执法机构。考虑到我国省以下环保机构监测监察执法垂直管理改革已将县级环保机构内化为市级环保机构的派出部门，故本书所称的跨区域大气污染监管执法机构应主要定位为跨越市级行政单元的一种环保机构。

（二）统一执法模式下跨区域大气污染监管执法主体与传统大气污染执法主体之间的关系

需要指出的是，在跨区域大气污染监管执法的理念付诸实践之前，我国对跨区域大气污染纠纷的处理以及跨区域大气污染问题的防治并非无法可依。早在1989年12月，我国便制定了《环境保护法》，并在第15条规定："跨行政区的环境污染和环境破坏的防治工作，由有关地方人民政府协商解决，或者由上级人民政府协调解决，作出决定。"此后，我国2014年4月修订的《环境保护法》第20条又对跨行政区域的环境污染和环境破坏的防治工作进行了强化和确认。[1]由此可见，在实施跨区域大气污染监管执法之前，我国跨区域大气污染的防治主要借助上级人民政府的协调或者有关地方人民政府的协商来解决，而无论是借助上级人民政府的协调，还是通过相关地方人民政府的协商，跨区域大气污染的防治都离不开相关地方政府所属环境执法部门的参与，虽然上述环境保护行政主管部门只能按照属地原则在其管辖的行政区域内开展大气污染执法，但其无疑也是跨区域大气污染防治过程中的重要执法主体，并在跨区域大气污染防治过程中发挥着重要作用。鉴于此，在探讨跨区域大气污染监管执法问题时，也需要对原有大气污染执法主体与跨

---

〔1〕 我国2014年修订的《环境保护法》第20条第1款明确规定"国家建立跨行政区域的重点区域、流域环境污染和生态破坏联合防治协调机制。实行统一规划、统一标准、统一监测、统一的防治措施"，并在第2款规定"前款规定以外的跨行政区域的环境污染和生态破坏的防治，由上级人民政府协调解决，或者由有关地方人民政府协商解决"，从而在对区域环境治理理念和举措提出明确要求的同时，对1989年《环境保护法》第15条的内容进行了重申确认。

区域大气污染监管执法主体之间的关系加以具体分析。

1. 统一执法模式下的跨区域大气污染监管执法主体与传统大气污染执法主体之间的关系概览

与按流域设置的水污染防治机构不同，我国目前还没有按照大气环境区域设置大气污染防治主体，因而现有的大气污染执法主体都是按照行政区划设置的环境保护行政主管部门以及其他享有大气污染执法权的行政管理部门，并且上述部门在进行大气污染执法时都要严格遵照行政区域的限制而不能到其辖区之外的其他区域实施大气污染执法活动。与这一传统大气污染执法模式相比，我国统一执法模式下的跨区域大气污染监管执法则需要借助跨区域大气污染监管执法机构的成立才能实现，而这一新产生的大气污染执法主体势必与原有的大气污染执法主体在执法区域和执法对象上产生重叠。在此情况下，为了避免多头执法而造成的积极执法冲突，并防止因执法职责不清而导致执法真空的出现，就需要对统一执法模式下的跨区域大气污染监管执法主体与原有大气污染执法主体及其他环保机构之间的关系进行梳理和界定，以明确统一执法模式下的跨区域大气污染监管执法主体在整个大气污染防治监督管理体制中的位次，并为下文中对统一执法模式下跨区域大气污染监管执法主体的建构做好必要准备。

考察我国区域环境治理尤其是流域水污染防治的实践，并借鉴学者有关区域环境治理机制建构的理论探索，可以发现，当前学界及实务部门对跨区域大气污染监管执法主体与原有大气污染执法主体之间的关系预设主要基于两种思路：一种是基于对原有大气污染执法主体的吸收整合而成立跨区域大气污染监管执法主体，另一种则是针对原有大气污染执法主体存在的不足而新设跨区域大气污染监管执法主体，前者是对原有大气污染执法主体的吸收合并，后者则是针对原有大气污染执法主体存在的不足所进行的补强。基于上述两种思路，本书也拟将统一执法模式下的跨区域大气污染监管执法主体与其他大气污染执法主体之间的关系梳理为承继关系和并行关系两种类型，下文对此予以具体论述。

2. 统一执法模式下跨区域大气污染监管执法主体与传统大气污染执法主体之间的承继关系

所谓承继，除了具有继承之义，还可以被理解为"把兄弟等的儿子收做自己的儿子"。[1]本书使用承继一词，只是为了表明统一执法模式下的跨区域大气污染监管执法主体与传统大气污染执法主体之间所具有的前后相承关系。具体来说，统一执法模式下的跨区域大气污染监管执法主体是以原有大气污染执法主体为基础并通过对原有大气污染执法主体的整合重组而成的，其实质就是对原有大气污染执法主体的吸收、整合、重组，而并非独立于原有大气污染执法主体的一个新设机构。由此可见，统一执法模式下跨区域大气污染监管执法主体的建立过程也是对原有大气污染执法主体加以整合重组的过程。在此背景下，一旦跨区域大气污染监管执法主体成功建立，则原有的大气污染执法主体也不复存在，因而在实践中也不会出现跨区域大气污染监管执法主体与传统大气污染执法主体并存的局面，在跨区域大气污染监管执法过程中自然也无需协调跨区域大气污染监管执法主体与传统大气污染执法主体之间的关系。

需要指出的是，尽管统一执法模式下的跨区域大气污染监管执法主体与传统大气污染执法主体之间存在密切的前后相承关系，但其并非传统大气污染执法主体的简单延续，而是在组织架构和运作模式上都与传统大气污染执法主体存在质的差异。具体来说，我国传统大气污染执法体制是按照行政区划来逐级设置的，从而导致传统大气污染执法主体的执法区域皆与其所属政府的行政辖区严格一致，而行政辖区的划分一般要考虑一个国家和地区的政治、经济、文化、民族、宗教、历史、地理等各方面的情况，因而难以将环境要素作为划分行政辖区的主要考量标准，[2]从而致使行政区划的划分难以有效顾及环境要素的一体性特点，并最终导致行政区划割裂一体性环境的弊端出现。在此种情况下，由于我国传统大气污染执法主体所从事的大气污染执法活动也以行政区划为界，因而其对跨区域大气污染的防治也显得力不从心。相较于此，我国跨区域大气污染监管执法主体则是遵照一体性的大气环境所设，其管辖的区域也是具有内在联系的大气环境区域，并且这一大气环境区域并不与传统的行政区域吻合，反而以跨行政区域的形式体现，这既可以有效遵循大气污染防治的规律，又可以弱化行政区划阻隔对大气污染执法

---

〔1〕　中国社会科学院语言研究所词典编辑室编：《现代汉语词典》，商务印书馆2016年版，第168页。

〔2〕　焦洪昌主编：《宪法》，浙江大学出版社2008年版，第192页。

的不利影响，从而有助于区域大气污染联防联控目标的实现。

3. 统一执法模式下跨区域大气污染监管执法主体与传统大气污染执法主体之间的并行关系

与承继关系不同，在并行关系下，跨区域大气污染监管执法主体的产生并不意味着传统大气污染执法主体的消解，二者共存于大气污染防治领域，并在大气污染执法环节各自发挥着相应的作用。具体而言，在并行关系中，统一执法模式下的跨区域大气污染监管执法主体与传统大气污染执法主体之间并不是前后相继的关系，而是一种共存关系，二者共存于大气污染执法体制之中。其中，统一执法模式下的跨区域大气污染监管执法主体专注于跨区域的大气污染监管执法事宜，而传统大气污染执法主体则依然遵照行政区划的限制在其行政辖区内从事各项大气污染执法活动，二者各司其职，共同担负起大气污染防治职能。需要指出的是，对于传统大气污染执法主体而言，由于统一执法模式下的跨区域大气污染监管执法主体是在原有大气污染执法体制中成长出来的一个新生主体，二者在大气污染执法领域和执法事项上难免会发生重叠，如果不对二者之间的关系进行协调，则容易导致二者在执法实践中产生冲突。鉴于此，对统一执法模式下的跨区域大气污染监管执法主体与传统大气污染执法主体之间的并行关系进行梳理，对于保障实践中跨区域大气污染监管执法活动的有序运行具有重要的意义。

顾名思义，跨区域大气污染监管执法主体主要从事跨区域的大气污染监管执法工作，而传统大气污染执法主体则主要从事非跨区域的大气污染执法工作，从字面意思上来理解，对二者的业务界限进行区分并不困难。但是，从理论上来讲，基于大气环境的一体性以及大气污染的传输性，所有的大气污染都具有跨区域性，因而也都应被纳入跨区域大气污染的范畴；此外，在大气污染执法实践中，即便是跨区域大气污染监管执法，其执法基点最终也要落脚到某一行政区划内的大气污染活动或者大气污染设施之上，而这都是传统大气污染执法主体的原有"势力范围"。由此可见，无论从理论上还是实践中，跨区域大气污染监管执法主体与传统大气污染执法主体在执法领域上都存在重叠和交叉。为了协调好跨区域大气污染监管执法主体与传统大气污染执法主体之间的关系，本书认为有下述两种模式可供选择。

（1）各司其职模式，即对跨区域大气污染监管执法主体与传统大气污染执法主体的权限进行界分，使其在各自的权限内各司其职，从而使其在履行各自职能的同时又可以避免产生执法冲突。对此，我国可以借鉴美国法院体制对联邦法院与州法院关系的协调方式来处理跨区域大气污染监管执法主体与传统大气污染执法主体之间的关系。美国是一个联邦制国家，在其司法体系也形成了联邦法院和各州法院两套平行的司法系统。[1] 为了协调联邦法院和各州法院之间的关系，《美国宪法》第 3 条对联邦法院的管辖范围作了明确规定，[2] 而联邦法院管辖之外的案件则可以由各州法院进行审理，通过对联邦法院与各州法院的受案范围所作出的这种明确界分，有效保障了联邦法院与各州法院在司法实践中的并行不悖。据此，为了实现跨区域大气污染监管执法主体与传统大气污染执法主体之间的和谐相处，我国也可以借鉴美国司法系统的设置模式来处理统一执法模式下跨区域大气污染监管执法主体以及传统大气污染执法主体的关系，而这又有赖于对二者执法范围的明确界定。具体来说，可以采用执法名录的方式，将位于行政交界区域内的大气污染项目以及容易引发跨区域大气污染纠纷的项目纳入跨区域大气污染监管执法的名录之中，而对于那些不具有明显跨界影响的大气污染项目则仍由传统大气污染执法主体负责执法，以便通过对二者执法领域的合理界分，理顺二者在大气污染执法领域的关系，并保障整个大气污染执法体制的协调统一。

（2）消极补强模式。所谓消极补强模式，是指将传统大气污染执法主体作为大气污染监管执法的第一位主体，而将跨区域大气污染监管执法主体定位为传统大气污染执法主体的必要补充。具体来说，在大气污染监管执法过程中，先由传统大气污染执法主体按照属地原则在其所管辖的行政区域内进行大气污染监管执法，而一旦其发现执法事宜涉及相邻行政区域并需要进行跨区域大气污染监管执法时，则其应当将大气污染执法案件移转到拥有跨区域大气污染监管执法权的跨区域大气污染监管执法主体手中，并由其来负责随后的大气污染监管执法事宜。由此可见，依照消极补强模式的要求，统一执法模式下的跨区域大气污染监管执法主体在整个执法位阶中处于消极补强

---

〔1〕　朱福惠、邵自红：《美国与德国法院体制之比较》，载《现代法学》2001 年第 6 期，第 15～16 页。

〔2〕　参照《美国宪法》第 3 条第 2 款规定，美国联邦法院的受案范围包括：一切基于美国宪法、基本法律、缔结的条约及根据缔结的条约而产生的普通法或衡平法案件；一切涉及大使、其他使节及领事的案件，一切有关海事法和海事管辖权的案件；以美国为当事人的诉讼；两个州或数个州之间的诉讼；一州与另一州的公民之间的诉讼；一州公民与另一州公民之间的诉讼；同州公民之间对他州让与土地的所有权的诉讼，一州或其公民与外国或外国公民或国民之间的诉讼。

的角色，其只有在传统大气污染执法主体无法应对跨区域大气污染事宜并向其提出执法请求时才会行使其执法职能。据此，消极补强模式下的跨区域大气污染监管执法主体虽然和传统大气污染执法主体共处一室，但由于二者在执法实践中拥有各自的执法定位，从而在促成二者在大气污染执法领域开展合作的同时，又有效避免了执法冲突的产生。

三、统一执法模式下跨区域大气污染监管执法主体的建构

由上文中对统一执法模式下跨区域大气污染监管执法主体基本范畴的界定可知，作为一个享有跨区域大气污染监管执法职权的执法机构，统一执法模式下的跨区域大气污染监管执法主体是一个实实在在的大气污染执法组织，这与传统上的大气污染执法联席会议等执法协调组织具有质的不同。[1]基于此，为了促成统一执法模式下跨区域大气污染监管执法主体的建构，就不能满足于对现有大气污染执法机制的简单调整，而需要对传统大气污染执法体制进行根本性改革。依据上文对统一执法模式下跨区域大气污染监管执法主体的定位思考以及对其与传统大气污染执法主体之间的关系分析，可知对传统大气污染执法体制的改革有重组和新设两种选择，而对统一执法模式下跨区域大气污染监管执法主体的建构也相应具有重组和新设两条路径。其中，重组路径是指在原有大气污染执法机构的基础上通过整合重组的方式来建立跨区域大气污染监管执法机构，而新设路径则是在不影响原有大气污染执法机构的前提下，增设跨区域大气污染监管执法机构这样一个新的大气污染监管执法主体。

需要指出的是，无论重组还是新设，建构之后的跨区域大气污染监管执法主体都是一个享有跨区域大气污染监管执法权的实体机构，因而其建构过程既是对传统大气污染执法体制的重大变革，又是对我国现有行政区执法模式的重大突破，是我国执法体制改革领域中的一项重大工程。鉴于此，在对统一执法模式下的跨区域大气污染监管执法主体进行建构时，不仅要兼顾跨区域大气污染监管执法主体与其他大气污染执法主体之间的关系，更要考虑到跨区域大气污染监管执法主体建构的成本和效益，并保障跨区域大气污染监管执法主体建构的合法性。为此目的，本书从我国现有的大气污染执法体

---

〔1〕 夏光：《探索建立跨地区环保机构的思考》，载《世界环境》2016年第2期，第19页。

制出发，并结合上文中对跨区域大气污染监管执法主体与传统大气污染执法主体之间的关系分析，从重组和新设两条路径入手，对统一执法模式下跨区域大气污染监管执法主体的建构问题予以具体分析。

（一）重组路径下跨区域大气污染监管执法主体的建构

所谓重组路径，是指通过对原有大气污染执法主体的重组来实现跨区域大气污染监管执法主体建构目的的一种路径，这与在传统大气污染执法主体之外新设跨区域大气污染监管执法主体的新设路径具有明显不同。需要指出的是，重组路径下建构的跨区域大气污染监管执法主体并不是对传统大气污染执法主体的简单代替，而是对传统大气污染执法主体的一种扬弃，因而与传统大气污染执法主体存在着继承与发展的关系。具体来说，我国传统大气污染执法主体是按行政区划设置的，并且这种行政区划的设置难以顾及大气环境的一体性特点，因而容易造成对一体性大气环境的割裂。而且，由于传统大气污染执法主体严格按照其管辖的行政区域进行大气污染执法，因而不仅其执法过程容易招致地方保护主义的干预，其执法效果也难以吻合大气环境的一体性规律，从而无法满足区域性大气污染防治的要求，也难以避免区域性大气污染问题的产生。[1]鉴于此，为了消除这种"各自为界"的大气污染执法弊端，就要将按行政区域进行执法的模式改为按大气环境区域进行执法的模式。为此目的，则要将大气污染执法机构的设置模式由按照行政区域设置改为按照大气环境区域设置，而这正是重组路径的本义。由此可见，重组路径下跨区域大气污染监管执法主体的设置不是对传统大气污染执法体制的简单修补，而是对传统大气污染执法体制进行的凤凰涅槃式的重建和革新，对促进大气污染执法体制的优化以及保障大气污染执法效果的达成都具有重要的作用。为了厘清重组路径下跨区域大气污染监管执法主体的建构思路，本书对重组路径的优劣之处以及重组路径下跨区域大气污染监管执法主体的具体建构举措进行具体分析。

1. 重组路径的优劣辨析

作为统一执法模式下跨区域大气污染监管执法主体建构的主要路径之一，重组路径具有以下几个方面的优势。首先，如上文在论述跨区域大气污染监

---

〔1〕 于文轩：《论我国跨区域环境监管制度之完善》，载《长春市委党校学报》2014年第5期，第37~38页。

管执法主体与传统大气污染执法主体之间关系时所指出的那样，重组路径的主要优势就是避免了执法实践中对跨区域大气污染监管执法主体与传统大气污染执法主体二者关系的处理，这不仅有助于实现大气污染执法的协调统一，也有利于节约大气污染执法过程中的沟通和协调成本，从而有助于跨区域大气污染监管执法效能的提升。其次，与新设路径不同的是，重组路径并非对原有大气污染执法体制的修补，而是对原有大气污染执法体制所进行的脱胎换骨式的革新，在重组模式下，不仅可以保障跨区域大气污染监管执法主体免受地方保护主义的干扰，更可以使跨区域大气污染监管执法主体的执法区域突破行政区划的限制，使得跨区域大气污染监管执法更加契合区域性大气污染防治的规律，从而也更有利于区域大气污染防治目标的实现。[1]最后，重组路径下设置的跨区域大气污染监管执法主体并非孤立于我国环境监督管理体制之外的个体，其设置本身不仅是对我国传统环境管理体制的优化，而且还可以对我国环境管理体制由行政区管理向环境区域管理的转变发挥重要的启发和推动作用。综上可知，重组路径既有利于节约跨区域大气污染监管执法成本，又契合区域大气污染防治的规律及现实需求，因而在我国整个大气污染监督管理体制的改革中具有良好的应用前景。

不过，就像"前途光明、道路曲折"一语所表述的那样，重组路径看似一步到位、简单明了，但其实施过程却难以一蹴而就。这是因为，重组路径的实行不仅需要协调各种主体之间的关系，更需要耗费较大的成本，而这也是重组路径所难以克服的劣势。具体来说，由于当前我国还没有专门的大气污染执法机构，传统大气污染执法职能皆由行政区划内政府所属的环境保护行政主管部门承担，而上述机构在承担大气污染执法职能的同时，还承担着水污染、土壤污染等其他环境执法职能。此外，依据我国现行的大气污染防治监督管理体制，除了我国的环境保护行政主管部门担负着大气污染执法职能之外，我国交通、公安、卫生等行政部门在其各自职责范围内也承担着相应的大气污染防治任务，[2]在此种情况下，对大气污染执法主体的整合重组就要涉及多个主体之间的关系协调，甚而需要对我国整个环境监督管理体制进行变革，因而实施起来并非易事，而这也从实质上阻碍着重组路径在我国

---

〔1〕 王超锋：《我国区域环境执法的模式探究》，载《甘肃政法学院学报》2017年第6期，第95页。
〔2〕 参见《大气污染防治法》第4条的规定。

跨区域大气污染监管执法领域的进一步落实。

2. 重组路径下跨区域大气污染监管执法主体的建构举措

我国传统大气污染监督管理体制是一种在环境保护行政主管部门统一监督管理下各部门分工负责的监督管理体制，按照此种监督管理体制的安排，我国大气污染执法职能由多个主体共同享有，并且各个主体在承担大气污染执法职能的同时还承担着其他领域的执法任务。换言之，我国传统大气污染执法主体并非一个独立的个体，并且每个主体也并非只承担大气污染执法这一职能。在此种情况下，要对现有大气污染执法主体进行重组，不仅需要整合不同大气污染执法主体所承担的大气污染执法职能，还要理顺同一大气污染执法主体所承担的不同执法职能之间的关系，而这已不再是对原有大气污染执法主体的简单整合，而是涉及对我国整个环境执法体制的重大变革，具有牵一发而动全身的效果和作用，从而也使得其建构过程要远比理论上所言的复杂、困难。不过，办法总比困难多，尽管重组路径在我国大气污染执法领域的实施面临多种困难，但也并非无路可循。针对当前重组路径在我国大气污染执法领域实施所面临的最大障碍，本书认为可以通过剥离重组或整体整合两种方法加以克服，下文对此予以具体介绍。

所谓剥离重组，是指将大气污染执法职能从整个环境执法业务中剥离出来以后再单独重组的一种举措。依据该举措，首先应对原有大气污染执法主体的执法职能进行剥离，并从上述机构中抽调执法人员组成按大气环境区域设置的跨区域大气污染监管执法机构，并由该机构专门负责大气污染监管执法事宜，从而实现构建跨区域大气污染监管执法主体的目的。不过，美中不足的是，此种构建方法容易导致我国环境监督管理体制的碎片化。这是因为，依照此种路径，我们除了要构建跨区域大气污染监管执法主体，还要为防治流域性水污染而构建跨区域水污染执法主体，甚至会为了防治固体废物跨界转移而成立跨区域的固废污染防治执法主体，从而使我国环境监督管理体制在克服因行政区划而致的碎片化弊端的同时又掉入了因割裂环境要素之间的内在联系而产生的另一个碎片化陷阱，因而也不宜将其作为建构我国跨区域大气污染监管执法主体的终极路径。相较而言，整体整合则更有利于促进我国环境监管体制的协调统一，因而也更符合我国环境监督管理体制的现实需求和改革方向。这是因为，整体整合路径不需要对大气污染执法职能进行剥离，而是直接将原有按行政区划设置的环境监管机构整体转换为按环境区域设置的环境监管机构，并由这一新设置的区域性环境监管机构统一行使包括大气污染执法在内的所有环境执法职能，从而在促成我国环境监督管理体制由按行政区划设置向按环境区域设置的同时，实现我国跨区域大气污染监管执法主体的设置目的。

需要指出的是，无论是剥离重组，还是整体整合，其都是重组路径的具体表现形式，该路径在满足跨区域大气污染监管执法主体设置的同时，也彻底终结了大气污染执法机构归属各级地方人民政府管理的传统模式。需要指出的是，尽管此举虽有利于弱化地方政府对大气污染执法的干预，但也因撤销了地方政府实施大气污染防治工作的助手而阻截了地方政府参与大气污染防治工作的途径，从而不仅无法调动地方政府参与大气污染防治工作的热情，更使得"地方政府对其所属地环境质量负责"的顶层设计难以在实践中得到有效落实。[1]鉴于此，尽管重组路径看似美好，但其在具体落实过程中与我国传统的环境管理体制还有诸多抵牾之处，而截至目前在实践中还未有完全按照环境区域设置环境监督管理机构的先例，这也充分表明重组路径尚没有在我国区域环境监督管理体制的改革实践中得到有效应用，故我国在采取重组路径建构跨区域大气污染监管执法主体时也应采取审慎态度，可以先在京津冀、长三角等局部地区进行试点，待取得成功经验后再向全国逐步推广。

（二）新设路径下跨区域大气污染监管执法主体的建构

所谓新设路径，是指在保持原有大气污染执法主体不变的基础上增设跨区域大气污染监管执法主体的一种建构路径。相较于重组路径现实基础的缺失，新设路径则不仅获得了我国政策法规的首肯和推广，更在我国区域环境治理实践中得到了初步的应用。其中，我国于 2015 年 11 月 3 日公布的《中共中央关于制定国民经济和社会发展第十三个五年规划的建议》中就明确提出"探索建立跨地区环保机构"的要求。2017 年 5 月 23 日，中央全面深化改革领导小组第三十五次会议审议通过了《跨地区环保机构试点方案》，拟在我国京津冀及周边地区开展跨地区环保机构试点，以便围绕改善大气环境质量、解决突出大气环境问题，理顺整合大气环境管理职责，探索建立跨地区环保机构。上述事例都是新设路径在我国区域环境治理实践中得到采纳和应用的具体体现，也反映出该路径在我国跨区域大气污染防治领域具有良好的现实

---

〔1〕 王超锋：《我国区域环境执法的模式探究》，载《甘肃政法学院学报》2017 年第 6 期，第 96 页。

基础和应用前景，因而可作为我国统一执法模式下跨区域大气污染监管执法主体建构的首选路径。为此目的，本书拟对新设路径的实施状况及其在我国跨区域大气污染监管执法主体建构中的应用举措予以具体分析。

1. 新设路径的实施现状概览

如上文所言，新设路径是指在不改变原有大气污染执法体制的基础上再增设相应的跨区域大气污染监管执法机构来应对区域性大气污染问题的一种举措。尽管新设路径在我国大气污染执法领域的应用才刚刚开始，但其在我国流域性水资源管理及污染防治领域中已得到了一定程度的实施，因而并不是我国环境监督管理体制中的一个新生事物。其中，为了加强太湖流域的水资源保护以及水污染防治工作，我国于 1984 年 12 月成立太湖流域管理局，并于 2002 年将太湖流域水资源保护局作为水利部太湖流域管理局的单列机构，该局实行水利部和环境保护部双重领导，在太湖流域、钱塘江流域和浙江省、福建省范围内（韩江流域除外）行使有关法律法规和水利部授予的水资源保护职责。[1]此外，为了保护长江流域、黄河流域、淮河流域、海河流域以及珠江流域的水资源，我国也分别在上述流域水利委员会下面设立了单列的水资源保护局，由其承担该流域的水资源保护职能，并兼及该流域的水污染防治任务。需要指出的是，上述流域的水资源保护局目前还只是具有行政职能的事业单位，而且其也不承担具体的水污染执法任务，因而还不是严格意义上的跨区域水污染执法机构。不过，上述流域性水资源保护机构的设置模式却是新设路径的具体体现，因而也可以为我国跨区域大气污染监管执法主体的设置提供镜鉴。

2. 新设路径下跨区域大气污染监管执法主体的定位

当前，跨区域大气污染监管执法主体在我国还是一个新事物，尽管上文中所介绍的太湖流域水资源保护局等流域性水资源保护机构的设置为跨区域大气污染监管执法主体的建构提供了参照和经验，但其与本书中所称的跨区域大气污染监管执法主体还具有本质的不同。本书认为，为了发挥跨区域大气污染监管执法主体在区域大气污染联防联控中的作用，不能将其定位为行政区之间的协调机构，而应将其定位为拥有大气污染监管执法职权的实体机构，使其可以对其所辖区域内的跨区域大气污染问题直接开展执法。

---

[1]　佚名：《太湖流域水资源保护局》，载《水资源保护》2016 年第 2 期，第 4 页。

据此，跨区域大气污染监管执法主体除了在管辖区域和管辖事务上与传统大气污染执法机构存在不同之外，其在机构性质上与我国传统大气污染执法机构并无二致，其都是我国政府的职能部门，也都享有相应的大气污染执法职能。

实践中，为了保障新设的跨区域大气污染监管执法主体与传统大气污染执法主体在从事大气污染执法事宜时的协调统一，不仅要对跨区域大气污染监管执法主体所享有的大气污染执法权限与传统大气污染执法主体进行界分，在跨区域大气污染监管执法主体的设置体例上也应作出有别于传统大气污染执法主体的安排。为此目的，在设置跨区域大气污染监管执法主体时，我国可以借鉴美国法院系统的设置体系，[1]将我国省以下的大气污染执法主体作为地方政府所属的大气污染执法机构，上属机构像美国的州法院系统那样，依然按照行政区划进行设置；与此相应，对于跨区域大气污染监管执法主体，则可以将其作为生态环境部的直属机构，实行中央垂直管理。而且，参照美国联邦法院系统的设置模式，我国跨区域大气污染监管执法主体的设置也应依照环境区域进行安排，而不再受行政辖区的限制。

当前，依照中共中央办公厅、国务院办公厅于 2016 年 9 月印发的《关于省以下环保机构监测监察执法垂直管理制度改革试点工作的指导意见》，我国试点省份正在开展省以下环保机构监测监察执法垂直管理改革的探索，虽然这一改革有助于消解地方政府对环境监测监察执法的不当干预，对破除行政区划给一体性环境监测监察执法带来的阻隔也有一定的效果，但其改革路径依然没有突破按行政区划设置环境监测监察执法机构的传统模式。相较而言，跨区域大气污染监管执法主体则是按照环境区域设置，从而有效突破了行政区划的限制，无疑是我国传统大气污染执法体制的有益和必要补充。

2. 新设路径下跨区域大气污染监管执法主体的建构路径

如上文所述，新设路径下所设置的跨区域大气污染监管执法主体与传统大气污染执法主体是一种并存关系，二者在大气污染防治领域中分工协作，共同完成大气污染执法任务，并促成区域内大气污染执法的协调统一。依据上文对二者的职责划分，传统大气污染执法主体主要负责行政辖区内的大气

---

〔1〕 黄国桥：《美国法院体制与中国法院体制之比较》，载《云南财贸学院学报》2004 年第 4 期，第 93~94 页。

污染执法事宜，而新设的跨区域大气污染监管执法主体则主要负责跨行政区的大气污染监管执法事宜。值得一提的是，我国《国民经济和社会发展第十三个五年规划纲要》明确提出了"探索建立跨地区环保机构"的要求，因而我国跨区域大气污染监管执法主体的设置也应融入跨地区环保机构的建立过程之中。

　　之所以将跨区域大气污染监管执法主体的建构融入跨地区环保机构的建立过程之中，是因为跨区域大气污染监管执法只是跨区域环境执法的一种，而跨区域环境执法也只是跨地区环保机构所承担的职能之一，为了节约跨地区环保机构的建立成本，并避免环境监督管理体制的碎片化倾向，我们没有必要将跨区域大气污染监管执法主体作为一个独立的机构加以设置，而应将其融入跨地区环保机构之中，通过设立享有跨区域大气污染监管执法权的跨地区环保机构的方式，来实现建构跨区域大气污染监管执法主体的目的。为此目的，我国应首先建立一个综合性的跨地区环保机构，并赋予该机构享有包括跨区域大气污染监管执法在内的广泛的执法职能，从而在建立跨地区环保机构的同时又能实现设置跨区域大气污染监管执法主体的目的。

　　3. 新设路径下跨区域大气污染监管执法主体的建构体系

　　美国联邦法院系统包括联邦高等法院、联邦上诉法院以及联邦地区法院三个层级，参照美国联邦法院的这一体例，我国新设路径下跨区域大气污染监管执法的主体也可以按照中央环境保护行政主管部门、跨省级环境保护机构以及跨市级环境保护机构三级体系进行设置（如图 5 所示）。

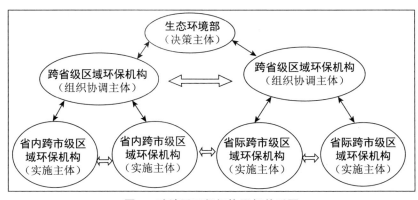

图5　跨地区环保机构层级关系图

由图 5 的示例可知，我国跨地区环保机构由生态环境部、跨省级区域环保机构、跨市级区域环保机构三级组成，而我国跨区域大气污染监管执法主体也应依此而设。据此，新设路径下第一层级的跨区域大气污染监管执法主体即为我国生态环境部这一中央环境保护行政主管部门，其主要在跨区域大气污染监管执法环节中起到决策作用，并负责制定跨区域大气污染监管执法的相应规章，以便为跨区域大气污染监管执法活动的稳定进行提供相应的顶层设计和具体的政策法规支持。

此外，我国第二层级的跨区域大气污染监管执法主体则是按照跨省级区域的环境大区所设置的环保机构，比如，我国中央全面深化改革领导小组第三十五次会议审议通过的《跨地区环保机构试点方案》所拟定的京津冀地区环保机构就是一个跨省级单元的环保机构。需要指出的是，在建立我国第二层级的跨地区环保机构时，我国可将现有的环境保护督查中心上升为拥有实际环境监督管理职权的主体，以便形成华北、华东、华南、西北、西南、东北六个大区的跨地区环护机构。2017 年，环境保护部宣布环保部华北、华东、华南、西北、西南、东北环境保护督查中心由事业单位转为环境保护部派出行政机构，并分别更名为环境保护部华北、华东、华南、西北、西南、东北督察局。[1]环境保护部环境保护督查中心的这一实体化倾向与我国《中共中央关于制定国民经济和社会发展第十三个五年规划的建议》中的"探索建立跨地区环保机构"的要求不谋而合，也印证了将其设立为跨省级区域环保机构的可能性。需要指出的是，我国第二层级的跨地区环保机构并不必然承担具体的大气污染执法职能，其主要在跨区域大气污染监管执法过程中发挥组织协调作用。不过，对于具有区域重大影响或对区域环境产生重大危害的跨区域环境事件，由其亲自执法也未尝不可，但这需要法律的明确授权和界定。

最后，我国第三层级的跨区域大气污染监管执法主体则是跨市级区域的环保机构，鉴于该机构需要实施具体的跨区域大气污染监管执法职能，因而其也是我国跨区域大气污染监管执法的实施主体，在整个跨区域大气污染监管执法活动的实施过程中发挥基础性、保障性作用。需要指出的是，跨市级

---

〔1〕《环保部 6 个区域督查中心更名为区域督察局》，载 http://www.chinanews.com/gn/2017/11-23/8383527.shtml，最后访问日期：2021 年 11 月 28 日。

区域的环保机构并不必然在省域管辖范围内设置，实际上，为了凸显跨地区环保机构打破行政区划的宗旨，跨市级区域的选择最好立足于省际效果，将相邻省份所属的市级管辖区域作为跨市级区域环保机构的设立区域，并使跨市级区域的环保机构在实质上承担起协调跨省大气污染纠纷的职能，将生态环境部以及跨省级单元的环保机构从处理跨省大气污染纠纷的烦琐事务中解脱出来，从而有效提升我国环境监督管理体制的效能。

第三节　交叉执法模式下的跨区域大气污染监管执法主体

不论是上文中所称的统一执法模式，还是此处所言的交叉执法模式，皆是为了实现跨区域执法的效果，也都是跨区域执法的具体方法之一。鉴于此，在探讨交叉执法模式之前，还应对跨区域执法的内涵作出进一步的明晰。所谓跨区域执法，是指区域内的各省、自治区、直辖市可以跨越本行政区到另一行政区进行执法的方式。[1]在大气污染防治领域实行跨区域执法，不仅可以实现对区域大气环境的整体保护，也有助于消除地方保护对大气污染执法的干扰，因而对于区域大气污染的防治具有重要的意义。不过，在我国当前的执法体制下，跨区域执法虽看似美好，但实施起来并不顺利。这是因为，我国当前的行政管理体制是建立在行政区划之上的，通过地方政府对其所属行政区域的有序管理，进而实现全国层面的整体治理。依照这种管理模式，我国各级政府守土有责，皆以其管辖的行政区域为限实施各项行政管理工作，而对其管辖的行政区划之外的其他行政区域的事项既没有管理权，也没有执法权。[2]在此种情况下，如果直接允许各省、自治区、直辖市可以跨越本行政区而到另一行政区进行大气污染执法，则不仅与我国现行的行政区执法模式相违背，在实践中也容易引发积极的执法冲突，从而损害我国执法体制的统一性和稳定性。此外，如果缺乏明确的法律授权，某一行政区的大气污染执法主体也无权跨越行政区划的限制而直接到其他行政区开展大气污染执法，

---

〔1〕　信春鹰主编：《中华人民共和国大气污染防治法释义》，法律出版社 2015 年版，第 215 页。

〔2〕　曾鹏：《论从行政区行政到区域合作行政及其法治保障》，载《暨南学报（哲学社会科学版）》2012 年第 5 期，第 16~17 页。

否则便有违法嫌疑。[1]由此可见，在我国当前的执法体制下，所谓跨区域执法，更多是一种理念和目标，而非一种方式和手段。不过，尽管我国无法将跨区域执法作为一种执法方式来直接实施，但却可以借助交叉执法的方式来实现跨区域执法的目的。鉴于此，本书也将交叉执法方式作为实施跨区域大气污染监管执法的重要模式之一，并对交叉执法模式下的跨区域大气污染监管执法主体进行分析。

一、交叉执法模式概述

所谓交叉执法，是指区域内的各省、自治区、直辖市互换执法区域进行大气污染监管执法的方式。[2]通过区域内政府间的交叉执法，不仅有助于实现跨区域大气污染监管执法的目的，还可以有效增强区域内不同政府之间大气污染执法机构的相互监督，从而有助于提高区域内政府间的互相信任，对消除区域内大气污染防治领域的执法不作为、乱作为也具有重要的意义，因而是跨区域大气污染监管执法的重要方式。作为跨区域大气污染监管执法的重要方式之一，交叉执法是通过大气污染执法主体互换执法区域来实现的，这与统一执法模式下依靠跨区域大气污染监管执法机构的建立明显不同，但需要指出的是，其实施目的却与统一执法模式一样，都是为了突破行政区划对大气污染执法的阻碍，也都是为了实现对区域大气环境的一体性保护，可谓既具有异曲同工之妙，又兼具殊途同归之功。

依据交叉执法方式的要求，区域内的各省、自治区、直辖市的大气污染执法机构都有权力到其管辖区域之外的其他行政区域进行大气污染执法，这在实质上与前文所言的跨区域执法无异，只不过以不同省、自治区、直辖市的执法主体互换其执法区域的形式出现而已。据此思路，要在大气污染防治

---

[1] 在执法主体缺乏跨区域执法职权的情况下，实践中我国跨区域行政任务的完成主要靠行政协助来实现，但行政协助与跨区域执法并非一个含义，因而也不宜将依靠行政协助来实现的执法任务纳入跨区域执法的范畴之中。有关行政协助的论述，参见徐键：《论行政协助的协议化——跨区域行政执法的视角》，载《浙江社会科学》2008年第9期；黄学贤、吴志红：《行政协助分类研究初探》，载《江苏社会科学》2009年第1期；王曦、邓旸：《我国环境管理中行政协助制度的立法思考》，载《中国地质大学学报（社会科学版）》2012年第4期；关保英：《论执法中的行政协助》，载《江淮论坛》2014年第2期。

[2] 全国人大常委会法制工作委员会行政法室编著：《中华人民共和国大气污染防治法解读》，中国法制出版社2015年版，第251页。

领域实行交叉执法，首先也应赋予区域内各省、自治区、直辖市以到其他行政区域开展大气污染监管执法的权力，使其都有资格到区域内其他政府管辖的行政区域内进行大气污染监管执法。[1]尽管这一设想在理论上看似可行，但在实践中还缺乏合法性支持，而且也容易扰乱我国现有的环境执法体制。因此，就目前来看，通过简单赋权的方式来实施交叉执法的做法在我国当前的执法体制下既不可行，也不合法。为此，在交叉执法模式下，应放弃使各省、自治区、直辖市都有跨区域大气污染监管执法的权力的赋权路径，而应寻求其他路径来实施交叉执法的过程，并最终实现跨区域大气污染监管执法的目的。据此，在交叉执法模式下，我们不能通过简单赋权而使区域内各省、自治区、直辖市所属的大气污染执法机构都成为跨区域大气污染监管执法的主体，而应借助其他的主体设置路径来推动交叉执法的实施。

二、交叉执法模式下跨区域大气污染监管执法主体的实践探索

由上文的论述可知，基于我国现有的行政管理体制，当前我国还不能通过赋予某一行政区所属的大气污染执法主体可以到其他行政区域开展大气污染执法的权力，因而也无法使专属于某一行政区的大气污染执法主体直接转变为跨区域大气污染监管执法的主体。幸运的是，我国政府在跨区域大气污染监管执法实践中已意识到简单赋权在实践操作中所存在的问题，因而在开展交叉执法时也放弃了对各省、自治区、直辖市进行简单扩权的做法，转而借助上级政府的介入来推动交叉执法在区域大气污染防治领域的实施，将区域内地方政府共同的上级环境保护行政主管部门界定为交叉执法模式下跨区域大气污染监管执法的主体，并由其负责本区域范围内大气污染交叉执法事项的实施。实际上，我国地方政府在大气污染交叉执法实践中也是依此思路对跨区域大气污染监管执法主体进行的建构。

早在 2013 年 12 月，在新疆维吾尔自治区环境监察总队的组织协调下，乌鲁木齐区域大气污染联防联控范围内的乌鲁木齐、昌吉、阜康、五家渠四地正式启动了联合交叉执法，四地实行交叉互检，重点对区域内的火电、钢

---

[1] 王超锋：《我国区域环境执法的模式探究》，载《甘肃政法学院学报》2017 年第 6 期，第 99 页。

铁、石化、化工、供热等企业进行现场检查。[1]值得注意的是，该区域大气污染联防联控范围内的四地互查并非因为该区域内的四地都拥有了实施跨区域大气污染监管执法的权力，而是因为该四地都是在其共同上级主管部门新疆维吾尔自治区环境监察总队的组织下实施的，而其大气污染监管执法也是以新疆维吾尔自治区环境监察总队的名义进行的。基于此，在乌鲁木齐区域大气污染联防联控范围内实施的交叉执法主体并非乌鲁木齐、昌吉、阜康、五家渠四地的大气污染执法机构，而是作为其共同上级主管部门的新疆维吾尔自治区环境监察总队。与此相应，河北省环境保护厅在 2017 年 4 月份从各市环保部门抽调 83 名业务骨干组成督查组，自 4 月 7 日至 6 月 30 日之间，到各市开展交叉执法，开展不间断驻点督察，[2]也凸显了河北省环境保护在交叉执法过程中的主体功能，从而进一步印证了将区域内地方政府共同的上级生态环境保护主管部门作为交叉执法模式下跨区域大气污染监管执法主体的可行性。

值得一提的是，交叉执法模式下跨区域大气污染监管执法主体的设置思路不仅在地方政府的跨区域大气污染监管执法实践中得到了采用，其同时也得到我国中央政府部门的认可。2017 年 4 月，环境保护部组织开展京津冀及周边地区大气污染防治强化督查，从全国环保系统抽调环境执法人员，对北京市、天津市、河北省石家庄市、唐山市、保定市、廊坊市、沧州市、衡水市、邯郸市、邢台市、山西省太原市、阳泉市、长治市、晋城市、山东省济南市、淄博市、聊城市、德州市、滨州市、济宁市、菏泽市，河南省郑州市、新乡市、鹤壁市、安阳市、焦作市、濮阳市、开封市等 28 个城市，开展为期一年的交叉执法检查工作。巡查人员由相关业务骨干组成，并颁发相应的环境监察执法证（执法证样式及图片详见图 6），使其能够以环境保护部的名义在巡查区域开展交叉执法巡查工作。[3]

---

〔1〕 渠娟：《大气污染防治启动联合交叉执法》，载《乌鲁木齐晚报》2013 年 12 月 19 日。

〔2〕 段丽茜：《我省启动大气污染防治强化督察》，载《河北日报》2017 年 4 月 18 日。

〔3〕 有关交叉执法巡查信息以及环境监察执法证样式，参见 http://hjj. mep. gov. cn/ajdb/zfxx/201709/t20170912_ 421285. shtml，最后访问日期：2018 年 1 月 2 日。

 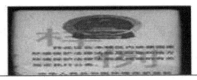

图6　环境监察执法证样式

三、交叉执法模式下跨区域大气污染监管执法主体的界定

基于上文的分析可知，在无法将区域内地方政府所属的大气污染执法机构直接设置为交叉执法模式下的跨区域大气污染监管执法主体的情况下，将区域内地方政府的共同上级环境保护主管部门作为交叉执法模式下的跨区域大污染执法主体，并由其负责交叉执法的组织、实施，这样不仅可以保障交叉执法的权威性，更可以保障交叉执法的合法性和正当性，从而既有效实现区域内地方政府之间在大气污染执法领域的交叉互查，又消除了违法嫌疑，因而是我国当前交叉执法模式下设置跨区域大气污染监管执法主体的不二选择。具体而言，依据执法所涉及的政府层级不同，交叉执法模式下跨区域大气污染监管执法的主体主要有国家生态环境部和省级生态环境保护行政主管部门两种类型。在省、自治区、直辖市之间开展大气污染交叉执法时，就需要国家生态环境部的组织和协调，而此时的跨区域大气污染监管执法主体就是生态环境部，交叉执法活动的开展也以生态环境部的名义实施。依照同理，在省、自治区、直辖市所辖的市级行政区域之间开展大气污染交叉执法时，省级生态环境保护行政主管部门就是跨区域大气污染监管执法的主体。

需要指出的是，依照中共中央办公厅、国务院办公厅印发的《关于省以下环保机构监测监察执法垂直管理制度改革试点工作的指导意见》要求，县级环保局调整为市级环保局的派出分局，由市级环保局直接管理，现有县级环境监测机构主要职能调整为执法监测，随县级环保局一并上收到市级。市级环保局统一管理、统一指挥本行政区域内县级环境执法力量。在此种情况下，考虑到县级行政区划依然是我国的一级行政区划，因而市环保局在其管辖的市域范围内开展县级行政区划之间的大气污染交叉执法当然具有跨区域大气污染监管执法的意蕴。不过，由于垂管改革之后的县环保局已经被内化为市环保局的有机组成部分，从而也使其丧失了独立的执法主体地位。从实质上讲，市环保局在市域范围内开展的大气污染交叉执法只是一个执法主体内部人员的调动和安排，因而和跨市级区域以及跨省级区域所实施的大气污染交叉执法不具有同一性质。鉴于此，本书不把市级环保机构列入交叉执法模式下的跨区域大气污染监管执法主体之中。[1]

第四节　联合执法模式下的跨区域大气污染监管执法主体

由上文的论述可知，统一执法模式的有效实施有赖于统一的跨区域大气污染监管执法主体的建立。因此，无论是通过重组，还是借助新设，其目的都是要建立实体性的跨区域大气污染监管执法机构。[2]由此可见，建立实体性的跨区域大气污染监管执法机构既是落实统一执法模式的核心，更是保障统一执法模式有效实施的关键。需要指出的是，统一执法模式的实施尽管可以消除行政区划对区域性大气污染监管执法的阻隔，但其却难以消除大气污染执法的边界。这是因为，虽然统一执法模式下的跨区域大气污染监管执法机构可以按照环境区域设置，但不同的环境区域之间依然有界限之分，而这种界限如同行政区划所形成的界限一样，依然会对一体性的大气环境起到分割效果，而不同跨区域大气污染监管执法主体在进行跨区域大气污染监管执法时，其交界区域的执法问题依然存在，要消除这一界限，就要继续对跨区域大气污染监管执法主体进行整合，直至在我国管辖范围内成立一个单一的巨无霸式的大气污染执法主体。这不仅有违行政管理的精细化、网格化发展趋势，也使得大气污染监管执法面临着极高的信息获取成本，从而无法保障

〔1〕　值得一提的是，本书之所以未将市级环保机构纳入交叉执法模式下跨区域大气污染监管执法的主体之中，是因为垂管改革下的市环保局与县环保局的整合体现的是一种机构改革路径，因而更符合本书在统一执法模式下建构的跨区域大气污染监管执法主体的特征，因而也可以将其理解为是通过对原有环保机构的整合重组而成立的一个跨地区环保机构，只不过这一机构改革路径尚未完全摆脱行政区域的限制，因而还不能完全满足跨地区环保机构的设置要求，但总体而言，将其纳入统一执法模式下的跨区域大气污染监管执法主体更为合适。

〔2〕　张玉强：《海洋综合执法模式的比较研究》，载《中国渔业经济》2011年第6期，第62~64页。

大气污染监管执法的及时性、实效性，因而在实践中并不可行。[1]相较而言，交叉执法模式则较为可行，而且其在我国跨区域大气污染监管执法实践中也有所实施。不过，由于交叉执法模式需要共同上级政府主管部门的介入，而这既需要高昂的监督协调成本，也不利于发挥地方政府的主动性和积极性，[2]因而也不是我国跨区域大气污染监管执法的最佳选择。

基于上文的分析，为了彻底消除界限（不论是行政区域之间的界限，还是环境区域之间的界限）给区域性大气污染防治带来的阻碍并提高跨区域大气污染监管执法的效能，我们在持续推动统一执法模式、交叉执法模式在我国大气污染防治领域落实的同时，还需另辟蹊径，探讨能消除因界限阻隔而使大气污染执法难以协调统一的良策，相较于上述两种执法模式所具有的缺陷，联合执法模式无疑是我国跨区域大气污染监管执法的最佳选择。[3]为此，本书对联合执法模式下的跨区域大气污染监管执法主体问题进行研究，以便推动联合执法模式在我国跨区域大气污染监管执法领域的应用，从而保障跨区域大气污染监管执法目标的有效实现。

一、联合执法模式概述

不可否认，区域大气环境的一体性以及大气污染的外部性是区域性大气污染问题产生的基础原因，但区域性大气污染之所以愈演愈烈，根源则在于行政区划阻隔下的区域内地方政府在大气污染防治领域的不合作，这种不合作不仅表现在大气污染防治领域的"各人自扫门前雪、哪管他人瓦上霜"现象，更表现在大气污染防治领域的"逐底竞争""囚徒困境"和"公地悲剧"结局，这不仅导致了跨区域大气污染问题丛生，更导致区域内大气环境质量逐步恶化的被动局面。[4]要扭转这一局面，我们就需要正视区域大气环境的一体性规律及大气污染的外部性现实，并通过建构合理的体制机制来消除区

〔1〕See Adler, "Jurisdictional Mismatch in Environmental Federalism", *14 N. Y. U. ENVTL. L. J. 150*, pp. 136~137.

〔2〕王超锋：《区域环境治理中的地方政府合作》，载《中国社会科学报》2017年5月10日。

〔3〕王超锋：《我国区域环境执法的模式探究》，载《甘肃政法学院学报》2017年第6期，第96~97页。

〔4〕曹锦秋、吕程：《联防联控：跨行政区域大气污染防治的法律机制》，载《辽宁大学学报（哲学社会科学版）》2014年第6期，第33页。

域内地方政府之间在大气污染防治领域的不合作现象，而具体到大气污染执法层面，则需要通过建立相应的合作机制来确保区域内地方政府之间在大气污染执法领域的合作和协同。当前，我国大气污染防治重点区域的地方政府所实施的大气污染联合执法则具有这一功能，因而其也不失为我国实施跨区域大气污染监管执法的一种模式，考虑到该模式主要基于合作理念并侧重于区域内政府所属的大气污染执法机构之间开展联合执法的方式来运作，故本书将其称为联合执法模式。

1. 联合执法模式的概念

所谓联合执法，是指区域内各地方政府选派大气污染执法人员组成联合执法小组以开展跨区域大气污染监管执法的一种方式。其中，联合既可以是多个地方的联合，也可以是多个部门的联合，或者是上下级之间的联合。[1]本书所称的联合执法则是指多个地方的联合，其作为跨区域大气污染监管执法的一种方式，意指区域内多个地方政府之间通过协同合作而开展的大气污染监管执法活动，因而其本质上属于多个地方之间的一种联合。由此可见，联合执法模式是指区域内地方政府为了突破行政区划对其大气污染执法活动的限制，以其所在的环境区域为执法着眼点而开展跨区域大气污染监管执法的一种方式。该模式以保护区域共同的大气环境为执法目的，并通过区域内政府间的执法沟通和合作来共同应对和化解区域内的大气污染问题，从而有助于实现区域大气环境治理的正和博弈。

需要明确的是，与统一执法模式侧重于建构统一的跨区域大气污染监管执法主体这一体制性变革不同，联合执法模式的有效实施尽管也需要相应的体制保障，但其更加依赖于现有大气污染执法主体之间合作机制的建立。此外，与交叉执法模式相比，联合执法模式也不依赖于共同上级政府的组织和协调，这都使其对跨区域大气污染监管执法主体的设置路径与统一执法模式和交叉执法模式具有明显的不同。具体来说，联合执法模式是在行政区划之间开展的一种大气污染监管执法合作，其既不改变区域内政府现有的大气污染执法机构，也不依赖于上级政府的强力监督，而是通过加强区域内政府间在大气污染执法领域的沟通、协同和合作来实现跨区域大气污染监管执法的目的。

---

〔1〕 信春鹰主编：《中华人民共和国大气污染防治法释义》，法律出版社2015年版，第215页。

由上文的论述可知，联合执法模式除了能够调动区域内地方政府参与区域大气污染联防联控的积极性之外，其优点还在于能够统筹各方职能，发挥各方优势，以部门之间、地域之间、上下级之间的合作来推动空气污染的协同治理，〔1〕因而是我国实施跨区域大气污染监管执法的理想模式。当然，为了保证区域内政府间协同执法的顺利实施，除了要作出必要的机构安排之外，更需要建立相应的合作机制。〔2〕同时，为了保障合作机制的有效运行，区域内地方政府之间还应签订相应的执法协议或由上级政府制定相应的法律规范，以便在对区域内地方政府之间协同执法的合作机制予以明确规定的同时，也使得区域内政府间的大气污染执法合作成为区域内地方政府必须承担的一项约定义务或者法定职责，从而有效确保联合执法模式在跨区域大气污染监管执法领域的有效落实。

2. 联合执法模式的由来

美国在共同应对和处理州际问题时所开展的州际合作，不仅是跨行政区域合作的典范，也被认为是联合执法模式的起源。美国的州际合作是通过州与州之间的协商并签署协定或非正式的行政协议的方式来完成的，在解决重大州际问题方面发挥了重要作用，〔3〕因为这种模式不依赖于外部力量的介入，从而更有利于发挥合作各方的主动性，对提高合作的效率也大有裨益。我国环境立法也早已意识到区域内政府间协商在处理区域环境问题时所具有的重要作用，并于1989年《环境保护法》第15条中明确规定"跨行政区的环境污染和环境破坏的防治工作，由有关地方人民政府协商解决"的内容，而我国2014年修订的《环境保护法》第20条对此也作了更为明确的要求，上述规定在强调协商在解决跨行政区环境问题的重要性的同时，也为我国区域内地方政府开展跨区域大气污染监管执法合作提供了法律依据。

在联合执法模式引入我国之后，我国京津冀、长三角、珠三角以及西部"锰三角"地区都相继开展了区域环境治理合作，并签署了大量的区域环境合

---

〔1〕　全国人大常委会法制工作委员会行政法室编著：《中华人民共和国大气污染防治法解读》，中国法制出版社2015年版，第250页。

〔2〕　具体来说，这些机制既包括区域内政府之间的信息公开和交流机制，也包括区域内政府之间的利益补偿和帮扶机制，本书第六章会对这些机制予以详细介绍，故此处不再赘述。

〔3〕　[美]约瑟夫·F.齐默尔曼：《州际合作：协定与行政协议》，王诚译，法律出版社2013年版，序言第2页。

作协议，尽管上述协议对区域内地方政府之间协同开展大气污染监管执法的内容还未有明确涉及，但其就区域环境治理合作所开展的有益实践也为联合执法模式下跨区域大气污染监管执法的开展积累了宝贵的经验。比如，以上述地区的区域环境治理合作实践为基础，我国有关地方政府就区域环境执法合作问题进行了积极探索，其中，淳安县和黄山市共同下发了《关于新安江流域沿线企业环境联合执法工作的实施意见》，在尝试超越现有行政界线的情况下，建立双方共同认可的执法框架，确定执法范围、形式和程序，[1]表明联合执法模式在我国区域环境执法领域中已得到了初步的发展和应用。

值得注意的是，即便在我国大气污染防治领域，联合执法模式也逐渐得到了认可并被逐步地应用于跨区域大气污染监管执法之中。其中，为应对京津冀地区的大气污染问题，京津冀三地制定了《京津冀今冬明春大气污染防治督导检查工作方案》，对京津冀三地的联动执法进行了明确部署；[2]此外，山东省省会城市群为应对区域大气污染而抱团治污的有效实践，[3]也充分昭示了联合执法模式在我国跨区域大气污染监管执法领域中所具有的强大生命力和广阔的应用前景。

3. 联合执法模式的评析

与统一执法模式以及交叉执法模式相比，联合执法模式在我国跨区域大气污染监管执法领域的应用既无损于区域内政府间大气污染执法主体的相互独立，也不需要对区域内的大气污染执法机构进行重组，更不需要新设跨地区的大气污染执法机构，其有效运作主要立足于区域内大气污染执法主体之间的横向协作，而其实施也主要依赖于区域内政府间执法伙伴关系的有效建立。由此可见，联合执法模式的应用既不需要对我国传统的环境执法体制进行"伤筋动骨"式的巨大变动，也不需要区域内地方政府共同的上级部门介入，其有效运行是以发挥区域内各地方政府的主动性为前提，并以区域内政府对区域大气环境利益的认同以及对区域大气污染执法合作必要性的共识为基础的，因而是一种能充分调动区域内地方政府积极性、主动性的跨区域大气污染监管执法模式。[4]

〔1〕 徐建武、胡月华：《千岛湖创新水质监管模式》，载《钱江晚报》2012年11月2日。
〔2〕 朱晓彤：《京津冀三地完善环境执法联动》，载《中国环境报》2016年12月2日。
〔3〕 周雁凌、季英德：《山东省会城市群抱团治污》，载《中国环境报》2017年2月13日。
〔4〕 王超锋：《我国区域环境执法的模式探究》，载《甘肃政法学院学报》2017年第6期，第97页。

　　此外，与统一执法模式和交叉执法模式对威权和机构的依赖不同，联合执法模式追求的是一种区域内大气污染执法主体平等协商、相互协作的境界，而这正是区域环境治理的应有之义。借助联合执法模式，区域内政府间不仅可以共享大气污染执法信息，而且还能就区域性的大气污染执法问题开展沟通协商，并在跨区域大气污染监管执法过程中实现互相监督，从而有利于化解区域内地方政府间的不信任，并能有效避免"囚徒困境""逐底竞争"甚而"以邻为壑"现象在区域大气污染执法领域的出现。[1]此外，由于联合执法模式不需要大气污染执法机构的重组或新设，也不需要共同上级政府的介入，因而在建构和应用成本上也有较大的优势。更值得一提的是，针对统一执法模式下跨区域大气污染监管执法机构的设置依然难以消除区域边界对大气污染执法阻隔的弊端，联合执法模式的应用则有利于协调不同环境区域之间的跨区域大气污染监管执法主体之间的关系，因而可以与统一执法模式相辅相成、相得益彰，共同促进跨区域大气污染监管执法活动的顺利实施以及跨区域大气污染监管执法目标的有效实现。

　　需要指出的是，尽管联合执法模式在建构及应用过程中具有成本低的优点，但这只是相对而言，其有效运行也需要相关条件的支撑和成本的付出，而并非只凭区域内政府间的合作热情就可完成。具体而言，联合执法模式的有效实施除了需要相应的机构支撑之外，更需要完善的保障机制，而这需要以下几个步骤才能完成。首先，联合执法模式中的合作既指区域内不同政府间大气污染执法主体的合作，也可以指不同环境区域之间的跨区域大气污染监管执法主体的合作，因而其有效运作也要以上述机构的存在为前提。其次，在机制建构层面，为了保障联合执法模式的有效落实，还需要从以下三个方面建构相应的机制：①为了加强区域内政府间大气污染执法机构的沟通和协商，需要建立区域内政府间的信息公开和交流机制，以保障大气污染执法信息在区域内政府间的充分公开、共享；②为了保障跨区域大气污染监管执法活动的稳定实施，还需要建立完善的外部监督机制；③为了弥补区域内政府间因合作执法而可能给区域内经济薄弱政府所带来的不利影响，还应在区域内政府间建立有效的利益补偿和帮扶机制。因此，对上述机制的建构以及对

----

〔1〕　赵惊涛、李延坤：《我国环境联合执法体制改革博弈分析》，载《环境保护》2014年第16期，第62页。

相应法规制度的完善也需要相应的成本。不过，与统一执法模式下的机构重组或新设的成本相比，对机制建构和制度设计的成本应该是最小的，而且，一旦机制和制度建构完成，则又可以反过来促进大气污染执法成本的有效降低。[1]

综合上文的分析，可知与统一执法模式相比，联合执法模式以我国现有的环境执法体制为基础，以加强区域内地方政府在大气污染执法领域的横向合作为目的，通过区域内地方政府在大气污染执法领域的横向合作，最终实现跨区域大气污染监管执法的目的。据此，联合执法模式不仅具有成本低廉的优势，更由于其专注于政府间或机构间横向关系的处理，因而可以充分顾及区域内地方政府的主体地位，并有效调动区域内地方政府参与跨区域大气污染监管执法的积极性、主动性，理应成为我国跨区域大气污染监管执法的重要模式之一。[2]为此，在对我国跨区域大气污染监管执法主体进行设置时，除了要依照统一执法模式、交叉执法模式对我国跨区域大气污染监管执法主体进行设置之外，还应将联合执法模式作为我国建构跨区域大气污染监管执法主体的主要模式，并以联合执法模式为基础对我国的跨区域大气污染监管执法主体进行设计。

需要指出的是，本书将联合执法模式作为我国跨区域大气污染监管执法的主要模式，并不意味着对统一执法模式、交叉执法模式的放弃，三者殊途同归，相辅相成，皆为了实现跨区域大气污染监管执法的目的，只不过前述两种模式侧重于对跨地区大气污染执法机构的设置和安排，而后者则侧重于对跨区域大气污染监管执法合作机制的建构，但其目的都是实现跨区域大气污染监管执法，并且在特定的场景下也都各有自己的用武之地。

二、联合执法模式下跨区域大气污染监管执法主体的设置现状

鉴于联合执法模式在我国区域环境治理领域的优势，我国相关政策法规不仅对联合执法模式在跨区域大气污染监管执法领域的应用加以认可，我国地方政府更在区域性大气污染防治实践中就联合执法模式的开展进行了积极探索，并取得了丰硕的经验。基于此，本书拟从政策法规以及执法实践两个

---

〔1〕 熊秉元：《解释的工具：生活中的经济学原理》，东方出版社 2014 年版，第 22~23 页。

〔2〕 王超锋：《我国区域环境执法的模式探究》，载《甘肃政法学院学报》2017 年第 6 期，第 97 页。

层面对联合执法模式下我国跨区域大气污染监管执法主体的设置现状进行梳理，以明确联合执法模式下我国跨区域大气污染监管执法主体的设置脉络，并为下文中联合执法模式下跨区域大气污染监管执法主体的建构提供政策法规依据以及实证经验支持。

（一）联合执法模式下跨区域大气污染监管执法主体的政策法规

习近平总书记指出："凡属重大改革都要于法有据。在整个改革过程中，都要高度重视运用法治思维和法治方式，发挥法治的引领和推动作用，加强对相关立法工作的协调，确保在法治轨道上推进改革。"[1]作为我国环境执法领域的一项重大改革，联合执法模式在我国跨区域大气污染监管执法乃至在整个区域环境治理领域的应用也应在我国现行法律框架下实施，并得到我国相关政策法规的支撑。据此，为了保障联合执法模式下对我国跨区域大气污染监管执法主体建构的合法性，本书也对我国联合执法模式下跨区域大气污染监管执法主体设置的相关政策、法规进行梳理，以明晰我国政策法规对联合执法模式下跨区域大气污染监管执法主体的安排思路，并为下文中联合执法模式下跨区域大气污染监管执法主体的建构设定法律框架。考虑到我国中央及地方政府皆对联合执法模式下的跨区域大气污染监管执法事宜进行了相应规定，本书也分别从中央和地方两个层面对联合执法模式下我国跨区域大气污染监管执法主体设置的相关政策法规进行梳理。

1. 中央层面有关联合执法模式下跨区域大气污染监管执法主体的政策法规

与统一执法模式侧重于跨区域大气污染监管执法机构的设置不同，联合执法模式侧重于跨区域大气污染监管执法合作机制的建构。据此，凡有关区域环境治理过程中合作机制建构的政策法规也大多与联合执法模式有关，并可为联合执法模式下跨区域大气污染监管执法主体的设置提供支撑。需要指出的是，相较于统一执法模式和交叉执法模式，联合执法模式在我国区域大气污染执法领域中的应用更为成熟，因而我国有关联合执法模式的政策法规要多于统一执法模式、交叉执法模式的相关政策法规，而这也有利于我们把握上述政策法规对联合执法模式下跨区域大气污染监管执法主体的设计思路。

[1]《习近平主持召开全面深化改革领导小组第二次会议 强调把抓落实作为推进改革工作的重点 真抓实干蹄疾步稳求实效》，载《人民日报》2014年3月1日。

具体而言，联合执法模式在区域性大气污染防治领域的应用最早可追溯到国务院办公厅于 2010 年转发环境保护部、国家发展和改革委员会、科学技术部、工业和信息化部等九个部门的《关于推进大气污染联防联控工作改善区域空气质量的指导意见》，该意见要求"到 2015 年，建立大气污染联防联控机制"，全面推进大气污染联防联控工作，切实改善区域和城市环境空气质量。这既是国务院出台的第一个专门针对大气污染联防联控的综合性政策文件，也标志着联合执法模式在我国大气污染防治领域的首次应用。2012 年制定的《重点区域大气污染防治"十二五"规划》又进一步明确了建立区域大气污染联防联控机制的具体要求，要求建立统一协调的区域联防联控工作机制，建立区域大气环境联合执法监管机制，建立重大项目环境影响评价会商机制，建立环境信息共享机制等。[1]不过，上述政策只是对联合执法模式在区域大气污染联防联控中的应用进行了总体规划，还没有涉及跨区域大气污染监管执法主体的具体安排，但考察上述政策的发文机构及相关内容，可知其已将国务院及其相关部委列为跨区域大气污染监管执法的决策主体，并赋予其建构跨区域大气污染监管执法机制的职责。2013 年 9 月 10 日，国务院发布了《大气污染防治行动计划》，在第七部分第 24 项明确提出"推进联合执法、区域执法、交叉执法等执法机制创新"的同时，又在第八部分第 26 项明确要求"建立京津冀、长三角区域大气污染防治协作机制，由区域内省级人民政府和国务院有关部门参加，协调解决区域突出环境问题，组织实施环评会商、联合执法、信息共享、预警应急等大气污染防治措施"，从而将区域内省级人民政府和国务院有关部门明确界定为跨区域大气污染监管执法的组织协调主体。

在法规层面，我国相关法规也对联合执法模式下跨区域大气污染监管执法的主体作出了相应安排。其中，我国 2014 年修订的《环境保护法》在第 20 条明确规定："国家建立跨行政区域的重点区域、流域环境污染和生态破坏联合防治协调机制，实行统一规划、统一标准、统一监测、统一的防治措施。前款规定以外的跨行政区域的环境污染和生态破坏的防治，由上级人民政府协调解决，或者由有关地方人民政府协商解决。"从而首次以立法的形式对

---

[1] 陈健鹏、陈婧:《大气污染联防联控亟须提高环境监管有效性》，载《中国经济时报》2014 年 5 月 5 日。

"建立跨行政区域的污染和生态破坏联合防治协调机制"提出了明确的要求，并对中央政府的决策主体地位、上级政府的组织协调地位以及地方政府的协商主体地位作了进一步明确。[1]

以我国《环境保护法》的上述规定为基础，我国2015年修订的《大气污染防治法》更以专章形式对"重点区域大气污染联合防治"进行规定，其不仅在第86条中进一步明确了国务院环境保护行政主管部门以及重点区域内有关省、直辖市、人民政府的大气污染联合防治职责，更在第92条明确授权"国务院环境保护主管部门和国家大气污染防治重点区域内有关省、自治区、直辖市人民政府可以组织有关部门开展联合执法、跨区域执法、交叉执法"，从而不仅为联合执法模式在跨区域大气污染监管执法领域的应用提供了明确的法律支持，更将国务院环境保护行政主管部门以及国家大气污染防治重点区域内有关省、自治区、直辖市人民政府明确界定为跨区域大气污染监管执法的组织协调主体，并赋予其组织协调跨区域大气污染监管执法的职能。

2. 地方层面有关联合执法模式下跨区域大气污染监管执法主体的政策法规

尽管我国中央层面出台的政策、法规已对联合执法模式在跨区域大气污染监管执法领域的应用提出了明确要求，并对联合执法模式下的跨区域大气污染监管执法主体进行了初步安排，但由于上述政策和法规尚没有对联合执法模式在跨区域大气污染监管执法领域的具体应用作出系统的顶层设计和详细的机制建构，因而难以为联合执法模式下跨区域大气污染监管执法主体的界定提供明确的政策法规支持，这既为我国地方政府探索联合执法模式在跨区域大气污染监管执法领域的开展留下了足够的空间，也给地方政府提出了进一步探索联合执法模式下跨区域大气污染监管执法主体设置的迫切要求。在此背景下，我国地方政府以中央现有的政策和法规为依据，以本地的跨区域大气污染监管执法实践为基础，对联合执法模式在我国跨区域大气污染监管执法领域的贯彻和应用作出了进一步的探索，并形成了相应的法规文件，对这些法规进行考察，不仅有利于摸清我国地方层面在跨区域大气污染监管

---

[1]　我国《环境保护法》第20条并没有明确规定跨区域大气污染监管执法的内容，但考虑到跨区域大气污染监管执法是跨行政区域污染防治的重要举措之一，因而第20条有关跨行政区域的污染和生态破坏联合防治协调机制的规定也将跨区域大气污染监管执法内含其中，从而也可以为联合执法模式在跨区域大气污染监管执法领域的实施提供法律支持，因而可以将其作为确定联合执法模式下跨区域大气污染监管执法主体的法律依据。

执法领域贯彻联合执法模式的状况，更能厘清我国地方政府在联合执法模式下对跨区域大气污染监管执法主体的建构逻辑，从而为本书对联合执法模式下跨区域大气污染监管执法主体的系统化建构提供思路。鉴于我国京津冀、长三角地区是区域性大气污染的重灾区，因而我国有关联合执法模式下跨区域大气污染监管执法主体设置的地方性法规也以上述地区为多。为此，本书对地方层面有关联合执法模式下跨区域大气污染监管执法主体设置的相关法规梳理也主要以上述地区为主。

（1）京津冀地区有关联合执法模式下跨区域大气污染监管执法主体的政策法规。在政策层面，为了促进京津冀及周边地区对《大气污染防治行动计划》的落实，2013年9月17日，环境保护部、国家发展和改革委员会等六部门联合印发《京津冀及周边地区落实大气污染防治行动计划实施细则》，并在第23条明确要求"成立京津冀及周边地区大气污染防治协作机制，由区域内各省（区、市）人民政府和国务院有关部门参加，研究协调解决区域内突出环境问题，并组织实施环评会商、联合执法、信息共享、预警应急等大气污染防治措施……"从而再次将区域内各省（区、市）人民政府和国务院有关部门列为跨区域大气污染监管执法的组织协调主体。

在法律层面，京津冀地区有关联合执法模式下跨区域大气污染监管执法主体的规定主要见于上述地区的三个省级政府所制定的大气污染防治条例之中。其中，2014年1月通过的《北京市大气污染防治条例》第24条明确规定"市人民政府应当在国家区域联防联控机构领导下，加强与相关省（区、市）的大气污染联防联控工作，建立重大污染事项通报制度，逐步实现重大监测信息和污染防治技术共享，推进区域联防联控与应急联动"。2015年1月通过的《天津市大气污染防治条例》则在第70条规定："本市与北京市、河北省及周边地区建立大气污染防治协调合作机制，定期协商区域内大气污染防治重大事项。"由此可见，北京市和天津市的大气污染防治条例虽尚未明确提出跨区域大气污染监管执法的内容，但其已将合作机制的建构纳入法治轨道之中，并分别将北京市、天津市人民政府列为大气污染防治协调合作机制的建构主体，从而对上述政府作为跨区域大气污染监管执法组织协调主体的地位作了进一步确认。与此相应，河北省于2016年1月通过的《河北省大气污染防治条例》则在其第62条明确规定"省人民政府环境保护主管部门应当与北京市、天津市以及其他相邻省、自治区人民政府环境保护主管部门建立大气污染预警联动应急响应机制，统一重污染天气预警分级标准，加强区域预警联动和监测信息共享，开展联合执法、环评会商，促进大气污染防治联防联控"，从而在明确将联合执法模式应用于跨区域大气污染监管执法领域的同时，首次将省人民政府环境保护主管部门作为跨区域大气污染监管执法的实施主体加以规定。

（2）长三角地区有关联合执法模式下跨区域大气污染监管执法主体的政策法规。如同京津冀地区一样，本书对长三角地区联合执法模式下跨区域大气污染监管执法主体的法规依据的考察也主要从该地区的大气污染防治条例入手。其中，在上海，2014年7月通过的《上海市大气污染防治条例》在第六章以专章的形式对长三角区域大气污染防治协作进行规定，并在条例第70条明确指出"市人民政府应当会同长三角区域相关省，在防治机动车污染、禁止秸秆露天焚烧等领域，探索区域大气污染联动执法"，从而将上海市人民政府界定为大气污染联动执法的组织协调主体。在江苏，2015年2月通过的《江苏省大气污染防治条例》则在第五章以专章的形式对"大气污染联合防治"问题进行了系统规定，并在条例第68条规定"省人民政府应当根据国家有关规定，与长三角区域省、市以及其他相邻省建立大气污染防治协调机制，定期协商解决大气污染防治重大事项，采取统一的防治措施，推进大气污染防治区域协作"，也明确将江苏省人民政府作为跨区域大气污染监管执法的组织协调主体。此后，《江苏省大气污染防治条例》又在第72条第1款要求"重点区域内有关设区的市人民政府应当加强沟通协调，共享大气环境质量信息，协商解决跨界大气污染纠纷，开展联合执法行动，查处区域内大气污染违法行为，共同做好区域内大气污染防治工作"，从而将重点区域内有关设区市人民政府设定为跨区域大气污染监管执法的实施主体。

在浙江，2016年5月27日修订的《浙江省大气污染防治条例》在第四章以专章的形式对区域大气污染联合防治问题进行了规定的同时，又在第48条规定："省有关部门应当与长三角区域省、直辖市以及其他相邻省相关部门建立沟通协调机制，共享区域大气环境信息，在防治工业和机动车船污染、禁止露天焚烧秸秆等领域开展区域大气污染联合执法。"由此可见，长三角地区三省（市）的大气污染防治条例在大气污染区域联防联控规定上遥相呼应，都已将联合执法模式有机融入本地区的跨区域大气污染监管执法之中。此外，《浙江省大气污染防治条例》第52条第1款又规定"……省环境保护主管部门可以组织开展联合执法、跨区域执法、交叉执法，查处大气污染防治重点区域内大气污染违法行为"，从而将省环境保护主管部门列为浙江省域范围内跨区域大气污染监管执法的组织协调主体。

（3）其他地区有关联合执法模式下跨区域大气污染监管执法主体的政策法规。除了京津冀、长三角等重点区域之外，我国珠三角、山东城市群、陕西关中、成渝等地区也对联合执法模式在跨区域大气污染监管执法中的应用进行了规制。其中，广东省人民政府办公厅于2015年1月发布了《广东省人民政府办公厅转发国务院办公厅关于加强环境监管执法的通知》，在第3条对"建立跨区域环境监管执法体制"的内容作了明确规定，并要求"省环境保护厅要充分依托泛珠三角区域环保合作工作机制，建立与相邻省份的环境监管执法协作和应急联动制度。各地要建立与相邻地区的环境监管执法协作机制，定期开展会商和联合预警监测，重点解决跨界河流污染、区域性大气污染、跨界重金属污染等突出问题，妥善处置跨界环境污染纠纷和突发事件"，从而将联合执法模式明确贯彻到该地区的跨区域大气污染防治之中，并将广东省环境保护厅设为跨区域大气污染监管执法的组织协调主体。

此外，为积极应对跨行政区大气污染对人民群众身体健康和生态安全的严重威胁，陕西省人民政府办公厅于2015年4月印发了《陕西省大气污染重点防治区域联动机制改革方案》，明确要求建立以西安市人民政府主要领导为召集人的关中城市群大气污染治理联席会议制度……协调解决跨行政区域的突出大气环境问题；推进落实重点防治区域大气环境信息共享、预报预警、应急联动、联合执法和科研合作，从而将该区域内的地方政府界定为跨区域大气污染监管执法的组织协调主体。在四川省，为了应对灰霾污染，改善环境空气质量，四川省人民政府第七十七次常务会议审议通过了《四川省灰霾污染防治办法》，并在第4条规定"省人民政府确定的大气污染防治重点控制区内的市（州）、县（市、区）人民政府与相邻同级人民政府建立跨区域大气污染防治协作机制，实行重点区域、重点产业规划环境影响评价会商机制，实施协作执法、信息共享、预警应急等联防联控措施"，据此，在四川省人民政府确定的大气污染防治重点控制区内，市（州）、县（市、区）人民政府被界定为跨区域大气污染监管执法的实施主体。

（二）联合执法模式下跨区域大气污染监管执法主体的实践探索

与我国中央层面的政策法规一样，尽管我国地方层面的相关法规对联合执法模式在区域大气污染联防联控中的应用作出了明确规定，但其对于联合执法模式下跨区域大气污染监管执法的主体依然缺乏明确具体的建构，因而也难以保障联合执法模式下跨区域大气污染监管执法的有效开展。之所以如此，是因为跨区域大气污染监管执法作为对我国传统大气污染执法方式的革新，其实施突破了行政区划对大气污染执法的限制，因而是我国大气污染防治领域的一个新事物。当前，如何将联合执法模式贯彻到跨区域大气污染监管执法之中，以及如何依照联合执法模式来设置跨区域大气污染监管执法的主体，这些问题尚没有经验可循，因而只能依靠我国的跨区域大气污染监管执法实践来循序渐进地探索，而在我国跨区域大气污染监管执法实践尚未大规模开展并取得可靠经验之前，我国相关政策法规自然难以对跨区域大气污染监管执法的主体作出具体规定。在此情况下，为了保障跨区域大气污染监管执法的顺利实施，就需要地方政府在跨区域大气污染监管执法实践中对跨区域大气污染监管执法主体予以积极地探索和系统地设计。当前，我国京津冀、长三角以及珠三角地区都相继开展了跨区域大气污染监管执法实践，本书以京津冀及其周边地区的跨区域大气污染监管执法实践为切入点，通过对该地区跨区域大气污染监管执法主体设置的实证分析，探究联合执法模式下我国地方政府对跨区域大气污染监管执法主体的设置路径。

1. 京津冀地区联合执法模式下跨区域大气污染监管执法主体设置的实证分析

京津冀地区是我国雾霾污染较为严重的地区，也是我国较早开展大气污染联防联控的地区之一，为了防治雾霾污染，我国中央政府专门出台了相应的政策法规，而京津冀地方政府也制定了相应的法规，并为大气污染联防联控的实施签署了相关的政府间合作协议，尽管上述政策法规还不够完善，但已对该地区的跨区域大气污染监管执法实践做出了有益的推动。[1]借助上述政策、法规以及协议的推动，京津冀及周边地区积极开展跨区域大气污染监管执法实践，并推动了联合执法模式在该地区跨区域大气污染监管执法领域中的有效应用。对京津冀地区的跨区域大气污染监管执法实践进行考察，也有助于我们发现该地区在联合执法模式下对跨区域大气污染监管执法主体的设置路径。为此目的，本书从机构建设以及具体举措两个层面对该地区的跨

---

〔1〕　张亚军：《京津冀大气污染联防联控的法律问题及对策》，载《河北法学》2017年第7期，第101页。

区域大气污染监管执法主体的设置实践进行梳理。

首先，在机构建设方面，2013 年 10 月 23 日，北京等六省（区、市）和环境保护部等国家部委召开会议，在会上将联合执法机制列为大气污染防治协作机制下的工作制度之一，以协调成员单位在六省（区、市）辖区内开展专项执法，不定期组织开展联合执法，[1]此外，为了协调京津冀及周边地区地方政府大气污染防治工作，在会上还成立了京津冀及周边地区大气污染防治协调小组，[2]而该协作小组办公室于 2014 年印发的《京津冀及周边地区大气污染联防联控 2014 年重点工作》中就要求"共同组织开展区域内大范围的联动执法、同步执法行动，壮大执法声势"。由此可见，京津冀及周边地区大气污染防治协调小组已初步承担了京津冀地区跨区域大气污染监管执法的组织协调功能，可以被视为该地区跨区域大气污染监管执法的组织协调主体。

其次，在落实跨区域大气污染监管执法的具体举措上面，位于京津冀周边地区的山东省通过成立联合执法小组的形式在行政交界区域进行联合执法，从而在跨区域大气污染监管执法主体的设置上走出了关键性一步。其中，山东七市于 2015 年 5 月开展了为期 20 天的环保联动执法，围绕涉大气重点工业园区、重点排污单位的废气治理设施运行等难点，由相邻市组成三个执法联动检查小组，每个小组由一市牵头，采取市级联合执法、交叉互查、省级督导步骤进行，[3]从而在将联合执法模式贯彻到跨区域大气污染监管执法之中的同时，也首次将联动执法检查小组作为跨区域大气污染监管执法的实施主体进行设计。此后，这一模式被逐步推广，2016 年 1 月，为联防联控区域大气污染，山东省济南、淄博、滨州三市环境执法部门共同开展了第一轮冬季大气污染联合执法行动，以联合执法小组的形式随机抽查了华电章丘发电有限公司等 7 家企业，查看废气治理设施运行、环评和"三同时"制度执行等情况。[4]由此可见，联合执法小组已成为该地区联合执法模式下跨区域大气污染监管执法的实施主体。

---

〔1〕 朱竞若、余荣华：《京津冀及周边地区大气污染防治协作机制启动》，载 http://society.people.com.cn/n/2013/1023/c1008-23306407.html，最后访问日期：2016 年 5 月 20 日。

〔2〕 王硕：《京津冀编制空气区域达标规划》，载《京华时报》2014 年 4 月 8 日。

〔3〕 王志、邵琨、刘宝森：《山东省会城市群探索跨区域大气污染治理》，载《经济参考报》2016 年 12 月 19 日。

〔4〕 王文硕、卞胜军：《山东三市开展冬季联合执法 随机抽查涉气重点企业》，载《中国环境报》2016 年 1 月 27 日。

2. 其他地区跨区域大气污染监管执法主体的实证分析

除了京津冀及其周边地区开展了跨区域大气污染监管执法实践之外，我国其他面临区域性大气污染威胁的地区也展开了跨区域大气污染监管执法的探索，并建构了区域内行政区之间的大气污染防治合作机制。其中，为了防止跨区域大气污染的发生，长三角地区的各级地方政府对跨区域大气污染监管执法展开了积极的实践探索，通过成立联合执法小组或交叉执法的方式进行跨区域大气污染监管执法，并取得了不俗的成绩。例如，在 2008 年 3 月，由杭州市环境监察支队牵头成立了杭湖嘉绍跨行政区域环境联合执法小组，确定了环境联合执法的专门机构和人员……环境联合执法小组本着互信合作、属地负责、预防为主的原则，使得跨行政区域环境污染的处理更方便、快捷、高效。[1]

2014 年，中共嘉兴市委嘉兴市人民政府关于印发《嘉兴市深化接轨上海三年行动计划（2014~2016 年）》的通知，拟定于上海市"协商建立跨区域边界环境联合执法小组，共同制定联合执法监督方案，开展跨区域环境联合执法检查，联合整治违法排污企业"。[2]由此可见，该方案也将跨区域边界联合执法小组作为实施跨区域大气污染监管执法的重要主体。值得一提的是，在 2016 年 3 月，江苏省连云港市赣榆区环保局与山东省日照市环保局岚山分局，签署了《赣榆区、岚山区边界区域环境联合执法联动工作协议书》，并于 5 月签署了《岚山区、赣榆区边界区域环境保护联合联动工作备忘录》，共同成立了区域联合执法小组，[3]从而也将区域联合执法小组作为本地区跨区域大气污染监管执法的实施主体。

三、联合执法模式下跨区域大气污染监管执法主体的建构

从上文的论述可知，我国现有政策法规之所以没有明确界定跨区域大气污染监管执法的主体，是因为跨区域大气污染监管执法是一种不同于传统行

---

〔1〕 钱水苗、潘竟贵：《跨行政区域环境联合执法机制的探索与思考》，载《生态文明与环境资源法——2009 年全国环境资源法学研讨会（年会）论文集》，第 1198~1199 页。

〔2〕《中共嘉兴市委嘉兴市人民政府关于印发〈嘉兴市深化接轨上海三年行动计划（2014-2016 年）〉的通知》，载 http://www.jiaxing.gov.cn/dwxx_ 9954/swxx/swwj/jwf/201405/t20140512_ 387088. html，最后访问日期：2018 年 11 月 30 日。

〔3〕 於如春、韩东良：《苏鲁边界联合执法》，载《中国环境报》2016 年 6 月 22 日。

政区大气污染执法的一种新型执法形式，对此种执法方式，我国既没有积累丰富的跨区域大气污染监管执法经验，国外也没有成熟可靠的先例可循，而由于国内外学者对跨区域大气污染监管执法的研究也刚刚起步，并且现有的研究成果主要关注于跨区域大气污染监管执法的基本理论研究，而对于跨区域大气污染监管执法的机制还缺乏翔实的理论论证和具体设计，从而使得跨区域大气污染监管执法主体的建构既缺乏丰富的实践经验，也缺乏完善的理论支撑，因而面临着理论和实证缺失的双重困境。在此背景下，期待我国现有政策法规对联合执法模式下跨区域大气污染监管执法的主体作出明确的界定，既不现实，也无可能。值得庆幸的是，以我国现有政策法规为基础，我国地方政府展开了积极探索，并将成立大气污染联合执法小组的形式作为实施跨区域大气污染监管执法的突破口，从而为联合执法模式下跨区域大气污染监管执法主体的建构提供了可贵的思路。以此为契机，本书拟将大气污染联合执法小组作为联合执法模式下跨区域大气污染监管执法的实施主体进行建构，以促进联合执法模式下跨区域大气污染监管执法主体制度的完善，保障联合执法模式下跨区域大气污染监管执法活动的顺利实施。

1. 联合执法模式下跨区域大气污染监管执法主体的范畴界定

依据本书第二章对跨区域大气污染监管执法主体的类型化区分可知，我国跨区域大气污染监管执法主体可分为决策主体、组织协调主体和实施主体三种类型，我国现有政策法规大多将国家环境保护主管部门以及省级人民政府界定为联合执法模式下跨区域大气污染监管执法的决策主体或组织协调主体，但对于跨区域大气污染监管执法的实施主体却语焉不详，而后者才是保障联合执法模式下跨区域大气污染监管执法有效开展的关键。这是因为，跨区域大气污染监管执法的实施主体是跨区域大气污染监管执法职能的真正享有者，也是跨区域大气污染监管执法活动的具体实施者，只有明确了跨区域大气污染监管执法的实施主体，才能将跨区域大气污染监管执法的实施落到实处。依此思路，本书所关注的跨区域大气污染监管执法主体主要为跨区域大气污染监管执法的实施主体，对于跨区域大气污染监管执法的决策主体以及组织协调主体，本书在此不予以重点关注。当前，我国地方政府在跨区域大气污染监管执法实践中所建立的大气污染联合执法小组就是我国联合执法模式下跨区域大气污染监管执法的实施主体，[1]因而对其建构也是本书的重点。

2. 联合执法模式下跨区域大气污染监管执法主体的建构路径

依据上文的分析，统一执法模式下跨区域大气污染监管执法主体的建构是一种"机构"路径，要依托统一的跨区域大气污染监管执法主体的设置才能完成。与此不同的是，联合执法模式下跨区域大气污染监管执法主体的建构路径则是一种"机制"路径，依此路径，在对联合执法模式下跨区域大气污染监管执法的实施主体进行建构时，仍然要以我国现有大气污染执法主体为基础，而不应将跨区域大气污染监管执法的实施主体作为一个独立的执法机构进行设计。实际上，为了保障大气污染执法过程中地方政府间横向协作关系的有效运行，除了要建立相应的制度和保障机制之外，我国地方政府也因地制宜地建立了一些跨区域大气污染监管执法合作的平台以及沟通协商的机构，例如，京津冀地区就建立了大气污染防治联合小组，而长三角地区也举行了大气污染防治联席会议，但成立上述平台或机构的目的只是为了发挥其沟通和协调功能，而并非要使其成为具有执法权的主体。即便如我国学者经常引用的美国南加州空气质量管理委员会以及臭氧传输管理委员会等区域大气污染防治协调组织，其也不承担具体的大气污染执法职能，并非区域性的大气污染执法主体。[2]据此，在对联合执法模式下我国跨区域大气污染监管执法的实施主体进行设计时，应以我国现有的大气污染监督管理体制为基础，以我国现有的大气污染执法主体为依托，通过相应的机制设计，来实现对联合执法模式下跨区域大气污染监管执法主体的设置目的。

3. 联合执法模式下跨区域大气污染监管执法主体的建构举措

顾名思义，联合执法模式下的跨区域大气污染监管执法是基于区域内政府间大气污染执法机构的横向合作而实施的一种跨区域大气污染监管执法方式，通过此种大气污染监管执法方式的实施，不仅可以实现政府间大气污染执法的横向协调，更可以增强政府间大气污染执法信息的充分交流，并有利于强化政府间大气污染执法的互相监督，从而有助于消除行政区划对大气污

---

〔1〕　黄喆：《论环境联合执法及其法律规制》，载《广西大学学报（哲学社会科学版）》2016年第6期，第91页。

〔2〕　Christian F. Kemos，"A Not-So-Hot Ticket：Order for Abatement from Air Quality Management Districts and Their Implications"，*11 Hastings W.-Nw. J. Envt'l L. & Pol'y*，85（2004）.

染执法的阻隔，提升区域内大气污染执法的整体效果。[1]依照联合执法模式下跨区域大气污染监管执法的要求，为了保障联合执法模式下跨区域大气污染监管执法的有效实施，应由区域内政府间的大气污染执法机构组成大气污染联合执法小组，由大气污染联合执法小组对政府间交界地区的大气污染事宜开展大气污染联合执法活动。由此可见，大气污染联合执法小组就是联合执法模式下实施跨区域大气污染监管执法的主体。

对于实践中大气污染联合执法小组的建构，具体可以分为两个步骤。首先，由区域内各地方政府所属环保机构中分管大气污染执法的主要领导组成区域大气污染联合执法领导小组，并将其作为大气污染联合执法小组的领导核心和指挥中枢，由其具体负责协调本区域内的跨区域大气污染监管执法事宜。其次，由区域内政府间各环保机构所属的大气污染执法人员组成大气污染联合执法队伍，并由其在区域大气污染联合执法领导小组的领导下开展跨区域大气污染监管执法工作。此时，区域大气污染执法领导小组及其领导的区域大气污染执法队伍就是跨区域大气污染监管执法的实施主体。对此，我国学者谢宝剑就建议"由环境保护部的相关领导作为联合检查交叉执法小组组长，由京津冀三地的环境保护部门相关领导轮流担任副组长，抽调三地相关部门的执法力量，组建非固定的京津冀大气污染防治联合执法机构，制定跨区域大气污染防治区域联动检查执法的工作制度、计划和实施方案组织协调实施"。[2]本书认为，我国学者所主张建立的京津冀大气污染防治联合执法机构就是联合执法模式下京津冀地区的跨区域大气污染监管执法主体。

需要指出的是，与统一执法模式下建构的跨区域大气污染监管执法主体不同，联合执法模式下所成立的大气污染联合执法小组尚不是一个独立的执法主体，其实质上是由区域内地方政府的环境执法机关临时组成的一个松散的政府间大气污染执法合作组织，因而目前还不宜赋予其独立的跨区域大气污染监管执法权。[3]实践中，在缺乏明确的法律授权的情况下，也鲜见大气

---

〔1〕 王超锋：《我国区域环境执法的模式探究》，载《甘肃政法学院学报》2017 年第 6 期，第 96~97 页。

〔2〕 谢宝剑、陈瑞莲：《国家治理视野下的大气污染区域联动防治体系研究——以京津冀为例》，载《中国行政管理》2014 年第 9 期，第 9 页。

〔3〕 韩轲友：《我国行政联合执法困境及改进研究》，载《贵州社会科学》2010 年第 8 期，第 54~55 页。

污染联合执法小组以自己的名义独立开展跨区域大气污染监管执法的实例。在此情况下，为了保障联合执法模式下跨区域大气污染监管执法能够合法有效地运行，就需要依据大气污染联合执法小组成员所承担的具体职责来对其进行类型化设计。

　　具体来说，大气污染联合执法小组应当按照"联合执法、分别处理"的原则开展跨区域大气污染监管执法。尽管大气污染联合执法小组的所有成员必须全程参与具体的大气污染监管执法过程，但最终要由具有管辖权的成员在自己所辖区域内依照职权从事大气污染监管执法事宜，而这一成员才是真正意义的大气污染执法主体，本书将其称为大气污染执法的职权主体，而那些非在自己管辖区域内从事跨区域大气污染监管执法的小组成员则处于参与的地位，其虽全程参与大气污染执法过程，但并不实际行使大气污染监管执法职能，故本书将其称为跨区域大气污染监管执法的参与主体。需要指出的是，尽管跨区域大气污染监管执法的参与主体并不实际享有执法职权，但其参与活动对保障跨区域大气污染监管执法过程的公平、公正具有重要的作用，因而也是跨区域大气污染监管执法主体的有机组成部分。

　　综合上文的分析可知，联合执法模式下所成立的大气污染联合执法小组并不是一个独立的大气污染执法机构。此外，鉴于该联合执法小组只是区域内地方政府所属的环境机构开展大气污染联合执法的临时性合作平台或协调组织，因而其也不是一个常设的机构。在此种情况下，尚不宜赋予其独立的大气污染执法职权，其也无权以自己的名义开展跨区域大气污染监管执法事宜。[1]鉴于大气污染联合执法小组目前的法律定位，其目前还无法承担起独立实施跨区域大气污染监管执法的职责，也难以承担因跨区域大气污染监管执法的实施而引发的后续法律后果。因此，当前尽管可以在名义上将大气污染联合执法小组作为跨区域大气污染监管执法的主体，但其只是跨区域大气污染监管执法过程中的一个协调机构和沟通平台，并不真正享有跨区域大气污染监管执法的职权。在联合执法模式下，真正享有大气污染执法权的仍然是各个政府所属的大气污染执法机关，其大气污染执法活动也严格按照其成员各自所管辖的区域进行。

　　由上文的分析可知，尽管联合执法模式已得到了我国《大气污染防治法》

---

〔1〕　叶必丰：《我国地方毗邻区域的联合执法》，载《现代法学》2023年第1期，第49~62页。

第92条的确认，我国山东、四川等省份也依据联合执法模式积极展开了跨区域大气污染监管执法实践，但其中的合法性问题仍不容忽视，而这主要体现在大气污染联合执法小组中的执法参与主体的地位还未得到法律的明确确认。具体来说，大气污染联合执法小组的成员在其管辖的行政区划范围内进行大气污染执法时，其执法主体资格毋庸置疑，但大气污染联合执法小组成员在非自己管辖的行政区域范围内从事跨区域大气污染监管执法活动时，即便将其定位为执法的参与主体或者监督主体，其参与主体或者监督主体的身份依然缺乏明确的法律支持，在此情况下，其参与大气污染执法的合法性就值得怀疑，而大气污染执法相对人也可以拒绝其参与其中。鉴于此，我国立法还应对大气污染联合执法小组的地位及其组成人员的具体身份予以明确规定，以确保联合执法模式下跨区域大气污染监管执法主体的合法性，从而保障联合执法模式下跨区域大气污染监管执法的顺利实施。

综合上文的论述，可知本章对跨区域大气污染监管执法主体的探讨是从统一执法、交叉执法、联合执法三个模式入手的，并对相关模式下跨区域大气污染监管执法的主体进行了分门别类的分析和设计。之所以作此安排，是因为文中所述的三种执法模式可并存于我国跨区域大气污染监管执法实践之中，并皆有可能在我国跨区域大气污染监管执法实践中得到应用。比如，我国实践中对跨地区环保机构设置的探索对统一执法模式在跨区域大气污染监管执法中的应用具有重要的推动作用；而我国地方政府在上级政府的组织协调下所开展的跨区域大气污染联合执法和交叉执法活动，则是联合执法模式和交叉执法模式在跨区域大气污染监管执法领域应用的直接体现。需要指出的是，尽管上述三种模式皆可在我国跨区域大气污染监管执法中使用，但其在适用次序上依然存在着主从和优劣之分。具体来说，基于我国现有的大气污染执法体制，并考虑到跨区域大气污染监管执法的实施成本，在上述三种执法模式中，联合执法模式既不需要对我国现有的环境监督体制做"伤筋动骨"式的变革，又能调动区域内地方政府参与跨区域大气污染监管执法的积极性和主动性，因而在执法成本以及执法效果上都较其他两种执法模式具有优势。[1]

---

[1] 王超锋：《我国区域环境执法的模式探究》，载《甘肃政法学院学报》2017年第6期，第96~97页。

　　考虑到联合执法模式相较于其他两种执法模式所具有的优势，在对跨区域大气污染监管执法主体进行设置时，我国应以联合执法模式作为跨区域大气污染监管执法的主要模式，其他两种模式则可以在特定地域和特定时段适用，以作为联合执法模式的有益补充，从而使三种模式相得益彰，共同推动我国跨区域大气污染监管执法的顺利实施。依此思路，本书在探讨跨区域大气污染监管执法的主体、客体、程序、保障等跨区域大气污染监管执法机制的基本要素时，也主要以联合执法模式为基础进行设计，并兼顾统一执法模式和交叉执法模式的各自特点，以便在突显合作理念及合作机制在跨区域大气污染监管执法过程中的重要作用的同时，推动我国大气污染执法体制由行政区管理模式向环境区域管理模式的变革，从而为我国区域大气污染联防联控目标的实现提供可靠的体制机制保障。

第四章 跨区域大气污染监管执法的客体

从哲学意义上讲，客体是与主体相对应的一个概念，主体是实践活动或认识活动的承担者，客体则是主体实践活动或认识活动指向的对象，是作为主体的活动的一切对象的东西。[1]由此可见，客体与主体是具有逻辑对应关系的一组概念，没有主体，就无所谓客体，而没有客体，主体也失去了指向而不具有实在的意义。由上文的论述可知，跨区域大气污染监管执法主体是跨区域大气污染监管执法职责的承担者和执法活动的实施者，相较而言，跨区域大气污染监管执法的客体则是跨区域大气污染监管执法的对象。当前，我国相关政策法规虽明确提出了跨区域大气污染监管执法的要求，但对于在哪些领域以及对何种事项开展跨区域大气污染监管执法，目前还没有明确的规定。此外，我国地方政府所开展的跨区域大气污染监管执法实践也未在跨区域大气污染监管执法客体的界定上达成共识，这都阻碍了跨区域大气污染监管执法的顺利开展。为了保障跨区域大气污染监管执法的有效实施，在对跨区域大气污染监管执法的主体予以明确探讨之后，还应对跨区域大气污染监管执法的客体予以具体分析和系统界定，以明确跨区域大气污染监管执法的特定指向，并廓清跨区域大气污染监管执法的适用领域。为此目的，本书拟对跨区域大气污染监管执法客体的概念、内涵、特征、建构原则等基本问题进行分析，并在对我国跨区域大气污染监管执法客体的建构现状予以系统梳理的基础上，对我国跨区域大气污染监管执法的客体予以系统的设计。

---

[1] 孙英伟：《法律关系客体析疑》，载《河北师范大学学报（哲学社会科学版）》2010 年第 6 期，第 16 页。

第一节　跨区域大气污染监管执法的客体概述

如上文所述，如同对跨区域大气污染监管执法主体的设置一样，跨区域大气污染监管执法客体的明确界定对保障跨区域大气污染监管执法的顺利实施也具有重要的作用。这是因为，明确了跨区域大气污染监管执法的客体，不仅可以提高跨区域大气污染监管执法活动的针对性，还可以防止不执法或者乱执法现象的发生，从而有助于对跨区域大气污染监管执法行为进行更为有效的规制。[1]鉴于此，要保障跨区域大气污染监管执法的有效实施，则需要对其执法的客体作出明确的界定。需要指出的是，当前跨区域大气污染监管执法的客体尚未成为法学领域中的一个普遍概念，对跨区域大气污染监管执法客体的含义，学界也未形成统一的认识。在此情况下，为了保障跨区域大气污染监管执法客体界定的有效进行，在具体探讨跨区域大气污染监管执法客体的界定之前，有必要对跨区域大气污染监管执法客体的概念、内涵、特征等基本问题做一系统梳理。

一、跨区域大气污染监管执法客体的概念

在日常生活以及人文社会科学、自然技术科学中，人们一般认为，客体是主体行为的作用对象、主体所有的东西以及主体拥有的性质，[2]而在特定的领域，客体也具有相应的特定含义。其中，在行政管理领域，客体是指行政管理行为直接作用和影响的对象；[3]在哲学上，客体则指主体以外的客观事物，是主体认识和实践的对象；在法律上，客体则指主体的权利和义务所指向的对象，包括物品、行为等。[4]由此可见，无论从何种角度来考察，客体皆与主体有关，皆是主体所实施行为的承受者，也是主体实施相关行为的立足点。有学者认为，与主体相比，客体不仅具有客观性、历史性、多样性，

---

〔1〕　王超锋：《我国区域环境执法的模式探究》，载《甘肃政法学院学报》2017 年第 6 期，第 99 页。

〔2〕　蔡守秋、吴贤静：《从"主、客二分"到"主、客一体"》，载《现代法学》2010 年第 6 期，第 9 页。

〔3〕　厉磊：《主体、客体、手段：绿色发展监管体制的构建要素》，载《求实》2017 年第 1 期，第 58 页。

〔4〕　中国社会科学院语言研究所词典编辑室编：《现代汉语词典》，商务印书馆 2016 年版，第 741 页。

它还有三种类型：一是自然客体，包括土地、矿藏、水源、动物和植物直至太空等。其中，既有天然的、原始的自然客体，更多的是经过人工改造的"人化自然"。二是社会客体，包括个人、群体、社会、人们之间的社会关系，以及社会组织和社会机构等。三是精神客体，包括人的主观精神活动、在书报刊和广播影视网络等大众传播媒体中表现、表达的思想内容等。[1]需要指出的是，本书中所称的跨区域大气污染监管执法的客体主要指自然客体，具体包括那些与大气环境保护或与大气污染有关的客观事项或活动。

由上文的分析可知，作为跨区域大气污染监管执法直接作用和影响的对象，跨区域大气污染监管执法的客体主要指那些能产生跨区域大气污染的事项或活动。换言之，只要此种事项或活动能够引起跨区域的大气污染或者能够造成跨区域的不良大气环境影响，其就是跨区域大气污染监管执法的对象，也是跨区域大气污染监管执法的客体。不过，基于大气环境的一体性以及空气的流动性，从理论上讲，所有的大气污染事项都能够产生跨区域的不良后果，因而其都应成为跨区域大气污染监管执法的客体，但从实践角度来看，考虑到跨区域大气污染监管执法的实施成本以及其与传统大气污染执法主体的关系协调，我们不可能也没必要将所有的大气污染事项或活动都纳入跨区域大气污染监管执法的客体之中，而这就需要对跨区域大气污染监管执法的客体进行限定，而从经验和功利主义角度出发，我们只需将那些能造成跨区域大气污染损害并引发跨区域大气污染纠纷的事项或活动纳入跨区域大气污染监管执法的客体之中即可。

二、跨区域大气污染监管执法客体的范畴

需要指出的是，在执法实践中，跨区域大气污染监管执法的客体的内涵和外延要远比跨区域大气污染监管执法客体的概念表述更为复杂，其不仅意指那些能引发跨区域大气污染的事项或活动，还关涉上述事项或活动的具体类型，并兼及上述事项或活动所处的领域或范围。简而言之，跨区域大气污染监管执法客体的界定非一言而能蔽之，而是需要综合考虑所涉事项或活动的类型以及其所处的领域来综合判定，并且只有在综合考量上述所有因素之后才能对何种事项或活动属于跨区域大气污染监管执法的客体作出一个较为

---

[1] 董德刚：《略论客体对主体的反作用》，载《中共中央党校学报》2013年第4期，第21页。

准确的判断，而这有赖于对跨区域大气污染监管执法客体范畴的明晰才能完成。为此目的，本书拟从类型和范围两个角度对跨区域大气污染监管执法客体的范畴进行解析。

（一）跨区域大气污染监管执法客体的类型

有学者认为，执法行为所指向的客体主要有物和行为两类。其中，物指各种可以作为行政财产权利对象的财物，包括公物和私物，有主物和无主物，还包括物质利益、精神财富或智力成果。行为，是指行政相对人各种为一定目的、有意识的活动，包括为一定行为的积极行为和不为一定行为的消极行为。[1]据此，跨区域大气污染监管执法的客体也可以细化为物和行为两种类型。其中，物主要指那些能够成为跨区域大气污染监管执法对象的客观存在物品，具体来说，这既包括能够造成跨区域大气污染的物质、设备、建设项目，也包括相关的数据、报表或其他文件。对于行为，则包括污染大气的消极行为和治理保护大气环境的积极行为两种类型，无论是跨区域大气污染监管执法相对人所从事的污染大气环境的行为，还是其承担的积极治理和防治大气污染的积极行为，其都可以成为跨区域大气污染监管执法的对象，也都可以作为跨区域大气污染监管执法的客体。

需要说明的是，尽管可以将跨区域大气污染监管执法的客体区分为物和行为两种类型，但物作为一种静态的物质，其本身并无污染或非污染的倾向，而只有在上述物质被作用于人的行为之后，才会产生污染或破坏大气环境的效果。据此，跨区域大气污染监管执法客体中的物虽可单独作为一类，但更多是作为行为的载体，跨区域大气污染监管执法将物作为客体，其目的也是对物所承载的行为进行规制，而这也是法律的调控手段。为此，在通过明确物的范围和类型来界定跨区域大气污染监管执法的客体时，要将物上所承载的行为作为主要的考量依据。换言之，跨区域大气污染监管执法客体的基础虽然要落脚在客观的物之上，但核心内涵则是指向那些能够造成跨区域大气污染的活动或行为。

（二）跨区域大气污染监管执法客体的范围

从理论上来讲，所有的大气污染事项或行为都能造成跨区域的影响，也都应将其纳入跨区域大气污染监管执法的客体之中。基于此，若要将所有的

---

〔1〕　刘平：《行政执法原理与技巧》，上海人民出版社 2015 年版，第 22 页。

大气污染事项都纳入跨区域大气污染监管执法的客体之中，则需要对我国传统大气污染执法体制进行改革，通过将原来按行政区域设置的大气污染执法机构转为按大气环境区域设置的跨区域大气污染监管执法机构，这样才能将所有的大气污染事项和活动都纳入跨区域大气污染监管执法的客体之中。不过，正如上文所述的那样，对我国传统大气污染执法体制的改组是一个庞大工程，其不仅要随着整个环境监督管理体制的改革进行，而且这种按环境区域设置跨区域大气污染监管执法机构的路径也容易割裂地方政府与大气污染执法机构之间的关系，并使我国《大气污染防治法》第3条有关"地方各级人民政府应当对本行政区域的大气环境质量负责"的规定落空，因而这种通过对原有大气污染执法主体的整合重组来设立跨区域大气污染监管执法主体的模式目前在我国大气污染执法体制中还不宜大规模推广，而只能借助上级政府的组织协调，抑或通过统一执法模式下的新设路径或者联合执法模式下成立区域大气污染联合执法小组的方式进行。[1]需要明确的是，无论我国采用上述何种执法模式，都需要对跨区域大气污染监管执法客体的范围加以限制，以节约跨区域大气污染监管执法的资源，并提高跨区域大气污染监管执法的效能。

具体来说，之所以需要对跨区域大气污染监管执法客体的范围进行限定，是因为新设路径下设置的跨区域大气污染监管执法主体与原有大气污染执法主体处于并行关系，为了避免二者在执法过程中发生冲突，需要对跨区域大气污染监管执法的客体作出领域上的限定。此外，无论是借助成立区域大气污染联合执法小组的方式开展跨区域大气污染监管执法，还是借助共同上级政府环境保护主管部门的组织来开展交叉执法，其都属于非常规的应急型执法，为了提高执法的效果，也需要对其执法客体进行限定。这是因为，联合执法和交叉执法都需要不同行政区大气污染执法机构的协调合作才能完成，而交叉执法的实施还需要上级环境保护行政主管部门的积极介入，而这都需要耗费大量的沟通协调资源，从而使其执法成本要远大于传统行政区大气污染执法。从成本效益的角度考虑，也应对上述执法模式下的跨区域大气污染监管执法客体进行限定，而不应将所有的大气污染事项都纳入跨区域大气污染监管执法的客体之中。

---

[1] 有关跨区域大气污染监管执法的模式问题，本书第三章已做了具体论述，因而在此不再赘述。

综合上文的分析可知，无论是从协调跨区域大气污染监管执法主体与传统大气污染执法主体之间的关系考虑，还是从节约跨区域大气污染监管执法的成本、提高跨区域大气污染监管执法效益的立场出发，都应当对跨区域大气污染监管执法的客体作出范围上的限制和对象上的明确，以便将那些原来属于传统大气污染执法客体的范畴之内但又需要进行跨区域大气污染监管执法的事项纳入跨区域大气污染监管执法的客体之中。需要指出的是，在对跨区域大气污染监管执法客体进行界定时，还需要避免将本属于传统大气污染执法客体范畴的活动或事项机械地纳入跨区域大气污染监管执法的客体之中，[1]要实现上述目的，就需要明确跨区域大气污染监管执法客体的特征，以便对跨区域大气污染监管执法客体与传统大气污染执法客体作出有序界分。

三、跨区域大气污染监管执法客体的特征

作为一个概念，尽管跨区域大气污染监管执法的客体是一个新名词，但其指向的内容却并非新生事物，而是按照跨区域大气污染监管执法的需要从原有大气污染执法客体里面分离出来的一部分大气污染事项或活动。据此，即便将跨区域大气污染监管执法的客体作为一个新名词，也难以割断其与传统大气污染执法客体所存在的内在联系，实际上，依据统一执法模式下的重组路径，原有大气污染执法的客体都可以转换为跨区域大气污染监管执法的客体，这也在一定程度上反映出跨区域大气污染监管执法客体与传统大气污染执法客体的共同本质。不过，若依据统一执法模式下的新设路径或者联合执法模式下的区域联合执法小组形式开展跨区域大气污染监管执法，则需要对二者进行界分。在此种情况下，跨区域大气污染监管执法客体与传统大气污染执法客体就成为两个并行的概念，而这也使得对其二者区分变得更加必要。需要指出的是，即便对跨区域大气污染监管执法客体与传统大气污染执法客体进行界分，二者仍然具有诸多共性，比如法定性、客观性、生态性等特征，不过这些特征只能拉近二者之间的距离，却难以对其进行有效界分。鉴于此，要彰显跨区域大气污染监管执法客体独立的存在价值，就有必要梳理出其区别于传统大气污染执法客体的特征。总体而言，与传统大气污染执

---

〔1〕　Kenneth L. Hirsch；Steven Abramovitz，"Clearing the Air：Some Legal Aspects of Interstate Air Pollution Problems"，*18 Duq. L. Rev.*，68~69（1979）.

法的客体相比，跨区域大气污染监管执法客体还具有地域的限缩性以及跨界的显著性两大特征。

（一）地域的限缩性

与传统行政区大气污染执法相比，跨区域大气污染监管执法的目的是打破行政区划对区域性大气污染监管执法的阻隔、消除地方保护对大气污染执法的干扰并化解大气污染的外部性给区域大气污染联防联控带来的阻碍，而上述问题的产生都有明显的地域偏好，那就是容易产生跨区域大气污染的项目都被安排在行政交界区域。[1]大气污染项目往行政交界区域集中，这既是非合作博弈在区域大气污染治理中的直接体现，也使得行政交界区域成为大气污染的重灾区和跨区域大气污染事件滋生的温床。鉴于此，要防治跨区域大气污染，首先要整治行政交界区域的大气污染项目，而这正是跨区域大气污染监管执法的使命。据此，只需将行政交界区域设为跨区域大气污染监管执法的领域，就可以有效实现跨区域大气污染监管执法的目的，并促成区域大气污染联防联控目标的实现，而这也使得跨区域大气污染监管执法客体被限定在行政交界区域这一地理范围之内。事实上，我国山东所开展的区域大气污染联合执法将执法的对象主要锁定在行政交界区域的大气污染项目之上，[2]这也充分印证了跨区域大气污染监管执法客体所具有的地域限缩特性。

（二）跨界的显著性

基于大气环境的一体性现实以及大气流动的客观规律，因而从理论上而言，所有的大气污染都会越过行政区划的界限而给其他行政区域的大气环境造成危害，但实践中，并非所有的大气污染都能带来让人觉察的跨界影响，而限于现有大气污染防治水平，我国法律对其也难以进行有效调控。基于此，我们所关注的跨界危害主要是指那些能够被人们感知或具有确切科学证据支撑的危害，本书将其称为跨界危害的显著性，意指只有那些明显具有跨界不利影响的大气污染项目才能被纳入跨区域大气污染监管执法的客体之中。[3]毋庸讳言，位于行政交界区域的大气污染项目一般都容易给其所在行政区域之

---

〔1〕 王玉明：《珠三角城市间环境合作治理机制的构建》，载《广东行政学院学报》2011年第3期，第10页。

〔2〕 王志、邵琨、刘宝森：《山东省会城市群探索跨区域大气污染治理》，载《经济参考报》2016年12月19日。

〔3〕 宋欣：《跨界环境影响评价制度研究》，中国海洋大学2011年博士学位论文，第79页。

外的其他行政区域的大气环境带来不利影响并诱发跨界的环境纠纷，因而具有明显的跨界性，其中著名的美加特雷尔冶炼厂仲裁案，就是由位于美加边界的冶炼厂所造成的跨界大气污染引发的，[1]从而有效印证了位于行政交接区域的大气污染项目容易引发跨界大气污染这一事实。基于此，我国实践中的跨区域大气污染监管执法也通常针对那些位于行政交界区域的大气污染项目而展开，这既是对上述项目所具有的跨界大气污染威胁的及时回应，也是对跨区域大气污染监管执法客体所具有的跨界显著性的有力阐释。

需要指出的是，并非所有位于行政交界区域的大气污染项目都具有显著的跨界不利影响，而具有显著跨界不利影响的大气污染项目也未必都在行政交界区域之内。由此可见，尽管跨区域大气污染监管执法客体所具的上述两个特征具有高度的正相关性，但也并非完全统一，更不能将二者合而为一。实际上，跨区域大气污染监管执法客体所具的上述两个特征具有一种主从关系。其中，跨界显著性是跨区域大气污染监管执法客体的核心特征，也是我们将跨区域大气污染监管执法客体区别于传统大气污染执法客体的关键要素。相较而言，地域限缩性则是对跨区域大气污染监管执法客体的一种表象描述，其只是考量跨区域大气污染监管执法客体是否具有跨界显著性的重要参考因素。据此，在实践中判断某种大气污染事项是否属于跨区域大气污染监管执法客体时，要综合考量跨区域大气污染监管执法客体所具有的上述两个特征，否则不仅容易导致跨区域大气污染监管执法对象的遗漏，也容易误将不需要实施跨区域大气污染监管执法的项目纳入其中，从而浪费宝贵的跨区域大气污染监管执法资源。

第二节　跨区域大气污染监管执法客体的界定历程

只有了解过去，认识现在，才能更好地把握未来。[2]据此，只有准确把握跨区域大气污染监管执法客体的界定历程，才能更好地了解跨区域大气污染监管执法客体界定的过去、现在，也才能更好地把握跨区域大气污染监管执法客体界定的未来。为此目的，本书在具体探讨跨区域大气污染监管执法

〔1〕　林灿铃：《边境地区环境问题的法治之道》，载《政法论丛》2017年第2期，第108页。

〔2〕　周溯源：《正确地了解过去、认识现在、把握未来——就〈中国近现代史纲要〉出版访沙健孙 李文海 程中原 田居俭》，载《求是》2007年第10期，第37页。

客体的界定之前，拟对我国跨区域大气污染监管执法客体的界定历程进行梳理，以明了跨区域大气污染监管执法客体的界定过程，并熟悉跨区域大气污染监管执法客体的界定现状，从而为跨区域大气污染监管执法客体的界定做好必要准备。需要指出的是，作为我国大气污染执法领域的一个新事物，跨区域大气污染监管执法在我国产生和发展的历史并不长，因而对于跨区域大气污染监管执法客体的界定历程目前也难以作出过去、现在两个阶段的划分，而更多地体现为对跨区域大气污染监管执法客体界定现状的梳理。鉴于此，本书对跨区域大气污染监管执法客体界定历程的梳理也主要着眼于跨区域大气污染监管执法客体界定现状的考察。考虑到我国现有政策法规已对跨区域大气污染监管执法的客体作出了相应的规定，我国地方政府的跨区域大气污染监管执法实践也对跨区域大气污染监管执法客体的界定展开了相应探索。依此思路，本书从政策、法规、实践三个层面对跨区域大气污染监管执法客体的界定历程进行梳理，以明确跨区域大气污染监管执法客体的界定现状，并理清跨区域大气污染监管执法客体的界定思路。

一、跨区域大气污染监管执法客体界定的相关政策

作为区域大气污染联防联控的重要举措，跨区域大气污染监管执法是在我国区域性大气污染日益严重的背景下产生的，因而具有较强的针对性和应急性，这也导致我国现有法规难以对其做出及时的调控。在此背景下，跨区域大气污染监管执法在我国大气污染防治领域的实施主要靠相关的政策来推动，而本书对跨区域大气污染监管执法客体界定现状的考察也首先从我国相关的政策入手。需要指出的是，我国现有政策尚没有直接界定跨区域大气污染监管执法的客体，但考虑到其对区域大气污染联防联控实施领域所作出的限定也可以适用于跨区域大气污染监管执法领域的界定，因而其有关区域大气污染联防联控领域的界定也可以作为跨区域大气污染监管执法客体界定的依据。基于此，本书对我国相关政策中有关区域大气污染联防联控的实施领域的相关规定进行梳理，以借此明确我国相关政策对跨区域大气污染监管执法客体的界定逻辑。

（一）中央层面有关跨区域大气污染监管执法客体界定的政策

为了推动包括跨区域大气污染监管执法在内的区域大气污染联防联控举措的早日落实，国务院办公厅于 2010 年 5 月 11 日转发环境保护部等部门

《关于推进大气污染联防联控工作改善区域空气质量的指导意见》，在将包括京津冀、长三角和珠三角地区以及辽宁中部、山东半岛、武汉及其周边、长株潭、成渝、台湾海峡西岸区域划定为实施区域大气污染联防联控的重点区域的同时，又通过明确列举重点污染物、重点行业以及需要重点解决的问题等方式对大气污染联防联控的重点进行了明确，从而首次对跨区域大气污染监管执法的实施领域和实施对象进行了明确框定。2012 年 10 月 29 日，环境保护部、国家发展和改革委员会、财政部联合印发《重点区域大气污染防治"十二五"规划》的通知，在规划中不仅明确了区域污染控制的类型，还将包括北京、天津在内的 47 个城市列为重点控制区，并为该区域的大气污染防治建立包括区域大气环境联合执法监管机制在内的区域大气污染联防联控机制，从而在污染物类型和实施区域两个层面对区域大气环境联合执法的适用领域作了进一步明确，也为跨区域大气污染监管执法客体的界定提供了可靠依据。

以我国生态环境部等部委制定的上述区域大气污染防治政策为基础，2013 年 9 月 10 日，国务院发布了《大气污染防治行动计划》，该计划在第七部分"健全法律法规体系，严格依法监督管理"中对"推进联合执法、区域执法、交叉执法等执法机制创新，明确重点，加大力度，严厉打击环境违法行为"予以明确规定的同时，又在第八部分"建立区域协作机制，统筹区域环境治理"中再一次明确规定"建立京津冀、长三角区域大气污染防治协作机制，由区域内省级人民政府和国务院有关部门参加，协调解决区域突出环境问题，组织实施环评会商、联合执法、信息共享、预警应急等大气污染防治措施"，从而在国家层面对跨区域大气污染监管执法提出明确要求的同时，又将京津冀、长三角区域作为跨区域大气污染监管执法的实施区域加以限定。2016 年 11 月 24 日，国务院作出《关于印发"十三五"生态环境保护规划的通知》，要求完善环境执法监督机制，推进联合执法、区域执法、交叉执法，全面深化京津冀及其周边地区、长三角、珠三角等区域大气污染联防联控，建立常态化区域协作机制，并分别对京津冀及周边地区、长三角区域以及珠三角区域的防控重点做了明确列举。这不仅进一步从国家层面细化了区域大气污染联防联控的适用领域及关注对象，也为跨区域大气污染监管执法客体的界定提供了更为权威和明确的支撑。

（二）地方层面有关跨区域大气污染监管执法客体界定的政策

当前，我国京津冀、长三角以及其他地区的省级人民政府已充分认识到区域大气污染联防联控的重要意义，为了在本地区充分落实国务院发布的《大气污染防治行动计划》，上述地区的省级人民政府以中央层面有关区域大气污染联防联控的政策为依据，对本地区的大气污染联防联控问题进行了积极探索，并制定了相应的政策，以推动区域大气污染联防联控在本省辖区以及相邻省份之间的开展。上述政策不仅就区域大气污染联防联控的举措进行了综合性设计，还专门就区域大气污染合作执法的实施进行了相应的安排，而其中有部分内容就涉及跨区域大气污染监管执法客体的界定。鉴于此，对我国省级人民政府层面有关跨区域大气污染监管执法客体的相关政策进行梳理，不仅有助于从地方人民政府的角度审视跨区域大气污染监管执法，还可以为跨区域大气污染监管执法客体的界定提供参照标准和设计思路。为此目的，本书分别从京津冀、长三角以及其他区域的地方人民政府所制定的政策入手，对地方层面有关跨区域大气污染监管执法客体界定的政策进行梳理。

1. 京津冀地区有关跨区域大气污染监管执法客体界定的政策

作为我国实施区域大气污染联防联控的先行区和示范区，京津冀地区以我国现有的政策法规为依据，对本地区的跨区域大气污染监管执法进行了积极探索，并出台了相应的政策加以推动。其中，2017年3月7日，河北省人民政府发布《河北省生态环境保护"十三五"规划》，要求针对秸秆焚烧、油品质量、机动车及非道路移动污染、跨界污染等区域性污染问题，开展联合执法，统一区域环保执法尺度。[1]2017年5月，天津市发展和改革委员会印发《天津市"十三五"生态环境保护规划》，要求推动建立联合执法机制，共同落实京津、津冀跨区域环境联合执法制度，推动建立京津冀环境执法联席会议制度，及时通报跨区域环境违法案件线索，及时通报交流信息，及时启动联合执法，提高协调配合能力，[2]从而将跨区域大气污染监管执法的客体界定为京津、津冀的跨区域大气污染违法案件之上。

2017年9月，北京市环保局印发了《北京市"十三五"时期大气污染防治规划》，明确要求"推进联合执法，针对跨区域的机动车排放、秸秆焚烧、煤炭和油品质量等问题，开展联合执法、跨区域执法、交叉执法，重点加大

---

〔1〕《河北省生态环境保护"十三五"规划》，载 http://info.hebei.gov.cn/eportal/ui? pageId=1962757&articleKey=6732806&columnId=329982，最后访问日期：2018年12月8日。

〔2〕《天津市"十三五"生态环境保护规划》，载 http://tjhb.gov.cn/root16/mechanism/office_of_planni/201705/t20170512_27187.html，最后访问日期：2018年12月8日。

京津冀及周边地区新车排放一致性、在用车环保符合性以及重型柴油车检查力度",[1]从而不仅将跨区域大气污染监管执法的实施领域限定在京津冀及其周边地区,也将跨区域的机动车排放、秸秆焚烧、煤炭和油品质量等问题明确界定为跨区域大气污染监管执法的主要对象。

2. 长三角地区有关跨区域大气污染监管执法客体界定的政策

如同京津冀及其周边地区一样,我国长三角地区也面临着区域性大气污染的威胁,因而该地区的政府在出台的政策中也对跨区域大气污染监管执法的客体作了相应界定。其中,2016年3月公布的《江苏省国民经济和社会发展第十三个五年规划纲要》就要求"协同推进二氧化硫、氮氧化物、颗粒物、挥发性有机物等多污染物控制,有效解决细颗粒物（$PM_{2.5}$）超标等复合型大气污染问题。严格实施火电、钢铁、水泥等重点工业行业废气治理提标改造,实施工业烟粉尘、挥发性有机物总量控制。实施机动车和非道路移动源污染控制工程,加速淘汰老旧车船,推广新能源汽车、清洁能源船舶等交通运输装备,实施油品升级工程。全面推行'绿色施工',加强城市扬尘污染控制。加强秸秆焚烧污染防控"。[2]虽然纲要中没有明确涉及跨区域大气污染监管执法问题,但其对污染源和污染物的列举跨区域大气污染监管执法客体的明晰提供了可行的参照。

2016年10月,上海市人民政府印发《上海市环境保护和生态建设"十三五"规划》,要求"深化长三角大气污染联防联控机制,积极推动机动车异地同管、船舶排放控制区建设、高污染天气协同应急等重点工作",[3]从而在将长三角地区作为实施大气污染联防联控区域的同时,将机动车、船舶以及高污染天气作为大气污染联防联控的关注事项。2017年3月,浙江省发展和改革委员会、浙江省环境保护厅联合发布《浙江省大气污染防治"十三五"规划》,要求"杭州、宁波、湖州、嘉兴和绍兴等环杭州湾各市应当加强沟通协调,建立区域大气污染防治协作机制,加强联合执法、跨区域执法和交叉

---

〔1〕《北京市"十三五"时期大气污染防治规划》,载 http://www.bjepb.gov.cn/bjhrb/xxgk/fgwj/qtwj/hbjsfw/818822/index.html,最后访问日期:2021年10月8日。

〔2〕《江苏省国民经济和社会发展第十三个五年规划纲要》,载 http://jsnews.jschina.com.cn/system/2016/03/31/028236529_26.shtml,最后访问日期:2021年10月20日。

〔3〕《上海市环境保护和生态建设"十三五"规划》,载 http://www.shanghai.gov.cn/nw2/nw2314/nw39309/nw39385/nw40603/u26aw50076.html,最后访问日期:2021年12月8日。

执法，查处大气污染违法行为，协商解决跨界大气污染纠纷，开展区域联动合作，加强预警和应急响应的通报和会商⋯⋯"〔1〕则将跨区域大气污染监管执法的实施范围明确限定在其省域范围之内。

3. 其他地区有关跨区域大气污染监管执法客体界定的政策

除了京津冀以及长三角地区之外，包括我国陕西关中、川渝地区在内的其他地区为了防治日益严重的区域性大气污染问题，也在本地区积极开展了区域大气污染联防联控的探索，并制定了相关政策。其中，有关区域大气污染联合执法的相关规定也涉及对跨区域大气污染监管执法客体的界定。例如，陕西省人民政府办公厅于 2015 年 4 月印发的《陕西省大气污染重点防治区域联动机制改革方案》就对重点防治区域联动机制的适用领域进行了明确。依据该方案的规定，陕西省从防治范围和对象两个层面对大气污染联防联控的领域进行了界定，并进一步从重点防治区域和核心防治区域以及重点防控污染物和重点防控对象四个方面的内容界定入手，对重点防治区域的防治范围和防治对象进行了细分设置。〔2〕详情如表 2 所示：

表2　陕西省大气污染重点防治区域联动机制适用领域表

防治范围	重点防治区域	南以秦岭北麓为界，东西以省界为界，北以延安市行政区域南界为界。
	核心防治区域	重点防治区域内，西安、宝鸡、咸阳、铜川、渭南、韩城、杨凌示范区和西咸新区城市规划区以及以西安市钟楼为基准点、半径 100 公里范围内为联防联控核心区域。
防治对象	重点防控污染物	二氧化硫、氮氧化物、烟尘、粉尘、挥发性有机物。
	重点防控对象	火电、燃煤锅炉（含工业窑炉）、钢铁、水泥、焦化、玻璃、陶瓷、石油化工、煤化工、机动车、建筑工地。

此外，为了强化珠三角地区的区域大气污染联防联控工作，广东省环境保护厅于 2016 年 9 月印发了《广东省环境保护"十三五"规划》，要求深化

---

〔1〕《浙江省大气污染防治"十三五"规划》，载 http://zfxxgk. zj. gov. cn/xxgk/jcms_files/jcms1/web25/site/art/2017/4/28/art_1596_1814566. html，最后访问日期：2021 年 12 月 8 日。

〔2〕《陕西省大气污染重点防治区域联动机制改革方案》，载 http://www. shaanxi. gov. cn/gk/zfwj/51235. htm，最后访问日期：2017 年 12 月 8 日。

城市圈污染联合防治，"建立'汕潮揭'城市群大气污染联防联控机制"，并"深化泛珠三角地区污染防治、环境监测、环境执法、区域环境事件应急、重污染天气联合预警、环境宣传等领域环保合作"，[1] 不仅明确了本省管辖范围内跨区域大气污染监管执法的实施范围，更将泛珠三角地区初步界定为跨区域大气污染监管执法的实施地区。

二、跨区域大气污染监管执法客体界定的相关法规

与政策的指引和推动相比，跨区域大气污染监管执法的相关法规在规制跨区域大气污染监管执法活动的同时，更有利于保障跨区域大气污染监管执法的有效实施。为此，在考察跨区域大气污染监管执法客体的界定历程时，自然离不了对跨区域大气污染监管执法相关法规的梳理。需要指出的是，作为区域大气污染联防联控的重要内容，我国有关区域大气污染联防联控适用领域的法律规定自然也适用于跨区域大气污染监管执法客体的界定。基于此，本书对包含跨区域大气污染监管执法在内的区域大气污染联防联控的相关法规进行梳理，以明确我国法规对跨区域大气污染监管执法客体的界定历程，并掌握跨区域大气污染监管执法客体界定的法规现状。如同上文对跨区域大气污染监管执法客体界定的政策梳理一样，本书也拟从中央和地方两个层面对跨区域大气污染监管执法客体界定的相关法规进行梳理。

（一）中央层面有关跨区域大气污染监管执法客体界定的法规

当前，我国还未有跨区域大气污染监管执法的专门法律规定，因而目前有关跨区域大气污染监管执法的相关规定主要见于我国《环境保护法》和《大气污染防治法》之中。其中，依据我国 2014 年修订的《环境保护法》第 20 条规定："国家建立跨行政区域的重点区域、流域环境污染和生态破坏联合防治协调机制，实行统一规划、统一标准、统一监测、统一的防治措施。前款规定以外的跨行政区域的环境污染和生态破坏的防治，由上级人民政府协调解决，或者由有关地方人民政府协商解决。"该规定首次以立法的形式对"建立跨行政区域的污染和生态破坏联合防治协调机制"提出了明确要求。尽管该条规定尚没有明确跨区域大气污染监管执法的内容，也没有涉及跨区域

---

〔1〕《广东省环境保护"十三五"规划》，载 http://www.gdep.gov.cn/zwxx_ 1/zfgw/shbtwj/201 609/t20160926_ 215387.html，最后访问日期：2021 年 12 月 18 日。

大气污染监管执法客体的界定，但其有关"跨行政区域的重点区域"以及"跨行政区域的环境污染和生态破坏的防治"的表述无疑为跨区域大气污染监管执法提供了明确的用武之地，从而不仅为跨区域大气污染监管执法的合法性提供了有力支持，也为跨区域大气污染监管执法客体的明晰提供了法律依据。具体来说，"跨行政区域的重点区域"无疑为跨区域大气污染监管执法的实施划出了明确的领地，而"跨行政区域的环境污染和生态破坏的防治"则可以理解为跨区域大气污染监管执法的主要任务和实施对象，这都为跨区域大气污染监管执法客体的明确提供了有效支撑。

以我国《环境保护法》的相关规定为基础，我国 2015 年修订通过的《大气污染防治法》更以专章对"重点区域大气污染联合防治"进行规定，并在第 92 条明确授权"国务院环境保护主管部门和国家大气污染防治重点区域内有关省、自治区、直辖市人民政府可以组织有关部门开展联合执法、跨区域执法、交叉执法"的同时，也将跨区域大气污染监管执法的实施领域限定在"国家大气污染防治重点区域"之内，而对于哪些区域可划为大气污染防治重点区域，我国《大气污染防治法》则没有作出进一步的细化规定，而是通过第 86 条第 1 款将划定国家大气污染防治重点区域的权限授予国务院环境保护主管部门，并在第 86 条第 3 款授权"省、自治区、直辖市可以参照第一款规定划定本行政区域的大气污染防治重点区域"。由此可见，虽然我国《大气污染防治法》并没有明确界定跨区域大气污染监管执法的客体，但其已对跨区域大气污染监管执法的客体从领域上进行了限缩，也即只有被划为大气污染防治重点区域的地区才可以实施跨区域大气污染监管执法，而对于哪些区域能成为大气污染防治重点区域，则有待我国生态环境部以及省、自治区、直辖市等有权部门的明确划定。

（二）地方层面有关跨区域大气污染监管执法客体界定的法规

以我国中央层面的相关政策法规为依据，我国京津冀、长三角等大气污染防治的重点区域对跨区域大气污染监管执法展开了积极探索，并在其地方性法规中对跨区域大气污染监管执法的相关问题进行了规定。其中，对跨区域大气污染监管执法客体的明确也是上述法规的内容之一。鉴于此，本书也拟对上述地区的法规进行梳理，以了解上述地区对跨区域大气污染监管执法客体的界定现状，并掌握其界定跨区域大气污染监管执法客体的思路。

1. 京津冀地区有关跨区域大气污染监管执法客体界定的法规

为了本地区大气污染防治的有效实施，京津冀地区的各省级人民政府皆通过专门立法对大气污染防治进行规制，而且其都涉及跨区域大气污染监管执法的内容，因而也可以从中厘清有关跨区域大气污染监管执法客体的界定内容。其中，在 2014 年 1 月，北京市第十四届人民代表大会第 2 次会议通过了《北京市大气污染防治条例》，其在第 6 条明确要求"防治大气污染应当建立健全政府主导、区域联动、单位施治、全民参与、社会监督的工作机制"之后，又在第 24 条明确规定"市人民政府应当在国家区域联防联控机构领导下，加强与相关省区市的大气污染联防联控工作，建立重大污染事项通报制度，逐步实现重大监测信息和污染防治技术共享，推进区域联防联控与应急联动"，尽管上述规定并没有明确涉及跨区域大气污染监管执法客体的内容，但鉴于其规定了"加强与相关省区市的大气污染联防联控工作"这一关键内容，据此可以推断，其已将相关省区市等区域置于跨区域大气污染监管执法的客体之中。

继《北京市大气污染防治条例》之后，2015 年 1 月，天津市人民代表大会也通过了《天津市大气污染防治条例》，该条例以第九章作为专章对大气污染防治协作做了相应规定。其中，其第 70 条规定"本市与北京市、河北省及周边地区建立大气污染防治协调合作机制，定期协商区域内大气污染防治重大事项"。该条规定虽未明确涉及跨区域大气污染监管执法的内容，但其与《北京市大气污染防治条例》一样，也将位于京津冀地区的周边省市作为跨区域大气污染监管执法的实施区域。

在《天津市大气污染条例》通过的一年之后，河北省于 2016 年 1 月通过了《河北省大气污染防治条例》，其在第 62 条明确规定："省人民政府环境保护主管部门应当与北京市、天津市以及其他相邻省、自治区人民政府环境保护主管部门建立大气污染预警联动应急响应机制，统一重污染天气预警分级标准，加强区域预警联动和监测信息共享，开展联合执法、环评会商，促进大气污染防治联防联控……"由此可见，在跨区域大气污染监管执法的客体上，河北省同北京、天津的做法一样，只是原则性地将相邻省（区、市）作为实施跨区域大气污染监管执法的领域，但对于跨区域大气污染监管执法的客体也缺乏具体的规定和设计。

2. 长三角地区有关跨区域大气污染监管执法客体界定的法规

为了应对区域性的大气污染，我国长三角地区的各省级人民政府也在其大气污染防治立法中对区域大气污染防治的协作问题进行了专门规定，而且对跨区域大气污染监管执法的客体也有所涉及。其中，2014年修订的《上海市大气污染防治条例》第六章以专章的形式对长三角区域大气污染防治协作进行规定，并在第70条要求"市人民政府应当会同长三角区域相关省，在防治机动车污染、禁止秸秆露天焚烧等领域，探索区域大气污染联动执法"，从而将长三角区域防治机动车污染以及禁止秸秆露天焚烧等事项纳入跨区域大气污染监管执法的客体之中。

继《上海市大气污染防治条例》之后，2015年2月通过的《江苏省大气污染防治条例》在第五章也以专章的形式对区域大气污染联合防治进行了规定，其在第70条明确提出"省人民政府按照国家重点区域大气污染联合防治的要求，根据主体功能区划、区域大气环境质量状况和大气污染传输扩散规律，划定本省的大气污染防治重点区域，统筹协调区域内的大气污染防治工作"之后，在第72条第1款要求"重点区域内有关设区的市人民政府应当加强沟通协调，共享大气环境质量信息，协商解决跨界大气污染纠纷，开展联合执法行动，查处区域内大气污染违法行为，共同做好区域内大气污染防治工作"，从而将江苏省域范围内的大气污染防治重点区域明确界定为开展跨区域大气污染监管执法的区域。

与此相应，2016年5月修订通过的《浙江省大气污染防治条例》则在第四章以专章的形式对区域大气污染联合防治问题进行了规定，并在第48条规定"省有关部门应当与长三角区域省、直辖市以及其他相邻省相关部门建立沟通协调机制，共享区域大气环境信息，在防治工业和机动车船污染、禁止露天焚烧秸秆等领域开展区域大气污染联合执法"。由此可见，《浙江省大气污染防治条例》与《上海市大气污染防治条例》对跨区域大气污染监管执法客体的界定模式比较相似，即在将长三角区域列为实施跨区域大气污染监管执法的区域之后，又将防治工业和机动车船污染、禁止露天焚烧秸秆等领域实施跨区域大气污染监管执法的具体对象，而这都有利于跨区域大气污染监管执法客体的明晰。

三、跨区域大气污染监管执法客体界定的实践探索

我国《大气污染防治法》之所以对大气污染防治重点区域的设置作出授权性安排，[1]主要原因在于跨区域大气污染监管执法在我国是一个新事物，其突破了行政区划对大气污染执法的限制，可以说是对我国传统大气污染执法方式的革新。为了保障跨区域大气污染监管执法实施的稳定性，在积累丰富的实施经验之前，还不宜将跨区域大气污染监管执法在全国范围内大面积推广，而应授权我国相关部门及地方政府结合自己的实际自主安排。在此情况下，在哪些区域实施跨区域大气污染监管执法，以及对哪些事项实施跨区域大气污染监管执法，这些问题既要靠我国相关政策法规的设计和指引，更要靠我国地方政府在跨区域大气污染监管执法实践中循序渐进地探索。对环境法学者来说，及时跟踪我国跨区域大气污染监管执法实践并从中探索出规律性经验，这对于促进我国跨区域大气污染监管执法机制的完善具有重要的意义。基于此，本书以我国京津冀、长三角以及其他地区的跨区域大气污染监管执法实践为切入点，通过对上述地区跨区域大气污染监管执法的实证分析，对我国地方政府有关跨区域大气污染监管执法客体界定的实践探索予以深入探究。

（一）京津冀地区跨区域大气污染监管执法客体界定的实证分析

京津冀地区是我国雾霾污染较为严重的地区，也是我国较早开展大气污染联防联控的地区之一，为了防治雾霾污染，京津冀地区的地方政府以我国现有的政策法规为依据，对跨区域大气污染监管执法展开了积极探索，开展了大量的跨区域大气污染监管执法实践，并签署了相关的执法协议。通过对京津冀及其周边地区跨区域大气污染监管执法合作实践的考察，有助于我们发现该地区对跨区域大气污染监管执法客体界定的现状和模式，从而为下文中对跨区域大气污染监管执法客体的界定提供实证支持。

为了推动京津冀及其周边地区区域大气污染防治工作的开展，2014年6月，京津冀及周边地区大气污染防治协作小组办公室印发了《京津冀及周边地区大气污染联防联控2014年重点工作》，要求"共同组织开展区域内大范围的联动执法、同步执法行动，壮大执法声势，对违法行为形成区域性的高

---

[1] 参见《大气污染防治法》第86条的规定。

压打击态势"。[1]2015 年 5 月 19 日，京津冀及周边地区大气污染防治协作小组第四次工作会议又审议通过了《京津冀及周边地区大气污染联防联控 2015 年重点工作》，会议提出，针对秸秆焚烧、油品质量、机动车排放等区域性污染问题，开展联动执法。[2]需要指出的是，上述重点工作中的联动执法主要是指京津冀及周边地区的环境执法机关在执法事项、执法时段上的协同一致，但每个地方政府的环境执法机关依然在自己的行政辖区内开展执法活动，因而还不具有跨区域执法的特质。不过，考虑到其联动执法的实施领域及实施事项也都是京津冀及其周边地区区域大气污染防治的重点，因而也可以将其作为界定跨区域大气污染监管执法客体的借鉴。

此外，为了保障区域大气污染联防联控的有效实施，京津冀地区的地方政府还签署了相关的协议，从而也推动了该地区跨区域大气污染监管执法的有效落实，并有利于对跨区域大气污染监管执法客体的明晰。其中，2014 年 8 月，天津市人民政府与北京市人民政府签署了《进一步加强环境保护合作框架协议》，协议第 5 条规定"共同探索建立联合环境执法机制。重点开展两市交界处环境污染防治情况检查，建立情况通报机制，及时互通影响或可能影响对方辖区环境质量的污染情况，协同查处环境违法行为"，[3]从而将两市交界区域的环境污染事项作为探索建立联合环境执法机制的基点。2015 年 12 月 3 日，京津冀三地环境保护厅局正式签署了《京津冀区域环境保护率先突破合作框架协议》。依据该协议规定，"针对跨区域、跨流域的环境污染以及秸秆焚烧、煤炭、油品质量等区域性环境问题，三地将集中时间，开展联动执法，共同打击违法排污行为"，[4]又一次将"跨区域、跨流域的环境污染以及秸秆焚烧、煤炭、油品质量等区域性环境问题"列为联动执法的对象，从而也直接证实了将上述事项作为跨区域大气污染监管执法客体的合理性和可行性。

---

〔1〕《京津冀及周边地区大气污染防治协作小组办公室印发〈京津冀及周边地区大气污染联防联控 2014 年重点工作〉》，载 http://www.bjepb.gov.cn/bjepb/324122/400139/index.html，最后访问日期：2019 年 6 月 18 日。

〔2〕 王尔德：《京津冀治霾新路：拟建核心区"2+4"城市对口帮扶机制》，载《21 世纪经济报道》2015 年 5 月 25 日。

〔3〕《北京市人民政府 天津市人民政府进一步加强环境保护合作框架协议》，载 http://www.jjhz-tj.gov.cn/zwgk/ghjh/20150331/t20150331_8873.html，最后访问日期：2019 年 6 月 19 日。

〔4〕 杨学聪、武自然：《京津冀签署区域环保合作框架协议》，载《经济日报》2015 年 12 月 3 日。

（二）长三角地区跨区域大气污染监管执法客体界定的实证分析

江苏、浙江和上海同处长三角且互相接壤，地理位置决定了其面临的环境问题大致相同，跨区域交叉污染比较严重。[1]因此，与京津冀地区一样，我国长三角地区也面临着跨区域大气污染的困扰，为了应对区域性的大气污染，改善该地区的整体大气环境质量，长三角地区也积极展开有关区域大气污染防治协作机制的实践探索。具体来说，该地区的区域大气污染协作实践最早则可追溯到上海世博会期间长三角区域空气质量预警联动系统成功开展的区域数据共享、预报预警、联合会商、预警联动等工作。[2]不过，虽然长三角地区在世博会期间的这次区域大气污染防治协作是一次应对区域性大气污染问题的成功实践，但其还没有涉及执法领域的跨区域合作，因而还不具有真正的跨区域大气污染监管执法意蕴，但值得一提的是，虽然该时期长三角地区省际的跨区域大气污染监管执法为数不多，但省域范围内的跨区域大气污染监管执法已在该地区时有开展，下文对此予以详细介绍。

2013年9月，浙江省杭州、湖州、嘉兴、绍兴四地环保局长共同签署了杭州都市圈大气污染联防联控合作框架协议，将通过实施7项工程，构建区域大气环境保护体系，推进杭州都市圈大气环境质量持续改善。作为7项工程之一，就是要建立跨区域的环保联合执法机制，借助每个季度开展一次联合执法行动，重点排查边界工业企业的废气处理情况，消除边界"三不管"地带，[3]从而将边界地区工业企业的废气处理情况作为其联合执法的主要对象。2017年11月，为加强秋冬季环境监管，应对不利大气扩散条件，江苏省启动秋冬季节大气污染防治交叉互查专项行动，此次交叉互查内容主要涉及四方面：一是固定污染源环保设施运行及达标排放情况；二是"高架源"自动监测设施安装、联网及运行情况；三是涉挥发性有机污染物（VOCs）企业治理设施安装运行情况；四是重污染小型企业手续办理和治污设施运行情况，[4]此时的交叉互查是不同行政区域之间的交叉互查，因而此种交叉互查可以被视为

---

[1] 王硕：《追逐蓝天梦 探寻治理大气污染的"上海经验"》，载《人民政协报》2014年5月22日。

[2] 蒋芳：《长三角大气治理遭遇行政壁垒》，载《瞭望》2014年第30期，第18页。

[3] 周颖：《杭湖嘉绍签署大气合作协议 七项工程推进都市圈大气污染联防联控》，载《中国环境报》2013年9月4日。

[4] 朱筱、秦华江：《江苏启动大气污染交叉互查行动防治秋冬雾霾》，载http://csj.xinhuanet.com/2017-11/16/c_ 136755339.htm，最后访问日期：2018年12月10日。

跨区域大气污染监管执法的一种方式，而其交叉互查所涉及的四个方面的内容也可以被看作是对该地区跨区域大气污染监管执法客体的设计。

（三）其他地区跨区域大气污染监管执法客体界定的实证分析

除了京津冀、长三角地区之外，我国山东、安徽、四川等省份也开展了跨区域大气污染监管执法实践，并对跨区域大气污染监管执法客体的界定进行了相应的探索。其中，在山东省，2014 年 5 月 22 日，济南、淄博、泰安、莱芜、德州、聊城、滨州七市环保局负责人，在山东省环境保护厅共同签订《省会城市群行政边界地区环境执法联动协议》，要求各地成立行政边界地区执法联动工作领导小组，通过联席会议、案件移交等形式建立边界地区环境执法信息交流平台，对边界地区的突出环境问题开展追踪溯源和交叉互查，协同做好边界地区重污染天气应急预防、处置。[1]在安徽省，2014 年 6 月，合肥经济圈六市、县共同签署大气污染联防联控合作框架协议，今后将携手加强工业污染治理、加快能源结构调整及实行秸秆联合禁烧、开展区域联合执法等。协议规定圈内实行秸秆联合禁烧，扩大禁烧区域范围，实行夏秋两季禁烧，并联合开展边界地区禁烧执法，全面推进秸秆综合利用。[2]在川渝地区，2016 年 11 月 8 日，广安市邻水县和重庆市渝北区、长寿区、垫江县在广安签订合作协议，建立大气污染预警应急联防联动联控机制，开展环保联合执法监督，加强跨界污染和突发事件联合处置，构筑长江上游生态屏障示范区。[3]

从上述地区对跨区域大气污染监管执法客体的界定实践可知，基于上述地区不同的大气污染现实，上述地区在界定跨区域大气污染监管执法客体时也有所差异。不过，值得注意的是，上述地区在界定跨区域大气污染监管执法的客体时，皆把位于行政交界地区且能够引发跨区域大气污染危害的事项列为跨区域大气污染监管执法的对象。由此可见，上述地区在界定跨区域大气污染监管执法客体的时候，皆遵从了从执法领域以及执法事项两个层面对其进行界定的路径，而本书在对跨区域大气污染监管执法的客体进行建构时，也拟从上述两个层面入手，对跨区域大气污染监管执法的客体进行系统设计。

---

〔1〕 于潇潇:《山东开启跨界治污 省会城市群7市联动重抓边界》，载 http://sd. dzwww. com/sd-news/201405/t20140522_10312538. htm，最后访问日期：2018 年 12 月 10 日。

〔2〕 罗宝:《合肥经济圈联手防治大气污染 签署合作框架协议》，载《安徽日报》2014 年 6 月 9 日。

〔3〕 王诗侠、刘川:《川渝 4 区县将携手开展大气污染防治》，载 http://sichuan. scol. com. cn/ggxw/201611/55718058. html，最后访问日期：2020 年 12 月 10 日。

第三节　跨区域大气污染监管执法客体的界定举措

基于上文对跨区域大气污染监管执法客体界定历程的梳理，可以发现，当前我国相关政策法规已对跨区域大气污染监管执法的客体作出了相应规定，而我国地方政府的跨区域大气污染监管执法实践也对跨区域大气污染监管执法客体的明确作出了积极探索，从而对保障跨区域大气污染监管执法的有效实施发挥了重要作用。但不可否认的是，当前我国相关政策法规对跨区域大气污染监管执法客体的界定还不够明确具体，而我国地方政府对跨区域大气污染监管执法客体的界定又难以协调统一，这既无法保障跨区域大气污染监管执法客体的体系化发展，也不利于现有法规对跨区域大气污染监管执法客体进行有效规制，从而难以推动跨区域大气污染监管执法的法制化进程，更难以保障跨区域大气污染监管执法在全国范围内稳定地实施。鉴于此，要克服跨区域大气污染监管执法客体界定的不足，就要以我国跨区域大气污染监管执法客体界定的现状为基础，以跨区域大气污染监管执法客体界定的原则为指引，通过明确跨区域大气污染监管执法客体的界定标准和界定层次，最终实现界定跨区域大气污染监管执法客体的目的。

一、跨区域大气污染监管执法客体的界定原则

所谓跨区域大气污染监管执法的客体，是指跨区域大气污染监管执法所指向的对象，也是跨区域大气污染监管执法活动的着力点。只有明确了跨区域大气污染监管执法的对象，才能保障跨区域大气污染监管执法的稳定实施。鉴于此，要保障跨区域大气污染监管执法的顺利开展，就需要对跨区域大气污染监管执法的客体进行界定。[1] 为了保障跨区域大气污染监管执法客体界定合法、有序地进行，首先应对跨区域大气污染监管执法客体的界定原则进行梳理，以便为跨区域大气污染监管执法客体的界定设定相应的参照标准和考量依据。总体来说，跨区域大气污染监管执法客体的界定应遵循合法性原则、协调原则、成本效益原则三个方面的内容。

---

[1] 王超锋：《我国区域环境执法的模式探究》，载《甘肃政法学院学报》2017 年第 6 期，第 99~100 页。

（一）合法性原则

合法性原则是法治原则在跨区域大气污染监管执法领域的具体体现和直接要求，是指跨区域大气污染监管执法客体的界定必须有法律依据、符合法律要求，并且不能与法律相抵触。[1]为了保障跨区域大气污染监管执法客体的界定能够在我国现有法律框架下合法、有效地进行，在对跨区域大气污染监管执法客体进行界定时首先应遵守合法性原则，也即对我国跨区域大气污染监管执法客体的界定不仅要有明确的法律依据，更不能违反我国现有法规的强行性规定。

当前，为了推动区域大气污染联防联控的实施，我国相关政策法规都从地域上对实施区域大气污染联防联控的领域作出了明确限定。其中，2012年10月29日，环境保护部、国家发展和改革委员会、财政部联合印发了《重点区域大气污染防治"十二五"规划》的通知，将京津冀、长江三角洲、珠江三角洲地区，以及辽宁中部、山东、武汉及其周边、长株潭、成渝、海峡西岸、山西中北部、陕西关中、甘宁、新疆乌鲁木齐城市群等区域作为大气污染防治的重点区域，[2]而我国2015年修订的《大气污染防治法》第92条则规定："国务院环境保护主管部门和国家大气污染防治重点区域内有关省、自治区、直辖市人民政府可以组织有关部门开展联合执法、跨区域执法、交叉执法。"虽然上述两个法律文件都没有直接涉及跨区域大气污染监管执法的客体，但其所规定的"国家大气污染防治重点区域"则是界定跨区域大气污染监管执法客体时所必须考虑的内容。此外，我国政府制定的有关大气污染执法客体的一般性法律规定对跨区域大气污染监管执法的客体的界定也起到直接的约束和调控作用，因而在界定跨区域大气污染监管执法客体时也应予以遵守。[3]

（二）协调原则

所谓协调原则，注重的是不同主体之间协调关系的建立和维持，在环境与资源保护法中，协调原则是指环境保护与经济建设和社会发展统筹规划、

---

〔1〕 王春业主编：《行政法与行政诉讼法》，中国政法大学出版社2014年版，第36页。

〔2〕 《重点区域大气污染防治"十二五"规划》，载 http://www.zhb.gov.cn/gkml/hbb/bwj/2012 12/t20121205_ 243271.htm，最后访问日期：2018年10月16日。

〔3〕 比如，我国《大气污染防治法》第2条对大气污染防治的对象作出了明确列举，而本书对跨区域大气污染监管执法客体的界定也应参照上述法律的规定。

协调发展，实现经济效益、社会效益和环境效益的统一，[1]因而该原则注重的是环境保护、经济建设和社会发展三者关系的协调。在跨区域大气污染监管执法领域，协调原则主要指跨区域大气污染监管执法与传统大气污染执法之间关系的协调。在跨区域大气污染监管执法领域坚持协调原则，就是要防止跨区域大气污染监管执法与传统大气污染执法产生冲突，并追求跨区域大气污染监管执法与传统大气污染执法相辅相成、和谐共处，以便保障大气污染执法体系的有机统一，并最终推动大气污染防治目标的全面实现。

为了确保协调原则在跨区域大气污染监管执法领域的有效实现，不仅要在设置跨区域大气污染监管执法主体时协调处理好跨区域大气污染监管执法主体与传统大气污染执法主体之间的关系，而且在界定跨区域大气污染监管执法客体时还要注意跨区域大气污染监管执法领域与传统大气污染执法领域的合理界分，以促进跨区域大气污染监管执法与传统大气污染执法的无缝对接以防止大气污染执法漏洞的出现，并推动跨区域大气污染监管执法与传统大气污染执法领域的有机协调以防止大气污染执法冲突的产生。简言之，在界定跨区域大气污染监管执法的客体时，既要确保跨区域大气污染监管执法不给传统大气污染执法带来干扰，又使其可以弥补传统大气污染执法难以突破行政区划限制的不足，从而使其成为传统大气污染执法必要而有益的补充，并最终实现跨区域大气污染监管执法与传统大气污染执法的和谐相处、相得益彰。

（三）成本效益原则

成本效益原则被视为经济学的重要概念之一，它从"投入"与"产出"的对比来分析成本的合理性。换言之，成本是否应该发生的标准在于收益是否大于成本。如果收益大于成本，那么该项成本具有效益，应该发生。否则，就不应该发生该项成本。总之，只有当行为带来的额外效益大于额外成本时，才应该这么做。[2]依据成本效益原则，可以从"投入"与"产出"的对比来分析实施跨区域大污染监管执法的合理性。具体来说，跨区域大气污染监管执法不仅有利于促进地方政府间大气污染执法的协同，更有利于促进地方政

---

〔1〕　秦天宝主编：《环境法——制度·学说·案例》，武汉大学出版社2013年版，第72页。
〔2〕　孙科炎、董晓孝：《经济心理学》，中国电力出版社2012年版，第96页。

府间大气污染执法信息的交流、沟通和协商，对于提升大气污染执法的效率、保障大气污染执法的效果都具有重要的作用，而这些都是跨区域大气污染监管执法所可能带来的收益。当然，为了取得上述收益，也必须投入相应的人力、物力、财力，这便是跨区域大气污染监管执法的实施成本，而对跨区域大气污染监管执法客体的界定就需要在考量成本和效益的前提下进行，下文对此予以具体论述。

具体来说，在统一执法模式下，跨区域大气污染监管执法的实施不仅需要设置相应的跨区域大气污染监管执法机构并配备相应的执法人员，还需要与地方政府所属的大气污染执法主体进行沟通协调；在联合执法模式下，跨区域大气污染监管执法的实施则有赖于地方政府所属的大气污染执法机构之间所进行的沟通合作，其间的沟通协调也需要一笔不小的开支；在交叉执法模式下，区域内地方政府所属的共同上级政府部门的介入也需要必要的信息沟通、组织协调，而这也需要相应的资金和人力的支持。[1]由此可见，与传统行政区大气污染执法相比，跨区域大气污染监管执法的成本比较高。在此种情况下，为了提高跨区域大气污染监管执法的效能，对于传统行政区大气污染执法就可以完成的事项，就不需要启动跨区域大气污染监管执法流程，从而以求用最小的大气污染监管执法成本来获得最大的大气污染监管执法收益，而这就要求我们在衡量跨区域大气污染监管执法成本和传统行政区大气污染执法成本的基础上对跨区域大气污染监管执法的客体作出合理界定。

跨区域大气污染监管执法的客体不仅承载着跨区域大气污染监管执法的指向对象，更承担着划定跨区域大气污染监管执法范围的重任，因而对保障跨区域大气污染监管执法活动的顺利实施以及执法效果的有效实现具有重要的作用，而跨区域大气污染监管执法客体的界定是否适当，则不仅直接关涉跨区域大气污染监管执法的效果，更能直接决定跨区域大气污染监管执法是否可行。从成本效益的角度考量，对于传统行政区大气污染执法难以解决或者需要耗费较高的协调成本才能解决的跨区域大气污染事项，跨区域大气污染监管执法具有绝对的成本优势，从而以较低的大气污染执法成本实现了传

---

〔1〕 陈瑞莲、张紧跟：《试论区域经济发展中政府间关系的协调》，载《中国行政管理》2002年第12期，第67页。

统行政区大气污染执法需要耗费较大成本才能实现的执法目的。[1]在此种情况下，跨区域大气污染监管执法的效益就大于其投入的成本，因而也就具有实施优势。反之，对于传统行政区大气污染执法能够解决的大气污染事项，跨区域大气污染监管执法则不具有成本优势，因而不宜将这些事项纳入跨区域大气污染监管执法的客体之中。

由上文的论述可知，依据成本效益原则，应避免将本属于传统大气污染执法领域的项目纳入跨区域大气污染监管执法的客体之中，而这就需要对跨区域大气污染监管执法的客体加以必要的限定，以有效增强跨区域大气污染监管执法的针对性和实效性。依照跨区域大气污染监管执法的实施宗旨，只有那些可能造成跨区域大气污染的项目才会被纳入跨区域大气污染监管执法的客体之中，因此，对跨区域大气污染监管执法的客体界定便落脚在对跨区域大气污染项目的阐释和考察之上，而对于何种项目具有跨区域大气污染的特征，则需要依据科技数据、该项目所处的地域以及跨区域大气污染防治的实践经验等因素加以判断，而这又涉及跨区域大气污染监管执法客体的界定标准问题，本书在下文中予以详述。

二、跨区域大气污染监管执法客体的界定标准

在界定跨区域大气污染监管执法客体时，除了要遵照跨区域大气污染监管执法客体的界定原则，还要考量跨区域大气污染监管执法客体的界定标准。实际上，相较于跨区域大气污染监管执法客体界定原则的抽象性、指引性，跨区域大气污染监管执法客体的界定标准则更为具体、直接，可认为是跨区域大气污染监管执法客体的界定原则在跨区域大气污染监管执法客体界定领域的延伸和具体表现，因而在界定跨区域大气污染监管执法客体时也具有更为直观的参照价值，对跨区域大气污染监管执法客体的界定也具有更为直接的指导作用。基于此，为了保障跨区域大气污染监管执法客体界定的科学合理，在明确跨区域大气污染监管执法客体的界定原则之外，还应对跨区域大气污染监管执法客体的界定标准进行分析。通过参照跨区域大气污染监管执

---

〔1〕 在跨区域大气污染监管执法产生之前，传统执法模式要处理跨区域的大气污染事宜，要么通过不同行政区域大气污染执法机构之间的行政协助，要么借助不同行政区域地方政府之间的沟通协商，要么依赖所涉区域共同上级政府的组织协调，但不论采用何种方式，都需要耗费较大的协调成本，且未必取得最佳的执法效果。

法的相关政策法规，并借助对地方政府跨区域大气污染监管执法实践的考察，可以发现，当前我国跨区域大气污染监管执法客体的界定标准主要有科技标准、地域标准以及实证标准三个方面的内容，下文对此予以具体论述。

（一）科技标准

科学技术是解决环境问题的利器，历史上每一次环境保护领域的重大理论创新和技术革新，总会引领环境保护意识、管理思路与污染治理水平的跨越发展，[1]跨区域大气污染监管执法的实施，既离不开科学技术发展的推动，更离不开科学技术的有效支撑。[2]这是因为，没有大气污染领域科学技术的发展，我们难以意识到大气污染的区域性特征，因而也无法产生区域大气污染联防联控的意识，更没有跨区域大气污染监管执法的出现。此外，如果没有对区域大气污染形成规律的客观科学分析，我们也难以把握区域性大气污染的成因，因而在防治区域大气污染时也很难采取针对性的举措。鉴于此，为了保障跨区域大气污染监管执法客体界定的科学合理和行之有效，就需要将大气污染防治方面的科学技术作为界定跨区域大气污染监管执法客体的主要依据，而本书将其称为科技标准，并将其作为界定跨区域大气污染监管执法客体的重要考量依据。

由上文的论述可知，作为区域大气污染联防联控的重要举措，尽管跨区域大气执法承载着促进地方大气污染执法协同、消除地方保护主义对大气污染执法的干扰等多重功能，但其首要目的依然是强化执法环节对区域性大气污染的防治，并防止跨区域大气污染纠纷的产生。为此目的，在界定跨区域大气污染监管执法的客体时，除了要促进跨区域大气污染监管执法对区域内地方政府之间的大气污染执法进行协同之外，更应将防止跨区域大气污染的产生作为首要考虑因素。据此，在界定跨区域大气污染监管执法客体时，应主要将具有跨区域大气污染效果的项目或者能够产生区域性大气污染的活动纳入跨区域大气污染监管执法的客体之中。但是，对于何种项目具有跨区域大气污染影响，或者对于何种活动能够加剧区域性大气污染的程度，我们很难完全凭经验或常识来判断，而必须依赖系统的科技分析以及翔实的数据支

---

〔1〕 赵英民：《以环保科技标准引领和支撑环境管理战略转型》，载《环境保护》2013年第12期，第11页。

〔2〕 王顺兵、徐建华、王磊：《提高我国区域大气污染联防联控科技支撑能力的建议》，载《全球科技经济瞭望》2015年第1期，第60~65页。

撑，而这些科技分析以及相关的技术数据就是界定跨区域大气污染监管执法客体的必不可少的标准。

实践中，科技标准在我国区域性大气污染联防联控中得到了广泛应用，而且其在跨区域大气污染监管执法客体的界定中也发挥了重要作用。例如，针对我国日益严重的霾污染问题，王书肖等学者通过数据统计、外场观测、实验室分析和数值模拟，对长三角城市群霾污染的变化趋势、污染特征、排放来源和调控策略进行了系统研究，并利用源模型和受体模型揭示了典型灰霾过程的形成机制和来源，[1] 而魏巍贤等学者则对技术进步在区域大气污染治理中的作用进行了具体分析。[2] 此外，我国《重点区域大气污染防治"十二五"规划》在对区域污染控制类型进行界定时，不仅将京津冀、长三角、珠三角区域与山东城市群界定为复合型污染严重区，还要求该区域应重点针对细颗粒物和臭氧等大气环境问题进行控制，并在要求长三角、珠三角加强酸雨控制的同时，还进一步要求京津冀、江苏省和山东城市群加强可吸入颗粒物的控制，这种量化对策的制定自然离不开大气污染源解析技术的支持。依此思路，在界定跨区域大气污染监管执法客体时，也需要坚持科技标准，在决定何种项目具有跨区域大气污染以及判断何种活动能够造成区域性大气污染时，都需要将详尽的科技数据作为必要支撑。

（二）地域标准

所谓跨区域大气污染监管执法客体界定的地域标准，就是指在划定跨区域大气污染监管执法领域时所要遵循的地域标准。之所以在界定跨区域大气污染监管执法的客体时需要考量地域标准，是因为跨区域大气污染监管执法客体的界定涉及两方面内容。其一，是对跨区域大气污染监管执法对象的明确；其二，则是对跨区域大气污染监管执法领域的框定，后者的界定则主要是从跨区域大气污染监管执法的实施地域上入手，因而需要在地域的选择和划定上设定相应的标准，而这就是本书所称的地域标准。如上文所述，基于成本效益原则的考虑，我们不需要也没必要将我国所有的区域都纳入跨区域大气污染监管执法的实施范畴之中，而只需选取哪些最需要实施跨区域大气

---

〔1〕　参见王书肖等：《长三角区域霾污染特征、来源及调控策略》，科学出版社 2016 年版。
〔2〕　魏巍贤：《技术进步和税收在区域大气污染治理中的作用》，载《中国人口·资源与环境》2016 年第 5 期，第 9 页。

污染监管执法以及实施跨区域大气污染监管执法能取得预期效果的区域即可，而这就需要对跨区域大气污染监管执法的实施地域进行界定。在从地域范围上对跨区域大气污染监管执法的实施领域进行界定时，需要将哪些地域纳入跨区域大气污染监管执法的客体之中，其中的考量要素就是地域标准的主要内容。具体来说，在界定跨区域大气污染监管执法的实施领域时，主要考量行政地域的相邻性以及跨区域大气污染问题的突出性这两个基本要素。据此，地域的相邻性以及问题的突出性也就成为地域标准的核心内容，下文对此予以详细介绍。

首先，所谓地域的相邻性，是指跨区域大气污染监管执法领域所囊括的区域必须是在地理位置上相邻的两个或多个行政区域，而对于在地理位置上互不相邻甚至相距遥远的行政区域，虽然其间有发生跨区域大气污染的可能性，但实践中并无实施跨区域大气污染监管执法的紧迫需求，因而不宜将其纳入跨区域大气污染监管执法的客体之中。参照我国《重点区域大气污染防治"十二五"规划》对重点区域的设置，无论是京津冀、长三角、珠三角等大气污染防治重点区域，还是辽宁中部、山西中北部、陕西关中等城市群，上述地区皆是由相邻的行政区域组成，而山东省在其省域范围内开展的跨区域大气污染监管执法，也大多集中在行政辖区的交界地区，[1]从而直接反映了跨区域大气污染监管执法区域所具有的相邻性特征。实际上，在相邻地区开展跨区域大气污染监管执法，也符合区域内相关地方政府的利益关切，从而有助于为跨区域大气污染监管执法的顺利实施提供内生动力。

其次，则是问题的突出性，主要指被纳入跨区域大气污染监管执法客体中的地域应存在严重的区域性大气污染问题。换言之，实施跨区域大气污染监管执法的地域应当存在着严重的区域大气污染问题，至少应面临着严重的区域性大气污染的威胁，否则就没有开展跨区域大气污染监管执法的必要。实际上，我国政策法规之所以将京津冀、长三角等区域纳入区域大气污染防治的重点区域，就是因为上述地区的区域大气污染比较严重。比如，在2013年，我国京津冀和珠三角区域所有城市的空气质量均未达标，长三角区域仅舟山六项污染物全部达标。此外，在2013年12月1日至9日，中东部地区集

---

〔1〕 王志、邵琨、刘宝森：《山东省会城市群探索跨区域大气污染治理》，载《经济参考报》2019年12月19日。

中发生了严重的灰霾污染过程，造成 74 城市发生 271 天次的重度及以上污染天气，其中重度污染 160 天次，严重污染 111 天次。污染较重的区域主要为长三角区域、京津冀及周边地区和东北部分地区，长三角区域为污染最重地区。[1]在 2016 年，我国京津冀地区的 13 个地级及以上城市空气质量达标率仅为 56.8%，衡水、石家庄、保定、邢台、邯郸、唐山六市位于全国十大空气污染城市之列。据环境保护部发布的全国空气质量状况，2017 年 1 月京津冀 13 个城市 PM2.5 浓度同比上升 43.8%，[2]京津冀地区的大气污染严重程度由此可见一斑，而这也是将上述区域纳入跨区域大气污染监管执法领域的主要原因之一。

（三）实证标准

逻辑实证主义学说认为，科学之所以是可信和客观的，在于它是可以付诸经验事实检验的；并且这种检验性不仅是针对整个科学理论的，而且是针对组成它的每一个陈述的。这就是说，科学中的单一陈述具有经验意义，即每一陈述在原则上都能在经验世界中找到与之相对应的事实。这就是"实证原则"。[3]为了保障跨区域大气污染监管执法客体界定的科学可行，在界定跨区域大气污染监管执法的客体时，不仅要遵照我国现有的政策法规并从成本效益的角度考虑是否可行，还要参照实践经验并借助实践检验，将实践经验作为界定跨区域大气污染监管执法客体的重要标准。之所以要将实践经验作为界定跨区域大气污染监管执法客体的标准，是因为从功利主义角度考虑，跨区域大气污染监管执法的目的就是为了避免跨区域大气污染的发生以及跨区域大气污染纠纷的出现。据此，对跨区域大气污染监管执法客体的界定过程也是考察相关项目或活动能否造成跨区域大气污染的过程。

需要明确的是，从理论角度上讲，所有的大气污染项目都会造成跨区域的大气污染影响，但基于成本效益的考虑，以及受跨区域大气污染监管执法资源有限性的影响，我们难以也没必要将所有的大气污染项目都纳入跨区域

〔1〕《环境保护部 2013 年中国环境状况公报》，载 http://www.zhb.gov.cn/hjzl/zghjzkgb/lssj/2013nzghjzkgb，最后访问日期：2018 年 12 月 11 日。
〔2〕 宋建军：《京津冀雾霾防治面临的困境及出路》，载《宏观经济研究》2017 年第 9 期，第 164~165 页。
〔3〕 牙韩高、王华：《以实证为原则的多元化思想——论亨佩尔的科学标准观》，载《学术论坛》2001 年第 4 期，第 50 页。

大气污染监管执法的范畴之中，而需要对大气污染项目进行筛选，以判断哪些项目需要实施跨区域大气污染监管执法。不过，由于受现有科技水平的限制，对于某种项目是否具有跨区域大气污染的影响以及其影响程度的大小，实践中还无法完全从科学角度予以明确的量化界定，因而也难以为跨区域大气污染监管执法客体的界定提供明确具体的科学技术标准。在此情况下，对项目或活动所产生的大气污染是否具有跨区域的影响则可以依据实践经验进行判断，而这正是实证标准的应有之义。

依照实证标准，一旦人们在实践中经历过某种项目所造成的跨区域大气污染危害，其就会对具有跨区域大气污染影响的此类项目形成一种理性认识，并凭借这种认识来判断何种项目属于具有跨区域大气污染影响的项目。例如，上海嘉定将垃圾填埋场建在与太仓一河之隔的边界区域，而垃圾填埋场散发的臭气让太仓居民苦不堪言；[1]而 20 世纪 30 年代年发生在美加边境的特雷尔冶炼厂跨界大气污染仲裁案也让世人意识到边境地区的冶炼厂可以造成跨界大气污染。[2]上述地区的居民和政府在经历了相应的跨区域大气污染损害事件之后，其对何种项目或活动具有跨区域的大气污染必然产生深刻的理性认识，并逐步形成基于实证经验的判断标准，而我们对跨区域大气污染监管执法客体的界定也可以依此思路进行。参考国内外的跨区域大气污染事件，可以发现，无论是 2015 年发生在上海嘉定与太仓之间的垃圾填埋场跨界污染案件，还是 20 世纪 30 年代美加边境的特雷尔冶炼厂案，这些能够造成跨区域大气污染纠纷的项目大多是位于行政区划的交界区域的大气污染项目。鉴于此，在界定跨区域大气污染监管执法的客体时，我们也应当将行政区划交界地区的大气污染项目作为跨区域大气污染监管执法的关注重点。

三、跨区域大气污染监管执法客体的界定层次

依据上文对我国跨区域大气污染监管执法客体界定的相关政策法规的梳理，并借助对我国跨区域大气污染监管执法客体界定实践的考察，可以发现，

---

〔1〕 袁小英：《跨区域环评项目审批权的实施困境及对策研究》，载《吉林工商学院学报》2016年第 2 期，第 86 页。

〔2〕 Trail Smelter Arbitration（United States v. Canada），1938，in Reports of International Arbitral Awards（RIAA），Vol. 3，16 April 1938 and 11 March 1941，esp. p. 1920 and p. 1947.

我国对跨区域大气污染监管执法客体的界定是从两个层面进行的，一是通过划定跨区域大气污染监管执法的领域入手来界定跨区域大气污染监管执法的客体，另一个则是通过对跨区域大气污染监管执法对象的直接列举来界定跨区域大气污染监管执法的客体。需要指出的是，上述两个层次的界定并非特立独行，而是相互交织、共同作用于跨区域大气污染监管执法客体的界定过程，并协同实现对跨区域大气污染监管执法客体的界定目的。为了提高跨区域大气污染监管执法客体界定的体系性、条理性，并促成跨区域大气污染监管执法客体的界定模式在全国范围内的协调统一，本书拟从上述两个层次入手，对跨区域大气污染监管执法客体的界定问题予以详细梳理，以廓清跨区域大气污染监管执法客体的界定思路，并彰显跨区域大气污染监管执法客体界定的内在逻辑体系。

（一）第一层次：执法领域的划定

所谓跨区域大气污染监管执法领域的划定，是指从地域范围上对跨区域大气污染监管执法的实施领域所作出的界定，也是对跨区域大气污染监管执法的客体所做的一种空间上的限定，其目的就是为了明确跨区域大气污染监管执法的实施范围，并对跨区域大气污染监管执法的实施领域予以必要的限缩，从而有效节约跨区域大气污染监管执法的成本，并提升跨区域大气污染监管执法的效能。当前，无论是我国政策法规对大气污染防治重点区域的划定，还是我国地方政府在行政交界地区开展的跨区域大气污染监管执法实践，其都涉及跨区域大气污染监管执法领域的界定问题，只不过，前者着眼于包含多个行政区域在内的整个大气环境区域，是对跨区域大气污染监管执法领域的总括性界定，而后者则侧重于行政交界区域这样一个更为具体的区域，目的是保障跨区域大气污染监管执法的有效实行。由此可见，虽然二者都是对跨区域大气污染监管执法领域的界定，但其设置的功能却存在一定差异，下文对此具体分析。

1. 大气污染防治重点区域

为了针对性地解决区域性大气污染问题，我国政府依据各区域的地理特征、社会经济发展水平、大气污染程度、城市空间分布以及大气污染物在区域内的输送规律，将规划区域划分为重点控制区和一般控制区。对重点控制区的大气污染防治，国家将实施更严格的环境准入条件，执行重点行业污染物特别排放限值，采取更有力的污染治理措施。[1]其中的重点控制区即为本书所称的大气污染防治重点区域，而在上述区域实施跨区域大气污染监管执法就是国家拟采取的污染治理措施之一。据此，所谓大气污染防治重点区域，就是我国政府划定的特定大气污染防治区域。参照我国大气污染防治重点区域的设置实践，可以发现，我国大气污染防治重点区域一般都涉及多个行政区域，是充分考虑到大气污染的区域性特征而划定的包含多个行政区域在内的一种大气环境区域，将这一区域作为跨区域大气污染监管执法的实施领域，自然可以产生跨区域大气污染监管执法的效果，进而实现对区域大气环境的一体性保护。

需要指出的是，将大气污染防治重点区域作为跨区域大气污染监管执法的实施领域，其只是从宏观层面完成了对跨区域大气污染监管执法客体的总括性界定，可以说是对跨区域大气污染监管执法的授权性界定，而在此区域之内就可以实施跨区域大气污染监管执法。不过，需要对大气污染防治重点区域之内的哪些区域以及哪些事项实施跨区域大气污染监管执法？国家则不做明确要求，而由该区域内的相关政府自主决定。此外，对于大气污染防治重点区域的划定权限，我国《大气污染防治法》第86条第1款和第3款也都作了明确的规定，本书在此不再赘述。[2]需要指出的是，为了纠正传统大气污染执法体制的弊端，满足新时期区域大气污染联防联控的要求，在划定大气污染防治重点区域时，除了要遵循区域大气环境质量状况以及大气污染传输扩散规律之外，还应实现大气污染防治重点区域与行政区域的交错设置，以彰显大气污染防治重点区域的跨区域（行政区域）特性，从而有效保障跨区域大气污染监管执法目标的有效实现。

2. 行政交界区域

行政交界区域，又称为行政边界区域，是以行政边界为起点向行政区内部横向延展一定宽度所构成的、沿边界纵向延伸的窄带型区域。[3]相较于国

---

〔1〕 参见《重点区域大气污染防治"十二五"规划》，载 http://www.zhb.gov.cn/gkml/hbb/bwj/201212/t20121205_ 243271. htm，最后访问日期：2020 年 12 月 12 日。

〔2〕 参照我国《大气污染防治法》第86条第1款和第3款的规定，国家大气污染防治重点区域，由国务院环境保护主管部门根据主体功能区划、区域大气环境质量状况和大气污染传输扩散规律划定，报国务院批准；省级行政区大气污染防治重点区域，由省、自治区、直辖市参照第1款规定划定。

〔3〕 陈钊：《行政边界区域刍论》，载《人文地理》1996 年第 4 期，第 41 页。

家划定大气污染防治重点区域时的宏大，行政交界区域则是一种更为直观和具体的领域界定模式，也更有助于跨区域大气污染监管执法实施范围的明晰。这是因为，我国划定的大气污染防治重点区域一般都要涉及多个行政区域，因而面积宽广、区域事项繁多，而且，考虑到跨区域大气污染监管执法资源的有限性，尽管可以在大气污染防治重点区域之内全面实施跨区域大气污染监管执法，但并无必要追求跨区域大气污染监管执法的全覆盖。俗话说，牵牛要牵牛鼻子，要提高跨区域大气污染监管执法的成效，就要将有限的执法资源用在最需要实施跨区域大气污染监管执法的地方。考虑到大气污染的外部性以及区域内地方政府在治理大气污染时的不合作博弈心理，那些能够造成严重大气污染的项目通常都会被安置在行政区划的边缘区域，从而不仅使行政交界地区成为大气污染的重灾区，也使得行政交界区域成为跨区域大气污染监管执法的重点区域。[1]

　　需要指出的是，行政交界区域是专指大气污染防治重点区域中的行政交界区域，其是在划定大气污染防治重点区域的基础上对跨区域大气污染监管执法领域的进一步细化和明晰，对提高跨区域大气污染监管执法的针对性和实效性具有重要的作用。之所以要将跨区域大气污染监管执法的领域进一步限缩而集中到重点大气污染防治区域内的行政交界区域，是因为区域内地方政府之间在大气污染防治领域的博弈主要集中在行政交界区域，而区域内大气污染治理的合作也应从行政交界地区的大气污染治理开始。鉴于此，将跨区域大气污染监管执法的领域限定在重点大气污染防治区域内的行政交界地区，不仅符合区域大气污染联防联控的内在要求，也有助于推动区域大气污染联防联控目标的有效实现。

　　此外，尽管从理论上讲，行政交界区域的内涵和外延都非常清晰，主要指两个或两个以上相邻行政区划的交界区域，但在实践中，对行政交界区域进行明确界定却并非易事。这是因为，与行政区划具有明确的界限不同，行政交界区域却没有一个明确的界限，其只是围绕着行政边界的一处区域。一般而言，行政交界区域的宽度与行政区的面积、级别、自然条件以及与行政中心的传统社会经济联系等有关，但对于行政交界区域的大小以及范围，目前我国还没有一个量化的标准。有鉴于此，目前对于行政交界区域的界定也

---

〔1〕　杨鲁豫：《各市交界处大气污染也要抓》，载《生活日报》2015 年 11 月 28 日。

只能由地方政府基于本地区的大气污染实际并结合跨区域大气污染监管执法的现实需要来灵活处理。

(二) 第二层次：执法对象的明晰

对跨区域大气污染监管执法领域的界定只是明确了跨区域大气污染监管执法的实施范围，但并非处于该领域之内的所有大气污染事项都应被纳入跨区域大气污染监管执法的范畴之中，只有那些能产生跨区域大气污染效果或可以加剧区域大气污染严重程度的事项才可以成为跨区域大气污染监管执法的对象。由此可见，对跨区域大气污染监管执法领域的界定只是完成了跨区域大气污染监管执法客体界定的第一步，为了保障跨区域大气污染监管执法客体的切实可行，还应在界定跨区域大气污染监管执法领域的基础上明确跨区域大气污染监管执法的对象，而这就涉及对跨区域大气污染监管执法客体第二层次的界定。

当前，我国政策法规以及执法实践从能够造成区域大气污染的污染物质入手，将能够产生上述污染物质的行业、项目纳入区域大气污染联防联控的对象之中，以此为思路，本书也拟从区域性大气污染物质入手，将能够产生区域性大气污染物质的行业、项目作为跨区域大气污染监管执法的对象进行设计。其中，我国 2012 年发布的《重点区域大气污染防治“十二五”规划》对我国大气污染防治重点区域的污染类型作了明确解析，并将细颗粒物、臭氧、酸雨、二氧化硫、二氧化氮、采暖季燃煤污染列为区域大气污染防治的重点，而防止上述大气污染物的产生也应作为我国跨区域大气污染监管执法的首要任务。有鉴于此，我国跨区域大气污染监管执法的对象也应集中在能够产生上述污染物质的行业或项目之上。依此思路，本书以上述污染物质作为分类线索，对跨区域大气污染监管执法的对象进行梳理。

首先，为了防治细颗粒物、二氧化硫、二氧化氮等大气污染物的产生，在将钢铁、水泥、石化、焦化、化工、有色等行业中的高污染项目作为跨区域大气污染监管执法对象的同时，还应将火电行业以及钢铁、石化、水泥等非电行业的污染企业纳入跨区域大气污染监管执法的监管之中；其次，为了防治挥发性有机物给区域大气环境造成的污染，应将石化、有机化工、合成材料、化学药品原药制造、塑料产品制造、装备制造涂装、通信设备计算机及其他电子设备制造、包装印刷等重点行业纳入跨区域大气污染监管执法的监管范围；再次，为了防治移动源排放污染，应将机动车以及非道路移动源纳入跨区域大气污染监管执法的对象之中；最后，为了加强区域内扬尘污染的控制，应将施工扬尘、道路扬尘、堆场扬尘、秸秆焚烧、餐饮业油烟污染治理都纳入跨区域大气污染监管执法的范畴之中，以借助跨区域大气污染监管执法的实施，促进区域内地方政府之间在治理上述污染问题的合作，从而有效遏制区域大气污染，保护区域大气环境。

第五章 跨区域大气污染监管执法的程序

　　相较于跨区域大气污染监管执法的主体、客体等实体性内容，跨区域大气污染监管执法的程序在跨区域大气污染监管执法过程中也具有不可或缺的作用。这是因为，程序不仅可以为跨区域大气污染监管执法的实施提供明确可行的路径，还可以为跨区域大气污染监管执法的发起、运行以及善后环节设置切实可行的流程、步骤及程式，从而保障跨区域大气污染监管执法目标的实现。[1]一旦程序缺失，则跨区域大气污染监管执法就无法得到稳定实施并取得既定成效。鉴于此，要保障跨区域大气污染监管执法的稳定实施，就离不开对跨区域大气污染监管执法程序的系统设计。当前，我国相关政策法规对跨区域大气污染监管执法的主体、客体皆作了相应的规定，我国地方政府所开展的跨区域大气污染监管执法实践对跨区域大气污染监管执法主体和客体的设置也进行了积极探索，从而有力推动了跨区域大气污染监管执法主体和客体制度的发展和完善。相较于此，我国政策法规尚未对跨区域大气污染监管执法的程序予以专门规定，而我国地方政府所开展的跨区域大气污染监管执法实践也未对跨区域大气污染监管执法的程序给予应有的关注，这都使我国跨区域大气污染监管执法的程序处于一种散乱状态，从而无法保障程序所具功能的充分发挥。要解决这一问题，就需要对跨区域大气污染监管执法的程序进行完善性设计。为此目的，本书以跨区域大气污染监管执法的程序为题，在分析了跨区域大气污染监管执法程序的价值之后，针对我国跨区域大气污染监管执法的现状及存在的不足，从跨区域大气污染监管执法的启动、运行、终结三个环节入手，对我国跨区域大气污染监管执法的程序予以

---

　　[1] 杨海坤：《遵守程序是实现行政执法价值目标的重要保障》，载《行政法学研究》1997年第1期，第63页。

系统设计，以促进我国跨区域大气污染监管执法程序的完善，保障跨区域大
污染监管执法活动的顺利实施。

第一节　跨区域大气污染监管执法程序析论

作为众多法律程序的一种，跨区域大气污染监管执法的程序无疑具有所
有法律程序都具有的基本要素和一般共性。鉴于此，对跨区域大气污染监管
执法程序的认识也应从对程序的一般认识开始。依此思路，本书拟从对程序
的基础理论知识的探讨入手，通过对程序的概念、特征、价值等基本要素的
解构和整合，形成对跨区域大气污染监管执法程序的系统认识。为此目的，
在具体探讨跨区域大气污染监管执法程序的现状及完善对策之前，本书也从
跨区域大气污染监管执法程序的概念、特征、功能三个层面入手，分析跨区
域大气污染监管执法程序的基本知识，以全面了解跨区域大气污染监管执法
程序的基本范畴，并为下文中对跨区域大气污染监管执法程序的建构提供理
论支撑。

一、跨区域大气污染监管执法程序的概念

顾名思义，跨区域大气污染监管执法程序是跨区域大气污染监管执法过
程中所要遵循的程序，可见程序是跨区域大气污染监管执法程序一词的核心
词汇，而对跨区域大气污染监管执法程序一词的概念界定也应落脚在对程序
一词的理解之上。鉴于此，本书对跨区域大气污染监管执法程序概念的理解
也从对程序概念的明晰开始。所谓程序，从文义上来理解，是指事情进行的
先后次序，[1]但在不同的领域，程序的概念又被相应的解读和延伸。在计算
机科学领域，程序是指为使电子计算机执行一个或多个操作，或执行某一任
务，按序设计的计算机指令的集合。[2]在法学领域，程序主要体现为按照一
定的顺序、方式和手续来作出决定的相互关系。[3]具体而言，如果从法学角

---

〔1〕　中国社会科学院语言研究所词典编辑室编：《现代汉语词典》，商务印书馆 2016 年版，第
170 页。

〔2〕　辞海编辑委员会编：《辞海》，上海辞书出版社 1999 年版，第 4973 页。

〔3〕　季卫东：《法律程序的意义——对中国法制建设的另一种思考》，中国法制出版社 2004 年
版，第 17 页。

度来分析，程序则是指从事法律行为、作出某种决定的过程、方式和关系。其中，过程是时间概念，方式和关系是空间概念。程序就是由这样的时空三要素所构成的一个统一体。[1]据此，跨区域大气污染监管执法的程序主要是指实施跨区域大气污染监管执法所要遵循的顺序、方式和手续及其三者之间的相互关系，抑或指从事跨区域大气污染监管执法的过程、方式和关系。由此可见，过程、方式和关系是界定跨区域大气污染监管执法程序概念的核心要素，也是理解跨区域大气污染监管执法程序内涵的着眼点。据此，本书也借助这三个核心要素对跨区域大气污染监管执法程序的概念进行解析。

由上文中对跨区域大气污染监管执法程序的概念界定可知，跨区域大气污染监管执法程序是由跨区域大气污染监管执法的过程、方式以及关系组成的一个有机整体，是跨区域大气污染监管执法主体在依法行使行政权力、实施行政管理活动中应当遵循的，由法律、法规或者规章规定的一系列前后相联系的步骤、方式、形式、时间和顺序的总称。[2]由此可见，为了准确把握跨区域大气污染监管执法程序的含义，我们应从过程、方式、关系三个要素入手对程序的含义进行解构。首先，我们应关注作为时间概念的过程，其主要指借助步骤和顺序体现程序的流程，其中，步骤体现的是程序的宏观层面，程序的步骤一般由启动、调查、决定、执行构成；顺序体现的则是程序的微观层面，反映的是程序过程中的先后安排。[3]需要指出的是，程序中的过程所体现的时间概念是法定的，其具体表现为时序和时限两个方面的内容，而时序具体指法律行为的先后顺序，时限则是指法律行为所占的时间的长短，[4]二者有机结合，共同构成程序的时间要求。其次，我们还应关注作为空间概念的方式和关系。作为空间概念的表达方式，方式和关系具体包括行为方式、仪式、管辖和权力主体与法律行为之间在程序流程中结成的关系。[5]

基于程序概念所具有的丰富内涵，本书认为，跨区域大气污染监管执法程序也具有以下几个方面的内容和含义。首先，在时间概念上，跨区域大气

---

〔1〕 孙笑侠：《程序的法理》，商务印书馆2005年版，第15页。

〔2〕 张越、张昌好主编：《行政执法实用手册》，中国市场出版社2012年版，第26页。

〔3〕 邓国良：《程序的魅力——警察行政执法程序规则研究》，中国人民公安大学出版社2014年版，第30页。

〔4〕 孙笑侠：《程序的法理》，商务印书馆2005年版，第16页。

〔5〕 邓国良：《程序的魅力——警察行政执法程序规则研究》，中国人民公安大学出版社2014年版，第30页。

污染监管执法程序主要体现为有时序和时限要求的基本步骤和流程，而这也是保障跨区域大气污染监管执法稳定有序实施的关键。其次，在空间概念上，跨区域大气污染监管执法的程序不仅包含跨区域大气污染监管执法过程中不同主体之间所发生的关系，还包含跨区域大气污染监管执法的具体表现形式和行为方式。具体而言，空间关系指行为主体及其行为的确定性和相关性，而行为方式则主要指法律行为采取何种表现方式的问题。[1]基于此，在对跨区域大气污染监管执法的程序进行研究时，都要将跨区域大气污染监管执法程序的丰富内涵作为对其进行考量和设计的主要依据，以实现对跨区域大气污染监管执法程序予以全面系统建构的目的。

二、跨区域大气污染监管执法程序的特征

作为行政程序的一种，跨区域大气污染监管执法程序也具有行政程序所具有的基本特征。对于程序尤其是行政程序所具有的基本特征，我国学者在各自领域内进行了相关研究，也对行政执法程序的特征作出了不同的论述。其中，有学者认为行政程序应当具有透明性、稳定性和可预期性等基本特征，[2]也有学者认为行政执法程序主要具有确定性、有序性和时限性三个基本特征，[3]还有学者主张行政执法程序具有普遍性、法定性和辅助性三个特征。[4]由此可见，尽管当前我国学者对行政执法程序的特征总结还存在些许差异，但其皆是对行政执法程序在某个领域的特点的反映，都属于行政执法程序的应有特征。为此，综合学者的上述观点，可知行政执法程序具有法定性、确定性、稳定性、普遍性、可预期性等多个方面的特征，而跨区域大气污染监管执法程序作为上述行政执法程序的一种，其自然也具有上述执法程序所具有的所有特征。考虑到学者已对行政执法程序所具有的上述特征进行了详细探究，本书在此不再赘述，而主要着眼于对跨区域大气污染监管执法程序自有特征的分析，也即要找寻跨区域大气污染监管执法程序区别于其他行政执法程序的特征。结合跨区域大气污染监管执法的定位及其实施背景，

---

〔1〕　孙笑侠：《程序的法理》，商务印书馆2005年版，第16页。
〔2〕　林莉红、肖志雄：《论行政程序的道德基础》，载《求索》2014年第10期，第106页。
〔3〕　杨文霞等：《公平交易与执法》，东北林业大学出版社2008年版，第271~272页。
〔4〕　张永武主编：《水权、水价、水利工程管理体制改革创新与水行政执法实务全书》，地震出版社2003年版，第813~814页。

本书认为跨区域大气污染监管执法程序还具有复合性、分散性、开放性三个方面的主要特征。

（一）跨区域大气污染监管执法程序的复合性

作为行政执法的一种，跨区域大气污染监管执法与传统大气污染执法一样，其实施过程也需要涉及对跨区域大气污染监管执法主体与执法相对人之间关系的处理，在此情况下，跨区域大气污染监管执法与传统大气污染执法一样，其都要遵守执法的一般步骤、流程及其相关时效和时限要求，本书将其称为执法的常规程序。需要指出的是，作为一种新型的大气污染执法类型，跨区域大气污染监管执法又与传统行政区大气污染执法存在明显的不同之处，因为其执法领域超越了行政区划的限制，因而在执法过程中会涉及更多的主体，也会协调比传统行政区大气污染执法更为复杂的关系。具体来说，除了要处理跨区域大气污染监管执法主体与执法相对人之间的这种常规关系之外，跨区域大气污染监管执法还需要处理其他主体之间的关系，而依据跨区域大气污染监管执法所采取的不同执法模式，这些关系既有可能是跨区域大气污染监管执法主体之间的相互关系，也可能是跨区域大气污染监管执法主体与传统行政区大气污染执法主体之间的关系，甚而是不同行政区之间传统行政区大气污染执法主体之间的关系，而对上述关系的处理更多地需要协调和合作，因而也需要不同于以往的程序来保障，本书将这种新型的程序称为协调程序。

由于跨区域大气污染监管执法需要对不同主体之间的关系进行处理，因而相较于传统行政区大气污染执法，跨区域大气污染监管执法的实施过程涉及的主体更多，其需要处理和协调的关系也更为复杂，因而其实施过程也更需要程序的协调和控制，这也使得协调程序在跨区域大气污染监管执法程序中居于重要地位，当然，在重视跨区域大气污染监管执法的协调程序的同时，传统的常规程序也不可偏废。由此可见，常规程序和协调程序并存于跨区域大气污染监管执法的程序之中，从而也使得跨区域大气污染监管执法程序具有鲜明的复合性特征。

综合上文的论述，可知跨区域大气污染监管执法的程序包含常规程序和协调程序两个方面的内容。其中，常规程序是跨区域大气污染监管执法主体实施跨区域大气污染监管执法时所要遵照的程序，其与传统行政区大气污染执法主体从事大气污染执法活动时所遵循的程序无异。基于此，尽管跨区域大气污染监管执法所需要遵循的常规程序也是跨区域大气污染监管执法程序的固有内容，但由于国内外学者对此种程序类型已进行过大量的研究，且这种常规程序本身也发展得比较成熟，因而本书在下文中对跨区域大气污染监管执法的程序进行建构时不拟对其予以过多关注。相比较而言，协调程序则是跨区域大气污染监管执法程序中的独有内容，对保障跨区域大气污染监管执法的有效实施具有重要的作用，但与此相应的是，当前我国跨区域大气污染监管执法的协调程序却发展得还不够完善，从而难以保障跨区域大气污染监管执法的有效实施。为此，在对跨区域大气污染监管执法程序进行设计时，在兼顾跨区域大气污染监管执法程序的复合性特征之余，更应把跨区域大气污染监管执法程序的建构重点放在跨区域大气污染监管执法的协调程序之上。

（二）跨区域大气污染监管执法程序的分散性

从词义上分析，跨区域大气污染监管执法程序是为保障跨区域大气污染监管执法的有效实施而制定的一系列程序规则所组成的有机体系。因此，从理论上讲，跨区域大气污染监管执法程序也应该是围绕跨区域大气污染监管执法这一核心而形成的有机整体。但现实情况是，我国目前既没有统一的行政法典，也没有统一的行政程序法典，有关行政程序的法律规范大多散见于单行的行政法律文件之中，从而也造成了我国行政执法程序的分散性特征。[1]既然我国目前还没有专门为行政执法制定相应的程序法规，更难以为跨区域大气污染监管执法制定专门的程序规定，从而使得跨区域大气污染监管执法程序具有明显的分散性。

由此可见，本书所称的跨区域大气污染监管执法程序的分散性主要是从跨区域大气污染监管执法程序的法源上来讲的，意指我国目前还没有专门的跨区域大气污染监管执法程序法规，而有关跨区域大气污染监管执法程序的法律规定也大多散见于不同的部门法之中。具体来说，当前我国有关跨区域大气污染监管执法的程序主要散见于包括行政处罚法、行政许可法、行政复议法等行政法规以及环境保护法、环境影响评价法、大气污染防治法等环境保护法规之中，在此情况下，要对跨区域大气污染监管执法程序进行体系性建构，就要对分散在上述法规中的有关跨区域大气污染监管执法的程序性规范进行梳理，而跨区域大气污染监管执法程序的这一分散性特点既在一定程

---

〔1〕　丁关良编著：《涉农法学》，浙江大学出版社2011年版，第337页。

度上加大了对跨区域大气污染监管执法程序进行梳理和建构的难度，也对跨区域大气污染监管执法程序的体系性建构提出了迫切要求。

（三）跨区域大气污染监管执法程序的开放性

有学者认为，所谓行政执法程序的开放性，是指行政执法过程的公开，这也是行政公正性的必然结果。开放性要求行政执法程序必须为行政相对人提供参与条件。这个条件就是把执法行为的方式、步骤和运行规程公开化，使相对人能够参与。通过参与，行使抗辩权，从而实现公正执法。[1]开放性要求行政执法程序必须为行政相对人的参与提供时间、方法，否则，行政执法程序就成为行政主体的内部行政程序。行政执法程序的开放性如同行政立法程序一样，都是行政民主化的必然要求。如果拒绝行政相对人参与行政执法程序，这势必会为行政专制提供机会，如同法院对被告定罪量刑不让其为己辩护无异。从外国的一些行政程序法规来看，行政相对人参与程序已成为行政程序的有机组成部分，[2]从此意义上讲，行政执法程序的开放性也可以理解为是行政执法程序的参与性。[3]

本书中所指的开放性与上述学者所称的开放性类似，在内涵上皆指跨区域大气污染监管执法程序为相关主体的参与提供必要条件和有效路径。不过，在外延上，本书所称的开放性比上述学者所指的开放性更为广泛，其不仅指跨区域大气污染监管执法的程序要为行政相对人的参与提供条件和路径支持，更特指跨区域大气污染监管执法程序对行政相对人以外的其他相关主体的参与也是开放性的，从而使得跨区域大气污染监管执法的相关利益主体以及普通公众都能参与到跨区域大气污染监管执法的过程之中，并在跨区域大气污染监管执法过程中发挥其应有的作用。实际上，正是由于跨区域大气污染监管执法程序的开放性，才为相关主体及公众的参与提供了必要的条件和路径，这既保障了跨区域大气污染监管执法过程中相关主体之间关系的有序协调和及时处理，也为公众对跨区域大气污染监管执法的参与和监督提供了重要的支撑，从而有利于保障跨区域大气污染监管执法的稳定、公正实施并取得预期成效。

---

[1] 福建省人民政府法制办公室编：《行政执法基本知识》，福建教育出版社2003年版，第230页。

[2] 章剑生：《行政程序法学原理》，中国政法大学出版社1994年版，第249页。

[3] 姜忠等：《公安行政执法通论》，青海人民出版社2006年版，第141页。

三、跨区域大气污染监管执法程序的功能

法律程序的价值，是法律程序理论中最基本的问题，其他有关法律程序的一切理论与实践，都是以此为基础和出发点的。[1]鉴于此，要探讨程序的功能，自然离不开对程序价值的分析。程序特别是现代程序除具有工具性价值即在形成一个符合正义、安全和秩序等外在实体价值的结果方面是有用和有效的以外，它自身还是一种具有独立价值的实体，具有独立的作为目的的内在价值，即程序本身——而不是结果——具有符合程序正义要求的内在优秀品质。[2]当前，我国学者对程序功能的研究也大多是从对法律程序的价值研究中引申出来的，从而也使得学者对法律程序所具功能的关注主要集中在基于程序价值而生的正功能之上，对于程序所具有的负功能则不予以关注。[3]鉴于此，本书对跨区域大气污染监管执法程序所具功能的探究也是在程序价值视野下对其所具有的正功能所展开的研究，主要指跨区域大气污染监管执法程序所具有的保障跨区域大气污染监管执法活动顺利实施的作用。

鉴于程序在整个法律秩序建构中的重要作用，国内外学者对程序乃至执法程序的重要地位及其价值和功能都进行了相应研究。其中，学者杨惠基认为，执法程序所具有的功能主要表现在平衡执法主体与行政相对人之间的权利、监督制约执法主体以及保障行政相对人合法权益三个方面。[4]学者姜明安认为，行政程序作为现代法治的控权机制，相较于传统的控权机制，其既可以防止政府实施行政行为的恣意、滥权，又不会过于束缚政府行为的手脚，并具有调动行政相对人参与国家管理的积极性、改进政府内部运作机制以及有利于事前、事中纠错等多个方面的优势。[5]本书认为，正是由于程序所具有的上述功能，从而使得跨区域大气污染监管执法的程序不仅可以提升跨区域大气污染监管执法的正当性，也使其具有了保障跨区域大气污染监管执法稳定顺利实施并取得执法效果的功能，下文对此予以具体论述。

---

〔1〕　梁丽芳、温向丽：《程序公正价值概述》，载《辽宁行政学院学报》2005 年第 5 期，第 33 页。

〔2〕　孙莉：《程序·程序研究与法治》，载《法学》1998 年第 9 期，第 13 页。

〔3〕　张步峰：《论行政程序的功能——一种行政过程论的视角》，载《中国人民大学学报》2009 年第 1 期，第 82 页。

〔4〕　杨惠基：《行政执法概论》，上海大学出版社 1998 年版，第 35~36 页。

〔5〕　姜明安主编：《行政程序研究》，北京大学出版社 2006 年版，第 5~8 页。

（一）提升跨区域大气污染监管执法活动的正当性

"正当性"一词，在中文语境中有多种用法和意义，政治学、法学多将其与合法性、正统性同义。[1]2008年，法国的皮埃尔·卡蓝默（Pierre Calame）在雅典世界治理学院第三届年会上的演讲中将"正当性"的涵义解释为"管理社会的规则得到广大人民的认同和理解，执掌权力的人有领导能力并出于公心，以公益的名义对个人的约束和限制恰到好处。他们出于维护公共利益的需要，并且满足最低限度的原则。[2]据此，要保障跨区域大气污染监管执法的正当性，就需要让跨区域大气污染监管执法得到广大人民的认同和理解，并且要保障跨区域大气污染监管执法者在从事跨区域大气污染监管执法活动时出于公心。此外，在跨区域大气污染监管执法过程中要合理约束和限制行政相对人的利益，并且是为了公共利益的需要且满足最低限度的要求。如何才能实现这一目的？我们除了寄希望于跨区域大气污染监管执法者的责任意识、道德水准和法律情怀之外，还应寄希望于完善的程序对其执法行为进行控制，从而也使得程序成为跨区域大气污染监管执法正当性的重要保障。

程序之所以能提升跨区域大气污染监管执法的正当性，这是由程序自身的特征决定的，程序自身所要求的公平、公开、参与理念不仅可以对跨区域大气污染监管执法主体的权力进行合理的控制，更可以通过行政相对人及相关公众的参与对跨区域大气污染监管执法过程进行监督，这不仅有助于保障跨区域大气污染监管执法在合法的轨道上有序进行，还可以借助公众的参与而增强公众对跨区域大气污染监管执法的认同和理解，从而可以有效提高跨区域大气污染监管执法的正当性。从国外的法治实践来看，美国宪法和联邦程序法就特别强调正当法律程序，在美国，程序过程合法的理念比实体合法更为重要，这不仅确保了行政权力的正当行使，也凸显了行政程序之于行政权力和行政行为的价值。[3]

由上文的论述可知，程序对保障和提升执法活动的正当性具有至关重要的作用。据此，要保障和提升跨区域大气污染监管执法的正当性，除了要保证跨区域大气污染监管执法主体的资格正当、执法目的正当、执法行为正当

〔1〕 王朝霞：《法治评估正当性的拷问》，载刘艳红主编：《东南法学》（2015年辑），东南大学出版社2016年版，第39页。
〔2〕 ［法］皮埃尔·卡蓝默：《治理的忧思》，陈力川译，三辰影库音像出版社2011年版，第28页。
〔3〕 ［美］伯纳德·施瓦茨：《行政法》，徐炳译，群众出版社1986年版，第2~3页。

之外，更要确保跨区域大气污染监管执法的程序正当。[1]为此目的，就要为其提供系统完善并且科学可行的执法程序。

（二）保障跨区域大气污染监管执法活动的稳定实施

执法程序是实现程序正义、保障执法活动规范有序进行的必要条件，[2]对于跨区域大气污染监管执法而言，完善的程序更是其得以规范有序实施的必要条件。实际上，相较于传统行政区大气污染执法，程序对于跨区域大气污染监管执法的稳定实施具有更为重要的意义，这是因为，与传统行政区大气污染执法不同，跨区域大气污染监管执法的实施领域涉及两个甚至多个行政区划，因而其在执法过程中涉及多个主体并需要处理多种关系，在此情况下，如果没有完善的执法步骤以及明确的执法时限要求，则很难为跨区域大气污染监管执法提供明确可行的程式，甚而会导致跨区域大气污染监管执法主体在执法过程中面临着无规可循、无章可依的窘境，自然也无法保障跨区域大气污染监管执法的稳定实施。

此外，从程序控权的角度出发，完善的执法程序除了可以为跨区域大气污染监管执法主体提供明确的执法指导和执法依据之外，更可以实现对跨区域大气污染监管执法主体的有效约束，使跨区域大气污染监管执法主体在从事跨越区域大气污染监管执法活动时能增强责任意识，从而恪遵立法授权的本旨，减少事实认定错误或偏颇及其他导致错误决定的机会。[3]由此可见，跨区域大气污染监管执法程序的完善有助于防范跨区域大气污染监管执法主体的恣意专权，既可以防止其执法权力的滥用，又有助于避免其执法不作为现象的出现，从而有助于保障跨区域大气污染监管执法的稳定实施。

（三）促进跨区域大气污染监管执法效果的全面实现

作为一种执法方式或执法手段，跨区域大气污染监管执法的目的就是为了发挥跨区域大气污染监管执法防范跨区域大气污染的作用，并最终实现消除区域大气污染、改善区域大气环境的目的。为此目的，我们不能仅仅追求跨区域大气污染监管执法活动的稳定实施，更要追求跨区域大气污染监管执法取得预期成效。在此情况下，跨区域大气污染监管执法程序的设计就不仅

---

〔1〕 刘培平：《执法正当性的保障机制研究》，载《山西财经大学学报》2016 年第 S2 期，第 77 页。

〔2〕 宋大涵主编：《建设法治政府总蓝图：深度解读〈法治政府建设实施纲要（2015－2020年）〉》，中国法制出版社 2016 年版，第 115 页。

〔3〕 翁岳生编：《行政法》（下），中国法制出版社 2009 年版，第 926 页。

要为跨区域大气污染监管执法主体提供完善的执法流程和执法步骤，更要为跨区域大气污染监管执法目标的实现提供完善的保障机制。这是因为，没有保障机制的跨区域大气污染监管执法容易流于形式，不仅不能取得预期的执法效果，反而还白白浪费宝贵的执法资源，并最终降低执法的整体效益。

综上可知，为了保障跨区域大气污染监管执法的稳定实施并取得成效，我国跨区域大气污染监管执法的程序不仅要在时间概念上为跨区域大气污染监管执法的稳定实施设计系统的流程、步骤安排及时效、时限要求，更应从空间概念上对跨区域大气污染监管执法过程中相关主体关系的协调和处理建立完善的保障机制。具体来说，通过信息共享机制、外部监督机制的建立，跨区域大气污染监管执法的相关程序不仅为跨区域大气污染监管执法主体之间的信息交流互通创造条件，也为公众及其他相关主体参与和监督跨区域大气污染监管执法活动提供了路径和保障。此外，借助利益平衡机制、绩效考核以及责任追究机制的运行，不仅有助于消除行政区划对跨区域大气污染监管执法的阻隔，更有助于强化跨区域大气污染监管执法主体的责任意识，这都为跨区域大气污染监管执法的有效落实提供了可靠保障。[1]

需要指出的是，当前我国跨区域大气污染监管执法程序尚不完善，从而也使得跨区域大气污染监管执法程序所承载的功能难以在跨区域大气污染监管执法实践中得到充分的发挥。鉴于此，我国应将跨区域大气污染监管执法所承载的功能作为检视我国现有跨区域大气污染监管执法程序是否完善的标准，并将推动跨区域大气污染监管执法程序所具功能的充分发挥作为完善我国跨区域大气污染监管执法程序的基本动力。为此目的，在对我国跨区域大气污染监管执法程序进行完善性设计之前，首先应以跨区域大气污染监管执法程序所应发挥的功能为标准对我国跨区域大气污染监管执法程序的现状进行审视，以查明我国跨区域大气污染监管执法程序所存在的不足，从而为下文中对跨区域大气污染监管执法程序的完善指明方向。

第二节　跨区域大气污染监管执法程序的现状

依据上文中对跨区域大气污染监管执法程序所具有的复合性特征的分析，

---

〔1〕　王超锋：《我国区域环境执法的模式探究》，载《甘肃政法学院学报》2017 年第 6 期，第 101~103 页。

可知跨区域大污染行政执法程序包含常规程序和协调程序两个方面的内容，其中，跨区域大气污染监管执法的常规程序主要处理跨区域大气污染监管执法主体与行政执法相对人之间的关系，因而其内容主要是从纵向上对跨区域大气污染监管执法流程和步骤的设计，因此，从调整内容上讲，其与传统行政区大气污染执法的程序并无二致。此外，除了常规程序之外，跨区域大气污染监管执法程序还有另外一个重要内容，那就是要协调和处理跨区域大气污染监管执法主体之间以及跨区域大气污染监管执法主体与传统行政区大气污染执法主体之间的横向关系，而这一方面的程序就是本书所称的协调程序。鉴于此，本书对跨区域大气污染监管执法程序现状的梳理也主要是从这两个方面展开。

一、跨区域大气污染监管执法常规程序的现状

　　除了跨区域这一核心特征之外，跨区域大气污染监管执法与传统行政区大气污染执法并无本质的区别，其都属于行政执法的一种，并且其面对和处理的关系也都是基于大气污染防治而生，因而其在行政执法的流程和步骤的设计上也具有共同性。简而言之，在涉及对纵向的大气污染监管执法流程和步骤的设计上，跨区域大气污染监管执法的程序与传统行政区大气污染执法的程序是一致的，也可以说跨区域大气污染监管执法程序并没有在这种纵向关系处理上创设属于自己的程序，而是直接援用传统行政区大气污染执法的程序而已。因此，所谓跨区域大气污染监管执法的常规程序，实际上就是传统行政区大气污染执法在实施过程中所遵照的程序。鉴于此，本书对跨区域大气污染监管执法常规程序的梳理也主要依传统行政区大气污染执法的程序展开。

　　（一）跨区域大气污染监管执法常规程序的内容梳理

　　所谓行政执法程序的内容，是指为了完成某种行政执法活动而必须实施或经历的环节和步骤，跨区域大气污染监管执法常规程序的内容则是指为完成跨区域大气污染监管执法活动而必须实施或经历的基本环节和步骤。如上文所述，作为行政执法的一种，跨区域大气污染监管执法的纵向实施过程与包括传统行政区大气污染执法在内的其他行政执法活动并无二致，因而对其行政执法流程以及行政执法环节的设计也可以直接借鉴我国行政执法的原有程序。此处，为了与跨区域大气污染监管执法的协调程序相区分，本书将其称为跨区域大气污染监管执法的常规程序。据此，跨区域大气污染监管执法的常规程序也就是我国传统行政执法所遵循的基本程序，而跨区域大气污染监管执法常规程序的内容也应和我国传统行政执法程序的内容一致。依此思路，只要我们明确了传统行政执法的内容，对跨区域大气污染监管执法常规程序的内容明晰也就迎刃而解。

当前，我国学界对行政执法程序的内容有不同的见解，也有不同的表述。其中，有学者认为，行政执法程序主要有表明身份程序、告知程序、受理程序、听证程序、调查程序、回避程序、说明理由程序以及时效规则几个方面的内容。[1]也有学者主张行政执法程序主要包括立案、调查与检查、处理或作出行政处理决定、行政处罚案件的审批程序、送达执行程序等几个方面的内容。[2]一般而言，按照纵向的行政执法流程来看，行政程序的内容主要由调查程序、听取当事人意见程序、决定程序、救济程序和执行程序这几个方面的内容构成，[3]而按照横向的行政执法领域来看，行政程序的内容则可以细分为行政许可程序、行政复议程序、行政处罚程序、行政强制程序、行政征收程序以及行政检查程序等几个方面的内容。为了保障行政程序能够对行政执法行为进行有效的规制，我国相关法规对行政执法常规程序的设计也是依照常规程序的上述内容进行的。

（二）跨区域大气污染监管执法常规程序的法规考察

鉴于行政执法程序在整个行政执法过程中的重要作用，我国党和政府历来重视行政执法程序的建构。2013年11月党的十八届三中全会通过的《中共中央关于全面深化改革若干重大问题的决定》强调要："完善行政执法程序，规范执法自由裁量权，加强对行政执法的监督，全面落实行政执法责任制和执法经费由财政保障制度，做到严格规范公正文明执法。"此后，2014年10月发布的党的十八届四中全会通过的《中共中央关于全面推进依法治国若干重大问题的决定》中也提出："完善执法程序，建立执法全过程记录制度。明确具体操作流程，重点规范行政许可、行政处罚、行政强制、行政征收、行政收费、行政检查等执法行为。"连续两次党的全会的"决定"都对行政执法

---

〔1〕 韦军主编：《行政执法实务》，广西人民出版社2008年版，第11~12页。
〔2〕 杨文霞等：《公平交易与行政执法》，东北林业大学出版社2008年版，第282~283页。
〔3〕 张越、张吕好主编：《行政执法实用手册》，中国市场出版社2012年版，第28页。

程序的完善提出了明确要求和具体部署，这充分表明了我党对行政执法程序的高度重视。

以党的政策方针为指引，我国政府也围绕行政程序的设计制定了相应法规，并对行政执法所应遵照的程序进行了系统规定。具体来说，为了有效规范行政处罚、行政许可、行政强制、行政征收、行政收费、行政检查等行政执法行为，第八届全国人民代表大会第四次会议于 1996 年 3 月通过了《行政处罚法》，对行政处罚的程序作了明确的规定；2003 年 8 月，全国人民代表大会常务委员会第四次会议通过了《行政许可法》，对行政许可的具体实施程序进行了明确具体的规定；2011 年 6 月，第十一届全国人民代表大会常务委员会第二十一次会议通过了《行政强制法》，对行政强制措施的实施和执行程序作了明确的安排。上述法规的相继制定，有力地推动了我国行政执法程序的法制化进程，从而也为我国行政执法活动的有效实施提供了有力的法治保障。对于跨区域大气污染监管执法而言，上述法规在为其他行政执法行为提供程序支持的同时，也是跨区域大气污染监管执法常规程序的重要法源，从而对跨区域大气污染监管执法的稳定实施也提供着必要的程序支持和法治保障。

二、跨区域大气污染监管执法协调程序的现状

我国是一个单一制国家，政府对国家事务的管理大多依靠上传下达的"科层制"管理模式来实现，但对于政府之间的横向协作却缺乏应有的关注。在此种背景下，我国传统的行政执法程序主要关注的是以行政执法主体为核心的一种纵向的行政执法流程和步骤的设计，而对于行政执法主体与其他主体之间的横向关系却没有给予足够重视。实践中，我国政策法规对跨区域大气污染监管执法的协调程序还没有进行系统设计，而我国地方政府在从事跨区域大气污染监管执法实践时也没有对跨区域大气污染监管执法的协调程序予以专门关注，从而使得我国跨区域大气污染监管执法的协调程序还处于一种缺失状态。当前，这一问题在我国跨区域大气污染监管执法的相关政策法规文本中以及地方政府所从事的跨区域大气污染监管执法实践中都有所体现，下文予以具体分析。

（一）政策法规中有关跨区域大气污染监管执法协调程序的规定

与传统大气污染监管不同，跨区域大气污染监管执法不仅仅是为了突破行政区划对大气污染监管执法的阻隔，更是为了建立不同行政执法区域之间以及同一行政执法区域之间不同行政执法主体之间的横向联系。从顶层设计的高度来审视，跨区域大气污染监管执法不仅担负着推进区域大气污染联防联控、保护区域大气环境的重任，还承载着扭转我国现行环境管理体制纵向控制有余、横向协调不足弊端的希冀。为此目的，就要对跨区域大气污染监管执法的协调程序予以系统建构，以保障其对跨区域大气污染监管执法过程中相关主体关系的横向协调，并强化不同行政执法区域之间在大气污染监管执法领域的横向交流、协作。考察我国现有政策法规中有关跨区域大气污染监管执法的规定，可以发现，尽管我国现有政策法规尚没有对跨区域大气污染监管执法的协调程序进行设计，但我国政府显然已意识到横向协调对保障跨区域大气污染监管执法顺利实施的重要性，并通过相应的政策法规对跨区域大气污染监管执法横向协调程序的建构予以推进。

1. 我国政策中有关跨区域大气污染监管执法协调程序的规定

具体来说，为了保障跨区域大气污染监管执法的稳定实施，针对当前我国跨区域大气污染监管执法协调程序缺失的现状，我国政府在相关政策法规中不仅明确提出了建立横向协调机制和程序的要求，还通过指定协调主体的方式来组织协调跨区域大气污染监管执法过程中的横向关系。比如，我国环境保护部于 2012 年制定的《重点区域大气污染防治"十二五"规划》中就明确要求建立统一协调的区域联防联控工作机制，建立区域大气环境联合行政执法监管机制，建立重大项目环境影响评价会商机制，建立环境信息共享机制等，[1]而上述横向协调机制的建构都是跨区域大气污染监管执法协调程序的应有之义。2013 年 9 月，国务院发布了《大气污染防治行动计划》，在第八部分第 26 项中明确要求"建立京津冀、长三角区域大气污染防治协作机制，由区域内省级人民政府和国务院有关部门参加，协调解决区域突出环境问题，组织实施环评会商、联合执法、信息共享、预警应急等大气污染防治措施……"从而将协调跨区域大气污染监管执法过程中横向关系的职责赋予区域内省级人民政府和国务院有关部门。

2. 我国法规中有关跨区域大气污染监管执法协调程序的规定

与我国现有政策对跨区域大气污染监管执法协调程序的建构路径一致，

---

[1] 陈健鹏、陈婧:《大气污染联防联控亟须提高环境监管有效性》，载《中国经济时报》2014年 5 月 5 日。

我国现有法规在对跨区域大气污染监管执法协调程序的建构提出总括性要求的同时，也将跨区域大气污染监管执法过程中横向关系的协调职能赋予我国相关的政府及其部门。比如，我国《环境保护法》第20条规定"国家建立跨行政区域的重点区域、流域环境污染和生态破坏联合防治协调机制，实行统一规划、统一标准、统一监测、统一的防治措施。前款规定以外的跨行政区域的环境污染和生态破坏的防治，由上级人民政府协调解决，或者由有关地方人民政府协商解决"，从而在明确要求国家建立跨区域大气污染监管执法的协调机制的同时，也将区域内相关地方人民政府或其上级人民政府列为协调跨区域大气污染监管执法过程中横向关系的重要主体。以我国《环境保护法》的规定为基础，我国《大气污染防治法》不仅进一步明确了国务院环境保护主管部门以及重点区域内有关省、直辖市、人民政府的大气污染联合防治的职责，更在第92条明确授权"国务院环境保护主管部门和国家大气污染防治重点区域内有关省、自治区、直辖市人民政府可以组织有关部门开展联合行政执法、跨区域行政执法、交叉行政执法"，从而将推动跨区域大气污染监管执法实施的职责明确授予国务院环境保护主管部门以及重点区域内有关省、直辖市、人民政府，虽然上述职责还只是综合性规定，但对跨区域大气污染监管执法过程中横向关系的协调理应成为上述职责的重点内容。

（二）执法实践中对跨区域大气污染监管执法协调程序的探索

为应对区域性的大气污染，我国地方政府以我国现有的政策法规为依据，在各自的管辖区域及其相邻区域积极开展了跨区域大气污染监管执法实践。其中，四川省于2014年在成都市及周边、川南、川东北地区建立"大气污染防治工作联席会议制度"，以成都、自贡、南充为三个中心，辐射全省重点区域，通过各地抽派形成行政执法组、区域交叉行政执法等形式，进行联合行政执法。[1]2015年10月，天津市与北京市、河北省环保部门近日签署了3个重要的"跨界环保"协议，依据上述协议，天津市、北京市、河北省环保部门将联合实施跨区域环境联合行政执法工作制度，实现环境行政执法联动。[2]2017年11月9日，佛山市高明区环保局监察分局、荷城环保局联合三水区环保局白坭镇环保办在佛山市三水区白坭镇开展联合行政执法检查，

---

[1]　张路延、杨镨玉：《禁烧秸秆 邻居城市来"监督"》，载《华西都市报》2014年11月6日。
[2]　张明岐、师欣：《环境行政执法联动 三地"跨界"环保》，载《天津日报》2015年10月17日。

以进一步加强跨界区域环境污染联防联治，加大对跨界区域环境违法违规行为的打击力度。[1]2017 年 11 月 29 日，防城港市环保局与钦州市环保局组织行政执法人员开展大气污染联防联控联合行政执法巡查检查，通过对 218 省道钦州市大直镇至防城港市防城区滩营乡段沿线秸秆焚烧情况及锰矿冶炼、粉磨企业大气污染防治落实情况进行的联合检查，有效的推进了两市联防联控工作，强化了联防合作机制，为以后的联防联控积累了经验。[2]

值得一提的是，在我国地方政府所开展的跨区域大气污染监管执法实践中，山东省所开展的跨区域大气污染监管执法实践最为兴盛，作为毗邻京津冀的工业大省，近年来山东省大气污染防治形势十分严峻，其中以济南为中心的省会城市群 7 市成为大气污染的"重灾区"。去年以来，山东省会城市群 7 个城市突破行政区划和条块分割掣肘，建立大气污染治理协同治污、联合行政执法、应急联动三大机制，推动区域环境空气质量持续改善，从而为跨区域大气污染治理探索出可供借鉴的新路子。[3]实际上，为了应对区域性大气污染并妥善解决行政交界地区的大气污染问题，除了山东省会城市群之外，山东省及其下辖的其他市、县也在积极推动本地区的大气污染联防联控工作，并对跨区域大气污染监管执法的实施展开了积极探索。据悉，按照"轮流坐庄、定期会商、交互检查、联合行政执法，属地管理、信息共享，上级督办、务求实效"的思路，山东省环境保护厅于 2014 年印发了《关于建立行政边界地区环境行政执法联动工作机制的意见》，组织省会城市群 7 市签订了边界区域行政执法联动协议，建立了协同治污、联合行政执法、应急联动三大机制，形成打击环境违法行为的合力和高压态势，推动区域环境空气质量的持续改善。[4]此后，为联防联控区域大气污染，山东省济南、淄博、滨州三市环境行政执法部门于 2016 年 1 月共同开展第一轮冬季大气污染联合行政执法行动，随机抽查华电章丘发电有限公司等 7 家企业，查看废气治理设施运行、

〔1〕 佛山市环保局：《佛山市加强区域联动 开展跨区行政执法》，载 http://www.gdep.gov.cn/zwxx_1/hbxx/201712/t20171214_232823.html，最后访问日期：2017 年 12 月 19 日。

〔2〕 防城港市人民政府：《防城港市与钦州市开展大气污染联防联控联合行政执法巡查检查》，载 http://bjo.fcgs.gov.cn/ztbd/yfxz/201712/t20171201_49972.html，最后访问日期：2020 年 12 月 20 日。

〔3〕 王志、邵琨、刘宝森：《山东省会城市群探索跨区域大气污染治理》，载《经济参考报》2016 年 12 月 19 日。

〔4〕 赵冉：《济南淄博滨州等七市交叉互查污染》，载《生活日报》2016 年 5 月 31 日。

环评和"三同时"制度执行等情况。[1]2016年5月，山东省会城市群大气污染联动行政执法行动正式启动，本次行动以淄博市为总牵头市，在此次行政执法行动中，共设定由相邻市组成的三个行政执法联动检查小组，采取市级联合行政执法，交叉互查，省级督导的方式进行。[2]

　　由本书对我国跨区域大气污染监管执法程序现状的梳理可知，受我国传统执法体制的影响，当前相关我国政策法规以及执法实践对跨区域大气污染监管执法的协调程序还缺乏专门的关注，现有程序在执法理念上尚没有完全重视对跨区域大气污染监管执法过程中相关主体之间横向关系的处理，而且在如何协调和处理跨区域大气污染监管执法主体之间的横向关系层面也缺乏明确、系统的程序设计，因而也难以对跨区域大气污染监管执法过程中相关主体之间的横向关系进行有效处理，从而也无法保障跨区域大气污染监管执法的稳定实施。由此可见，与我国跨区域大气污染监管执法活动对程序的现实需求相比，我国现有的跨区域大气污染监管执法程序还不够完备，因而也难以发挥其在跨区域大气污染监管执法过程中的应有作用。为了改变这一现状，我国应从跨区域大气污染监管执法的启动、运行、监督三个环节入手，对跨区域大气污染监管执法的协调程序进行全方位设计，以推动跨区域大气污染监管执法程序的发展，保障跨区域大气污染监管执法活动的顺利实施。

第三节　跨区域大气污染监管执法的启动程序

　　跨区域大气污染监管执法功能的充分发挥有赖于跨区域大气污染监管执法活动的稳定、有效运行，而适时、及时地保障跨区域大气污染监管执法活动的启动则是保障跨区域大污染监管执法活动稳定运行的关键。这是因为，跨区域大气污染监管执法启动不及时，则容易贻误执法时机，损害执法效果，而若跨区域大气污染监管执法随意启动，也容易浪费宝贵的执法资源，并最终损害执法效果。鉴于此，为了保障跨区域大气污染监管执法启动的稳定、及时，就需要对跨区域大气污染监管执法的启动环节予以系统的程序性控制，

---

〔1〕　王文硕、卞胜军：《山东三市开展冬季联合执法》，载《中国环境报》2016年1月27日。
〔2〕　张玉岩：《山东省会城市群大气污染联动行政执法行动启动》，载《齐鲁晚报》2016年5月30日。

本书将这一调控跨区域大气污染监管执法启动环节的程序简称为跨区域大气污染监管执法的启动程序。当前，我国对跨区域大气污染监管执法的启动程序还缺乏明确的建构，因而也无法为跨区域大气污染监管执法的启动提供明确系统的程序规制。要解决这一问题，就需要对该程序进行系统设计，考虑到跨区域大气污染监管执法的启动程序主要是由规范跨区域大气污染监管执法的启动主体和启动条件的相关规则组成，本书也拟围绕着跨区域大气污染监管执法的启动主体和启动条件两个方面对跨区域大气污染监管执法启动程序的内容进行设计，以保障跨区域大气污染监管执法启动的有序、及时、稳定。

一、跨区域大气污染监管执法的启动主体

跨区域大气污染监管执法的启动主体，是指能够引发跨区域大气污染监管执法活动的主体。从广义上讲，所有有助于启动跨区域大气污染监管执法活动的主体都属于跨区域大气污染监管执法的启动主体，其中既包括有权机关，也包括其他组织和公众。从狭义上而言，跨区域大气污染监管执法的启动主体则主要指有权主体，也即享有启动跨区域大气污染监管执法的法定职权的主体，而这只能是我国政府及其职能部门。为了全面考察跨区域大气污染监管执法启动过程中相关主体的作用，本书采广义说，对跨区域大气污染监管执法启动环节中所有相关主体的地位及其作用进行具体分析，而依据相关主体在跨区域大气污染监管执法启动环节所处的地位及发挥的作用不同，本书将跨区域大气污染监管执法的主体分为申请主体和职权主体两种类型，[1]下文对此予以详细分析。

（一）跨区域大气污染监管执法的申请主体

所谓跨区域大气污染监管执法的申请主体，是指可以向有权机关申请启动跨区域大气污染监管执法活动的主体。需要注意的是，申请主体的权利仅限于提出申请，但其申请并不必然导致跨区域大气污染监管执法的启动，而只有跨区域大气污染监管执法的职权主体才有权决定是否实施跨区域大气污染监管执法。为了将申请主体与职权主体进行区分，本书中所称的申请主体是专指无权决定是否实施跨区域大气污染监管执法的主体。比如，在统一执法模式下，拥有跨区域大气污染监管执法权的跨地区环保机构本身就具有跨

---

〔1〕 李菊明：《民事执行检察监督制度研究》，中国政法大学出版社 2015 年版，第 290~291 页。

区域大气污染监管执法的启动权，因而不宜将其归入跨区域大气污染监管执法的申请主体之中；而在联合执法模式下，虽然区域内某一地方政府的大气污染执法机构作为联合执法小组的成员，但由于其无法凭自己的名义来决定是否实施跨区域大气污染监管执法，因而其只能是跨区域大气污染监管执法的申请主体。实践中，跨区域大气污染监管执法申请主体的范围广泛，我国政府部门、企业、社会组织、公众都是潜在的申请主体，只要其认为有启动跨区域大气污染监管执法的必要，其都可以向有权部门提出申请，以请求跨区域大气污染监管执法的有权机关开启跨区域大气污染监管执法活动。

（二）跨区域大气污染监管执法的职权主体

如上文所述，与跨区域大气污染监管执法的申请主体不同，跨区域大气污染监管执法的职权主体是指有权决定是否实施跨区域大气污染监管执法的主体。依照职权法定的原则，跨区域大气污染监管执法的职权主体是指那些享有跨区域大气污染监管执法职权或者承担组织协调跨区域大气污染监管执法活动的政府机构。实践中，依据跨区域大气污染监管执法的实施模式不同，跨区域大气污染监管执法的职权主体也有所不同。其中，在统一执法模式下，跨区域大气污染监管执法活动由跨地区的环保机构来负责实施，鉴于这些跨地区环保机构是享有跨区域大气污染监管执法职权的实体执法机构，因而其自然享有是否启动跨区域大气污染监管执法的决策权。由此可见，在统一执法模式下，跨地区的环保机构既是跨区域大气污染监管执法的实施主体，也是跨区域大气污染监管执法的职权主体。在交叉执法模式下，跨区域大气污染监管执法的职权主体则是指区域内地方政府共同的上级环境保护行政主管部门，其有权决定是否在本辖区内开展跨区域大气污染监管执法事宜。比如，在山东省环境保护厅的组织、协调和推动下，山东省会城市群于2016年相继开展了大气污染联动执法。[1]在此处，山东省环境保护厅则可以被认为是跨区域大气污染监管执法的职权主体。

相较于统一执法模式和交叉执法模式下跨区域大气污染监管执法职权主体的简单明了，联合执法模式下跨区域大气污染监管执法职权主体的界定则较为复杂。具体来说，在联合执法模式下，跨区域大气污染监管执法是由联

---

〔1〕张帅：《山东省会城市群"联手治霾"联合执法开展互查》，载 http://zibo. iqilu. com/zbyao-wen/2015/1207/2625615. shtml，最后访问日期：2019年12月21日。

合执法小组实施的，考虑到成立联合执法小组的目的就是为了启动跨区域大气污染监管执法，因而联合执法小组的成立即意味着跨区域大气污染监管执法的启动。在此种情况下，跨区域大气污染监管执法的启动更多来自联合小组成员集体协商的结果，因而并没有明确的职权主体。不过，如果联合执法小组是一种常设性机构，而且其有权组织协调开展跨区域大气污染监管执法，则也可以被视为跨区域大气污染监管执法的职权主体。比如，2014 年 12 月，南充、达州、广元、广安、巴中五市制定并签署了《川东北区域大气污染防治联防联控框架协议》，设立联席会议办公室负责协调川东北地区大气污染防治日常工作，组织开展跨区域联动执法、交叉执法、同步执法行动，[1]其中的联席会议办公室就是跨区域大气污染监管执法的职权主体。

二、跨区域大气污染监管执法的启动条件

尽管跨区域大气污染监管执法是防范区域性大气污染的必要手段，但并非所有的大气污染防治都需要通过跨区域大气污染监管执法才能实现。简而言之，跨区域大气污染监管执法并非针对所有的大气污染事项而设，有些大气污染事项依靠传统行政区大气污染执法即可解决，因而不需要纳入跨区域大气污染监管执法的对象之中。据此，跨区域大气污染监管执法的实施是有条件的，只有那些传统行政区大气污染执法难以解决的大气污染事项才可以纳入跨区域大气污染监管执法的范畴之中，也才有必要启动跨区域大气污染监管执法。鉴于此，为了保证跨区域大气污染监管执法的严肃性，并防止随意执法甚至乱执法现象在跨区域大气污染监管执法领域的发生，就需要为跨区域大气污染监管执法的启动设定必要的前置条件。结合跨区域大气污染监管执法的实践，本书认为，要启动跨区域大气污染监管执法，至少要具备下列三项条件中的一项。

首先，实施跨区域大气污染监管执法的区域面临着严重的区域性大气污染，比如，我国京津冀地区主要在秋冬雾霾高发时期开展区域大气污染执法联动或者联合执法，其原因就在于这一时期该地区的大气污染较为严重。[2]

---

〔1〕 刘虎：《高压打击污染源 川东北五市联动执法》，载《华西都市报》2014 年 12 月 22 日。

〔2〕 倪元锦：《京津冀环保联动执法攻坚秋冬季大气污染》，载 http://news. xinhuanet. com/2017-10/29/c_ 1121873076. htm，最后访问日期：2019 年 12 月 20 日。

其次，有较为可靠的证据表明在地区间存在跨区域大气污染事实，并且需要实施跨区域大气污染监管执法才能有效查明和解决。比如，2013 年 3 月，浙江嘉兴平湖市金桥村村民因无法忍受附近化工区排放的臭气，纷纷戴上口罩，表达不满。当地环保局回应称"臭气来自上海金山第二工业区，目前已联系上海金山区环保局，对方已开展调查"，[1] 此种情况就可以启动跨区域大气污染监管执法。最后，考虑到实践中有好多大气污染企业利用行政交界地区的大气污染监管漏洞来实施大气污染行为，因而如果行政交界地区的大气污染事项繁多，并且单靠某一行政区域的政府难以管理的话，也可以实施跨区域大气污染监管执法。比如，山东省 2016 年实施的城市群大气污染联动执法行动就重点检查各市边界地区的重点排污单位，[2] 由此可知，边界地区的污染问题也是启动跨区域大气污染监管执法的重要原因。

三、跨区域大气污染监管执法的启动流程

从上文对跨区域大气污染监管执法的启动主体和启动条件的明晰可知，跨区域大气污染监管执法的启动流程主要有以下两种路径。首先，是消极回应型路径，意指由跨区域大气污染监管执法的决定主体为回应跨区域大气污染监管执法申请主体的申请而启动跨区域大气污染监管执法的一种路径。依照此种路径的要求，跨区域大气污染监管执法的申请主体在发现需要实施跨区域大气污染监管执法的线索或事项时，可向跨区域大气污染监管执法的决定主体提出实施申请，跨区域大气污染监管执法的决定主体依照跨区域大气污染监管执法的启动条件对申请主体的申请事项进行审查，一旦其认为符合实施跨区域大气污染监管执法的启动要求，则可决定启动跨区域大气污染监管执法。

其次，则是积极作为型路径，即由跨区域大气污染监管执法的决定主体依职权自行决定实施跨区域大气污染监管执法的一种路径。具体来说，作为决定跨区域大气污染监管执法实施与否的职权主体，跨区域大气污染监管执法的决定主体除了依据跨区域大气污染监管执法申请主体的申请而审查是否启动跨区域大气污染监管执法之外，其还可以依据职权自行决定是否启动跨

---

〔1〕 徐乐静、李梦清：《村民戴口罩举纸牌抗议化工臭气污染》，载 http://news.sina.com.cn/s/p/2013-03-21/165226601818.shtml，最后访问日期：2019 年 12 月 20 日。

〔2〕 王亚楠等：《7 市互查，81 家排污单位接受检查》，载《大众日报》2016 年 5 月 31 日。

区域大气污染监管执法，一旦跨区域大气污染监管执法的决定主体认为有实施跨区域大气污染监管执法的必要，其可以直接依职权启动跨区域大气污染监管执法，不过，作为对其行使职权的必要限制，在启动跨区域大气污染监管执法之前，也要满足跨区域大气污染监管执法的启动条件，以保障跨区域大气污染监管执法的必要性、严肃性。

第四节　跨区域大气污染监管执法的运行程序

　　跨区域大气污染监管执法一旦启动，就会进入实质性的运行阶段，与启动阶段是跨区域大气污染监管执法的起点不同，跨区域大气污染监管执法的运行阶段是整个跨区域大气污染监管执法过程的核心阶段，执法现场的检查、相关证据的搜集、听证、执法决定的作出等主要的跨区域大气污染监管执法活动都在这一环节中实施，而为了保障上述活动的顺利实施，就要为跨区域大气污染监管执法的运行阶段设定相应的程序。从纵向上来看，跨区域大气污染监管执法的实施与传统大气污染执法无异，因此本书不再对时间概念上的跨区域大气污染监管执法流程和步骤作重点论述。与此相应的是，在统一执法模式下，跨区域大气污染监管执法由统一的跨地区环保机构负责实施，而交叉执法模式下的跨区域大气污染监管执法则由区域内地方政府的共同上级环境主管部门主导实施，因而上述两种执法模式下的具体执法过程并不涉及太多的横向协调关系，在此情况下，依照常规程序也可以实现对其执法运行环节的调整。相较于此，联合执法模式下跨区域大气污染监管执法的运行不仅需要常规程序的支撑，更需要协调程序的保障。这是因为，联合执法模式下跨区域大气污染监管执法的有效实施有赖于区域内地方政府间大气污染执法机构的合作，为了保障这种合作的稳定实施并取得成效，就需要对跨区域大气污染监管执法运行过程中相关主体之间的横向关系进行程序性调整，而这也是跨区域大气污染监管执法运行程序的建构重点所在。依此思路，本书拟从保障跨区域大气污染监管执法的运行基础以及明确跨区域大气污染监管执法的运行环节两个角度入手，对联合执法模式下的跨区域大气污染监管执法的运行程序进行设计。

一、明确跨区域大气污染监管执法运行的基础程序

考虑到统一执法模式以及交叉执法模式下跨区域大气污染监管执法的运行主要依靠科层体制下政府的威权来保障，而其执法过程也与我国传统大气污染执法无异，故本书在此不再赘述。不过，在联合执法模式下，跨区域大气污染监管执法的有效运行则主要依靠区域内地方政府之间的通力合作才能实现，要保障联合执法模式下跨区域大气污染监管执法的稳定运行，应从以下两个方面对跨区域大气污染监管执法运行的基础性程序进行设计，以便为跨区域大气污染监管执法的稳定实施提供良好的程序支撑。

首先，在程序设计上要保证跨区域大气污染联合执法主体的代表性和随机性。具体来说，在组建跨区域大气污染联合执法主体时，要确保联合执法主体组成成员的代表性及其选择的随机性。为此目的，在组建联合执法团队时，跨区域大气污染监管执法主体的成员要由来自具有利害关系的相邻行政区域的大气污染执法人员组成，只有这样，其才会关心其所在区域的大气环境，并在跨区域大气污染监管执法过程中恪尽职守；而跨区域大气污染监管执法主体成员选择的随机性则是指跨区域大气污染联合执法主体的执法成员是随机选定的，这有点类似于我国人民陪审员的选择模式，从执法人员库里随机抽取执法人员组成联合执法小组，并由其对具体事项开展执法。通过此种设计，可以有效防范联合执法小组的成员被执法相对人俘获，也有利于提升跨区域大气污染监管执法过程的保密性。[1]

其次，在跨区域大气污染监管执法的运行过程中应坚持"喧宾夺主、反客为主"模式，意指跨区域大气污染监管执法联合小组开展大气污染监管执法时，非在本辖区执法的小组成员要居于主导地位，而在本辖区开展执法的小组成员则应处于从属和协助地位。在具体执法过程中，对于执法对象的框定、执法时间的选择以及执法内容的安排等事项，非在本辖区执法的小组成员享有主导权，而在本辖区开展执法工作的小组成员则主要利用对本辖区大气污染情形较为熟悉的优势，在执法信息搜集以及执法现场检查环节为联合执法小组的执法活动提供必要的协助，如此既能充分发挥本辖区执法人员对

---

〔1〕　孙晗宁：《美国陪审团成员遴选机制对我国人民陪审员选任的启示》，载《法制与社会》2014 年第 33 期，第 159 页。

本辖区污染状况较为熟悉的优势，又可以避免地方保护主义对跨区域大气污染监管执法的干扰，从而保证公正执法，并有效提高跨区域大气污染监管执法的效能。

二、细化跨区域大气污染监管执法的运行环节

所谓跨区域大气污染监管执法的运行环节，是指为了完成跨区域大气污染监管执法活动而必须实施或经历的环节和步骤，也即跨区域大气污染监管执法的运行流程。如上文所述，作为大气污染执法的一种，跨区域大气污染监管执法的运行环节与包括传统大气污染执法在内的其他执法活动并无二致，因而对其运行内容的设计也可以直接借鉴我国传统执法程序对执法运行内容的安排。当前，学界对执法程序的运行内容有不同的见解，也有不同的表述。其中，有学者认为，执法程序的主要运作过程包括表明身份程序、告知程序、受理程序、听证程序、调查程序、回避程序、说明理由程序以及时效规则几个方面的内容。[1]也有学者主张执法程序主要包括立案、调查与检查等几个方面的内容。[2]据此，在跨区域大气污染监管执法的运行阶段，仅就调整执法主体与执法相对人之间的关系而言，跨区域大气污染监管执法的运行环节主要包括调查程序、受理程序、表明身份程序、告知程序、现场检查程序、听取当事人意见程序等几个方面的内容构成。

需要指出的是，跨区域大气污染监管执法是跨越行政区划的限制而实施的大气污染执法，其运行环节除了要调整执法主体与执法相对人之间的关系，还要协调跨区域大气污染监管执法过程中相关主体之间的关系，而这与传统行政区大气污染执法有明显的不同。比如，在统一执法模式下，跨区域大气污染监管执法的有序运行需要跨地区环保机构与区域内地方政府所属的大气污染执法机构之间的沟通合作；而在联合执法模式下，区域内地方政府之间的大气污染执法机构也要进行相应的合作以开展联合执法。为了保障上述主体之间在开展跨区域大气污染监管执法的过程中相互配合、和谐相处，还应将信息交流、执法会商等沟通交流机制纳入跨区域大气污染监管执法的运行环节之中。考虑到本书第六章已将信息交流机制作为跨区域大气污染监管执

---

[1] 韦军主编：《行政执法实务》，广西人民出版社 2008 年版，第 11~12 页。

[2] 杨文霞等：《公平交易与执法》，东北林业大学出版社 2008 年版，第 282~283 页。

法的保障机制进行设计，故此处不再赘述。

第五节　跨区域大气污染监管执法的终结程序

在经过运行阶段的执法检查、取证、听证等环节之后，跨区域大气污染监管执法也进入了收尾阶段。从严格意义上来讲，这一阶段已进入跨区域大气污染监管执法的事后处理环节，因而不再属于跨区域大气污染监管执法的内容。不过，考虑到跨区域大气污染监管执法结果的处理需要相关主体之间的协调，而且也为了促成跨区域大气污染监管执法与后续执法处理环节的有机衔接，本书也将跨区域大气污染监管执法事后处理阶段的相关程序纳入文中，并将其作为跨区域大气污染监管执法的终结程序进行论述。顾名思义，终结阶段是跨区域大气污染监管执法的最后阶段，进入该阶段也标志着跨区域大气污染监管执法流程的结束，[1] 作为跨区域大气污染监管执法的最后一个环节，跨区域大气污染监管执法的终结主要涉及违法行为的处理以及执法结果的协调两个方面的内容，因而跨区域大气污染监管执法的终结程序也应围绕上述两个层面的内容进行设计，以确保跨区域大气污染监管执法流程的顺利完结，并协调好跨区域大气污染监管执法与传统大气污染执法之间的关系。

一、跨区域大气污染监管执法决定的作出程序

所谓跨区域大气污染监管执法的决定，是指在经过跨区域大气污染监管执法运行阶段中的执法检查、证据搜集之后，对跨区域大气污染监管执法过程中所发现的违法行为加以定性并予以处理的决定。一般而言，跨区域大气污染监管执法的决定是由跨区域大气污染监管执法主体基于执法相对人的违法行为作出的，如果在执法过程中没有发现执法相对人存在违法情形，则也不需要作出决定。由此可见，跨区域大气污染监管执法的决定不仅仅是对跨区域大气污染监管执法过程的总结，更是对执法过程中所发现的违法行为的处理，因而对跨区域大气污染监管执法效能及执法目的实现具有重要的保障作用。具体来说，跨区域大气污染监管执法的决定既可以是要求行政相对人

---

〔1〕　参见陶应虎主编：《公共关系原理与实务》，清华大学出版社 2015 年版，第 364 页。

纠正违法行为的行政命令，也可以是基于违法行为而对行政相对人所进行的行政处罚，但无论是何种类型，都会对执法相对人的利益产生直接影响。鉴于此，为了保障跨区域大气污染监管执法决定的合法、合理、科学、公正，在作出跨区域大气污染监管执法决定时，除了要有明确的法律依据，还要有系统完善的程序作为保障。

作为大气污染执法的一种，跨区域大气污染监管执法决定的作出首先应遵守作出行政决定的常规程序，并且在需要时还要履行听证、复议流程。但最为重要的是，为了保障跨区域大气污染监管执法决定的顺利作出及其后续关系的有效协调，在程序设计中应明确跨区域大气污染监管执法决定的作出主体，也即要明确谁有权作出跨区域大气污染监管执法的决定。在传统大气污染执法领域，只要享有大气污染执法权的主体都可在其职责权限内作出大气污染执法决定，但考虑到跨区域大气污染监管执法主体的多样性，其有权作出执法决定的主体也较传统大气污染执法更为复杂。具体来说，依据跨区域大气污染监管执法模式的不同，有权作出跨区域大气污染监管执法决定的主体可具体分为下述三种情形。

首先，是统一执法模式下跨区域大气污染监管执法决定的作出主体。依据统一执法模式的要求，跨地区环保机构即为跨区域大气污染监管执法的实施主体，由于跨地区环保机构是享有跨区域大气污染监管执法权的独立执法机构，因而其执法地位与传统大气污染执法主体无异，由其来作出跨区域大气污染监管执法决定也不存在任何问题。其次，是交叉执法模式下跨区域大气污染监管执法决定的作出主体。与统一执法模式类似，交叉执法模式下跨区域大气污染监管执法是以区域内地方政府共同的上级环境保护行政主管部门的名义实施的，因而跨区域大气污染监管执法决定自然由其负责作出。[1]最后，则是联合执法模式下跨区域大气污染监管执法决定的作出主体，由于该模式是通过联合执法小组的形式实施的，而联合执法小组并不是一个常设机构，如果将其视为可以作出跨区域大气污染监管执法决定的主体，依据权责一致原则，其就为自己所作出的决定负责，而这在实践中并不可行。此外，

---

〔1〕 在交叉执法过程中，也可以采取移交处理的方式，即将执法过程中查处的违法问题移交给有管辖权的地方政府的环境保护机构进行处理。不过，考虑到其对大气违法行为的处理是依据行政区管辖原则作出的，因而不宜将其设定为跨区域大气污染监管执法决定的作出主体。

在我国立法机关还没有赋予联合执法小组相应执法职权的情况下，将联合执法小组作为跨区域大气污染监管执法决定的作出主体也缺乏明确的法律依据。在此情况下，应将跨区域大气污染监管执法相对人所在行政区域的大气污染执法部门设定为跨区域大气污染监管执法决定的作出主体。[1]

综合上文的分析，可知统一执法模式下跨区域大气污染监管执法决定的作出主体为跨地区环保机构，交叉执法模式下跨区域大气污染监管执法决定的作出主体为区域内地方政府共同的上级环境保护行政主管部门，而在联合执法模式下，则将执法相对人所在行政区域的环境保护主管部门界定为跨区域大气污染监管执法决定的作出主体，而这也符合我国现有法规对执法程序的设定。[2]实践中，山东省环境保护厅组织省会城市群开展边界区域执法联动时，就是按照"轮流坐庄、定期会商，交互检查、联合执法，属地管理、信息共享，上级督办、务求实效"的思路展开的，并取得了积极效果，[3]从而印证了联合执法模式下这一主体设置路径的可行性。

二、跨区域大气污染监管执法的善后程序

作为跨区域大气污染监管执法终结阶段的重要内容，为了保障跨区域大气污染监管执法能有机地融入整个大气污染执法体系之中，并使其与传统大气污染执法一起共同发挥防治大气污染、保护大气环境的作用，还需要对跨区域大气污染监管执法的工作予以善后处理，而其中最为主要的就是要实现执法结果在相关主体之间的通报，以协调好跨区域大气污染监管执法与传统大气污染执法之间的关系，避免跨区域大气污染监管执法与传统大气污染执法之间产生冲突，从而实现二者在大气污染防治领域的相辅相成、协调统一。为此目的，在跨区域大气污染监管执法工作即将终结之时，还应从程序上处理好跨区域大气污染监管执法的善后事宜。

需要指出的是，鉴于联合执法模式下跨区域大气污染监管执法的实施有

---

〔1〕　之所以做此安排，是因为跨区域大气污染监管执法相对人所在行政区域的环境保护主管部门作为联合执法小组的成员，其全程参与了跨区域大气污染监管执法活动，而且依据我国现有的环境监督管理体制，其也有权对其所辖区域内的行政相对人依法作出处理。

〔2〕　例如，《河南省行政执法条例》第16条第2款规定："联合执法中的行政执法决定，由参加联合行政执法的执法机关在各自职权范围内依法作出，并承担相应的法律责任。"此外，《山东省行政程序规定》《浙江省行政程序办法》《江苏省行政程序规定》等地方性法规也都作出了类似的规定。

〔3〕　赵冉：《济南淄博滨州等七市交叉互查污染》，载《生活日报》2016年5月31日。

赖于区域内地方政府所属的大气污染执法主体之间的合作，因而跨区域大气污染监管执法的实施过程既是区域内地方政府所属大气污染执法主体之间的合作过程，也是跨区域大气污染监管执法与传统大气污染执法之间的协调过程。基于此，在联合执法模式下，并不需要专门处理跨区域大气污染监管执法与传统大气污染执法之间的关系，因此，本书所称的跨区域大气污染监管执法工作的善后也主要指统一执法模式以及交叉执法模式下跨区域大气污染监管执法工作的善后处理，而善后的目的则主要是为了处理好上述执法模式下跨区域大气污染监管执法与传统大气污染执法之间的关系，以便保障整个大气污染执法体制的有机统一。为此目的，本书从统一执法模式和交叉执法模式两个层面对跨区域大气污染监管执法的善后程序进行设计。

（一）统一执法模式下跨区域大气污染监管执法工作的善后程序

对于统一执法模式而言，为了保障其执法活动的有序终止，并避免与传统大气污染执法产生冲突，需要从以下两个方面对其善后程序进行设计。首先，要建立执法通告制度，以便跨区域大气污染监管执法主体能及时地将跨区域大气污染监管执法结果通报给相关行政区域的大气污染执法机构，从而在实现执法信息共享的同时，避免重复执法现象的出现。其次，要严格落实一事不再罚原则。所谓一事不再罚原则，是指对违法当事人的同一违法行为，不能给予两次以上的行政处罚。[1]一事不再罚原则作为我国行政处罚的基本原则之一，其在 2021 年修订的《行政处罚法》第 29 条中的明确表述，即"对当事人的同一个违法行为，不得给予两次以上罚款的行政处罚"，一事不再罚的目的在于"防止重复处罚，体现过罚相当的法律原则，以便在遏制违法行为的同时，保护当事人的合法权益"。[2]

考虑到跨区域大气污染监管执法的管辖事项和传统大气污染执法的管辖事项存在重叠，如果跨区域大气污染监管执法主体和传统行政区大气污染执法主体都对同一违法事件进行查处的话，二者之间容易在执法实践中产生积极的执法冲突，并导致一事再罚现象的出现。鉴于此，在跨区域大气污染监管执法主体针对执法相对人的违法行为作出行政处罚决定之后，应及时通告

---

〔1〕 中国法制出版社：《新编常用法律词典：案例应用版：精装增订版》，中国法制出版社 2016 年版，第 431 页。

〔2〕 全国人大常委会法制工作委员会国家法行政法室编著：《〈中华人民共和国行政处罚法〉讲话》，法律出版社 1996 年版，第 88 页。

传统行政区大气污染执法主体,以便其不再对执法相对人的同一违法行为启动处罚程序,从而实现跨区域大气污染监管执法与传统行政区大气污染执法的有效对接。[1]

(二) 交叉执法模式下跨区域大气污染监管执法的善后程序

对交叉执法模式而言,如果交叉执法主体能够以自己的名义对执法过程中发现的大气污染违法事件进行处理,那么为了妥善处理交叉执法主体与传统行政区大气污染执法主体之间的关系,也需要交叉执法主体就其执法处理结果与传统行政区大气污染执法机构进行相应的沟通和协调,以避免执法冲突的产生,并实现执法效果的有机统一。为了保障上述主体沟通协调的顺利进行,就需要对交叉执法的善后事宜作出相应的程序设计。在此种情况下,如同统一执法模式下执法协调程序的设计一样,此处交叉执法模式的程序设计也应主要侧重于执法处理结果的通报以及一事不再罚原则的落实。

需要明确的是,考察我国大气污染交叉执法的实践,可以发现,在交叉执法过程中,我国大气污染交叉执法主体尚不享有对大气污染违法案件的处罚职权,其在发现大气污染违法案件或线索后,通常将发现的违法案件或线索移交到有管辖权的地方政府所属的大气污染执法机构进行处理。[2]借助此种案件移交制度,能够较好地协调跨区域大气污染监管执法与传统行政区大气污染执法之间的关系,也有助于交叉执法模式下跨区域大气污染监管执法工作的善后和传承。需要明确的是,为了保障案件移交过程的顺利进行并保证案件移交后的有效处理,也需要对案件移交的主体、手续、时间节点以及移交后案件处理结果的反馈等事项予以明确的程序界定,以便通过程序设计为案件在不同执法主体之间的移交和处理建立系统完善的衔接和保障机制,从而有效确保执法结果的落实。

---

[1] 朱新力:《论一事不再罚原则》,载《法学》2001 年第 11 期,第 21 页。

[2] 赵冉:《济南淄博滨州等七市交叉互查污染》,载《生活日报》2016 年 5 月 31 日。

第六章 | 跨区域大气污染监管执法的保障

由跨区域大气污染监管执法的概念可知，跨区域大气污染监管执法是指跨越行政区划的阻隔而实施的大气污染执法，其执法目的也是消除行政区划对大气污染执法的阻碍，并进而实现区域内大气环境的一体性保护。不过，要保障这一目标的充分实现，则需要跨区域大气污染监管执法能够稳定、有效地实施，而要保障跨区域大气污染监管执法的稳定实施，则不仅需要明确跨区域大气污染监管执法的主体、客体、程序等基本要素，还要为跨区域大气污染监管执法的实施构建完善的保障机制。当前，为推动区域大气污染联防联控的深入开展，我国相继出台了信息公开、生态补偿方面的政策法规，并为防范区域大气污染联防联控过程中的违法行为而设定了相应的责任体系，从而有力推动了跨区域大气污染监管执法的顺利开展。不过，由于上述规定散见于我国多部法规之中，因而尚未形成完整的体系，因而还难以为跨区域大气污染监管执法提供系统性、针对性支持，从而也无法充分发挥对跨区域大气污染监管执法的保障作用。鉴于此，还应从信息共享、利益平衡、外部监督以及责任追究四个方面对跨区域大气污染监管执法的保障机制进行设计，以促进跨区域大气污染监管执法保障的完善，确保跨区域大气污染监管执法活动的顺利实施。

第一节　跨区域大气污染监管执法的信息保障

之所以把跨区域大气污染监管执法的信息保障放在跨区域大气污染监管执法保障措施的首位，是因为信息的不对称、不透明和非共享是横亘在跨区域大气污染监管执法面前的巨大障碍。从区域环境治理的角度来看，"逐底竞争""囚徒困境""搭便车"甚而"以邻为壑"现象之所以在区域环境治理领域中的出现，表面看是因为区域内地方政府间缺乏足够的相互了解和信任，而其根源则在于区域内地方政府之间在环境治理领域的信息沟通不畅，而这在大气污染执法领域表现得尤为明显。[1]当前，随着区域性环境问题的逐步凸显并日益严重，区域内地方政府都已意识到区域环境问题必须依靠区域内的合作才能完成，而基于区域内地方政府合作的区域环境治理也能够为区域环境带来整体效益。[2]但由于区域内政府间环境治理信息的不透明和非共享，一方政府对另一方政府能否切实履行环境治理职责缺乏信心，在这种信息不对称的情况下，其最优的治理策略仍然是不合作，从而导致机会主义在区域环境治理过程中的产生。[3]由此可见，要打破"囚徒困境"的迷局、重建区域内政府间的信任，就要保障区域内政府间环境治理信息的充分公开和有效交流。作为区域环境治理的重要内容，跨区域大气污染监管执法的稳定实施则更需要完善的信息保障。为此目的，本书拟对跨区域大气污染监管执法的信息保障内涵、现状进行分析，并以此为基础对跨区域大气污染监管执法的信息保障进行设计，以促进跨区域大气污染监管执法的信息保障机制的完善，并推动跨区域大气污染监管执法的深入开展。

一、跨区域大气污染监管执法信息保障的内涵

信息，一般意指音信、消息。[4]现代社会是信息社会，电子政务的发展使得信息交流和沟通更加便利，而信息的交流、沟通和共享也成为加强执法合作的前提。[5]跨区域大气污染监管执法作为区域环境治理的重要内容，其有效实施自然离不开信息的保障和支持，而本书中所称的跨区域大气污染监管执法的信息保障，就是指为保障跨区域大气污染监管执法的有效开展而必须提供的信息支持。长期以来，"长期共存、互相监督、肝胆相照、荣辱与共"十六字方针一直是中国共产党领导的多党合作和政治协商制度的基

---

〔1〕　王超锋：《我国区域环境执法的模式探究》，载《甘肃政法学院学报》2017年第6期，第101页。

〔2〕　王超锋：《区域环境治理中的地方政府合作》，载《中国社会科学报》2017年5月10日。

〔3〕　Richard B. Stewart, "Pyramids of Sacrifice? Problems of Federalism in Mandating State Implementation of National Environmental Policy", *86 YALE L. J.*, 1211~1212（1977）.

〔4〕　中国社会科学院语言研究所词典编辑室编：《现代汉语词典》，商务印书馆2016年版，第1461页。

〔5〕　曾鹏：《论区域经济一体化下区域行政执法合作》，广东教育出版社2015年版，第223页。

本方针，[1]其中的肝胆相照就是中国共产党与民主党派之间在信息沟通良好的经典总结。借此寓意，跨区域大气污染监管执法的信息保障也主要意指跨区域大气污染监管执法的相关主体之间在大气污染执法信息公开、交流、共享方面所达到的一种良好状态。实际上，也只有区域内地方政府之间做到了肝胆相照，才能真正实现跨区域大气污染监管执法信息的共享，从而有效避免因执法主体的不同、行政区划的分割而导致的信息失灵。

当前，无论是我国跨地区环保机构的建立，还是区域内政府间环境联合执法小组的成立，抑或是区域内地方政府共同上级环境保护行政主管部门的介入，其主要目的之一就是要打破行政区划对大气污染执法信息交流的阻隔，并保障跨区域大气污染监管执法信息在区域内地方政府之间的交流互通，并最终促成相关主体之间就跨区域大气污染监管执法事宜达成有效合作。实际上，仅从区域内地方政府之间实施合作开展大气污染执法而言，如果一方政府对另一方政府的大气污染执法信息了如指掌，其不仅可以对另一方政府进行有效监督，更可以增强其对区域大气污染执法合作的信心，从而也有助于联合执法模式下跨区域大气污染监管执法的推进。

由上文的分析可知，跨区域大气污染监管执法在本质上是一种合作型执法。具体来说，联合执法模式下的跨区域大气污染监管执法要有赖于区域内地方政府之间成立大气污染联合执法小组才能实现，其合作的意蕴自不待言。即便是统一执法模式下的跨区域大气污染监管执法，其有效实施也需要合作基础，这是因为，如果没有区域内地方政府之间的合作，即便跨地区环保机构的设立能够突破有形的行政边界，但却不会真正消除行政区划所带来的内在阻力；而如果没有跨地区环保机构之间的合作，我国的跨区域大气污染监管执法仍然突破不了区划界限所设的圈子；而最为关键的是，如果没有跨地区环保机构与传统行政区大气污染执法机构之间的合作，也无法实现大气污染执法的有机统一。

依照同理，尽管交叉执法模式的有效实施主要依靠共同上级环境保护主管部门的推动，但也需要区域地方政府之间合作的支持。综上可知，无论采用哪一种执法模式，跨区域大气污染监管执法的运作都离不开合作这一最根

---

[1] 杨海坤：《论中国共产党领导下的民主联合执政——试对我国人民政协理论的一个突破》，载《太平洋学报》2008年第2期，第89页。

本基础，而信息作为促成合作的必要条件，其对跨区域大气污染监管执法的重要性自是不言自明。基于此，本书对跨区域大气污染监管执法信息保障机制的建构也以促成跨区域大气污染监管执法过程中相关主体之间的有效合作为目的。要实现这一目的，首先要实现跨区域大气污染监管执法的信息在区域内相关主体之间的共享互通，而为了确保跨区域大气污染监管执法信息的互通共享，本书也拟从跨区域大气污染监管执法信息的公开以及跨区域大气污染监管执法信息的共享两个层面对我国跨区域大气污染监管执法的信息保障机制进行系统建构。[1]

二、完善跨区域大气污染监管执法的信息公开机制

当前，我国为促成区域内政府之间环境信息的交流互通，不仅通过相应的政策法规对区域内环境信息的交流共享提出了明确要求，更通过区域环境治理实践对区域内环境信息的交流共享机制进行了诸多有益的探索，而促成环境信息在区域内的及时公开便是其中的重要举措。尽管上述政策法规以及区域环境治理实践并非专为跨区域大气污染监管执法而设，但由于跨区域大气污染监管执法也是区域环境治理的重要内容，因而上述政策法规及其执法实践不仅可以推动跨区域大气污染监管执法信息公开机制的完善，也有助于跨区域大气污染监管执法的信息保障机制的形成。为此，在具体建构跨区域大气污染监管执法的信息公开机制之前，本书从政策法规以及执法实践两个层面对我国跨区域大气污染监管执法的信息公开机制现状进行梳理。

（一）跨区域大气污染监管执法信息公开机制的现状

如上文所述，为了促进跨区域大气污染监管执法信息的有效公开，我国中央政府出台了相应的政策和法规，我国地方政府也就跨区域大气污染监管执法信息的公开进行了相应的实践探索。其中，在政策法规层面，为了促进环境执法信息的公开，国务院于 2013 年 9 月 10 日发布了《大气污染防治行动计划》，并在第七部分"健全法律法规体系，严格依法监督管理"中对环境

---

〔1〕 李长友：《论区域环境信息协作法律机制》，载《政治与法律》2014 年第 10 期，第 15~22 页。

信息公开作了明确规定。[1]环境信息公开制度的落实有利于打破行政区划间的环境信息隔绝，消除行政区划之间的信息不对称现象，从而也为跨区域大气污染监管执法的顺利实施提供了有效的信息保障。2014 年 11 月，国务院办公厅发布了《关于加强环境监管执法的通知》，要求积极推行阳光执法，推进执法信息公开，进一步推动了环境执法信息公开制度的落实。[2]以我国上述政策为指导，我国立法也对跨区域大气污染监管执法的信息公开问题进行了相应规定。比如，2015 年 2 月通过的《江苏省大气污染防治条例》就在第 20条要求"环境保护行政主管部门和其他负有大气环境保护监督管理职责的部门，应当依法公开大气环境质量、削减和控制重点大气污染物排放总量、污染源监督监测以及相关的行政许可、行政处罚、排污费的征收和使用情况等大气环境信息……"，从而为本地区环境执法信息的公开提供了明确的法律依据。

(二) 跨区域大气污染监管执法信息公开机制的设计

为了规范政府信息公开的流程，并保障政府信息公开的效果，2007 年 4月，国务院颁布了《政府信息公开条例》，并在条例中明确了以下几个方面的内容：①明确了公开的主体是制作或保存政府信息的行政机关；②明确了公开的方式包括主动公开和依申请公开；③明确了应当公开的范围和豁免公开的范围；④建立了政府信息公开的程序制度；另外，建立了政府信息可分割提供制度；⑤建立了政府信息公开发布制度；⑥建立了政府信息公开的监督和保障制度。这些制度构成政府信息公开制度的一个完整体系，各地、各部门也以此为指引相继出台了实施细则、办法等位阶较低的规范性法律文件，并加以具体化，从而为执法信息公开提供了系统的法律依据。[3]此后，我国

---

〔1〕 依照我国《大气污染防治行动计划》第七部分第 25 项的规定："……各省（区、市）要公布本行政区域内地级及以上城市空气质量排名。地级及以上城市要在当地主要媒体及时发布空气质量监测信息。各级环保部门和企业要主动公开新建项目环境影响评价、企业污染物排放、治污设施运行情况等环境信息，接受社会监督。涉及群众利益的建设项目，应充分听取公众意见。建立重污染行业企业环境信息强制公开制度。"

〔2〕 国务院在《关于加强环境监管执法的通知》第 8 项中明确要求："……地方环境保护部门和其他负有环境监管职责的部门，每年要发布重点监管对象名录，定期公开区域环境质量状况，公开执法检查依据、内容、标准、程序和结果。……"

〔3〕 莫于川、雷振：《中国的行政执法信息公开制度实践考察——一项基于知情权保护视角的实证研究》，载《南开学报（哲学社会科学版）》2012 年第 4 期，第 3 页。

于 2014 年 4 月修订了《环境保护法》，并设专章对信息公开和公众参与进行规定，从而为我国环境信息公开制度的进一步完善提供了更高位阶的法律支持。[1]至此，我国已基本形成了完善的政府信息公开制度，从而也将政府信息公开活动纳入法治轨道。

作为政府信息公开的类型之一，跨区域大气污染监管执法信息的公开自然也要接受我国现有法规的调整，并在对信息公开主体、公开方式、公开范围以及公开程序的设置上遵守我国现有法规的规定。不过，鉴于跨区域大气污染监管执法的跨区域性以及复合性特点，其在执法信息的公开主体及公开内容的设置上也较传统大气污染执法信息公开机制更为复杂。基于此，本书也从跨区域大气污染监管执法的信息公开主体以及信息公开内容两个层面对跨区域大气污染监管执法的信息公开机制进行设计。

1. 跨区域大气污染监管执法的信息公开主体

考虑到跨区域大气污染监管执法主体与其他相关主体之间在跨区域大气污染监管执法过程中的协作需求，在对跨区域大气污染监管执法的信息公开主体进行设置时，不仅应将跨区域大气污染监管执法主体确定为跨区域大气污染监管执法信息的公开主体，还应将传统行政区大气污染执法主体纳入跨区域大气污染监管执法信息的公开主体之中。其中，跨区域大气污染监管执法主体主要负责跨区域大气污染监管执法过程中所涉信息的公开，而传统大气污染执法主体则负责对本辖区内的大气污染项目、执法检查状况等信息的公开。此外，考虑到我国要在全国范围内建立统一的监测体系，从而也使环境检测主体成为一类独立的主体，由其负责将其监测到的大气环境质量及大气污染状况等信息向社会公开。

2. 跨区域大气污染监管执法信息的公开内容

基于跨区域大气污染监管执法信息公开主体的多元特性，也应从三个层面对跨区域大气污染监管执法信息公开的范围和内容进行界定。首先，对于跨区域大气污染监管执法信息的公开的限制，除了基于商业秘密、国家利益、公共利益的考虑而不予公开执法信息之外，对于跨区域大气污染监管执法的对象、流程、结果等与跨区域大气污染监管执法密切相关的信息都要全面公

---

[1]　王灿发、林燕梅：《我国政府环境信息公开制度的健全与完善》，载《行政管理改革》2014年第 6 期，第 30 页。

开，以便区域内地方政府及其所属的大气污染执法机构能够及时地获取跨区域大气污染监管执法的动向，并在自己的职责范围内及时地采取应对措施。其次，为了保障跨区域大气污染监管执法的稳定实施并取得实效，也需要区域内地方政府及其大气污染执法机构对本辖区的大气污染项目、活动以及对其进行的执法举措等大气污染执法信息进行公开。最后，区域内的大气环境监测机构也应定期对区域范围内的大气环境质量进行监测并将监测结果公开，以使区域内相关主体都能够获取其所需要的大气环境信息，从而为跨区域大气污染监管执法的实施创造一个公开透明的环境。

需要明确的是，无论是跨区域大气污染监管执法的主体，还是区域内地方政府所属的大气污染执法机构，其都应将整个大气环境区域作为其公开信息的领域，而不能将执法信息的公开领域局限于区域内某一地方政府所辖的行政区域。简言之，跨区域大气污染监管执法信息的公开也应打破行政区划的边界限制，并借助执法信息的公开推动区域内各行政区之间大气污染防治的协同合作，使区域内各地方政府及其公众都能及时了解本区域整体的大气环境质量状况，并唤醒区域内政府和民众将区域内大气环境作为一个整体进行保护的意识。

三、建立跨区域大气污染监管执法信息的共享机制

需要指出的是，执法信息的公开只是跨区域大气污染监管执法信息保障的基础内容，仅靠信息公开机制也难以为跨区域大气污染监管执法提供充分的信息保障。这是因为，由于信息公开的服务对象十分广泛，因而对信息公开的内容也需要进行必要的限制，在此种情况下，如果仅仅依靠信息公开，就难以保障跨区域大气污染监管执法主体获取足够的执法信息，而信息共享则能够解决这一问题。这是因为，信息共享是实现环境污染防治协同的基础，而环境信息共享不良不仅是我国环境污染协同防治的瓶颈，甚而会影响到环境治污的科学决策。为此，要保障环境污染防治的有效实施，就迫切需要建立健全覆盖全国范围和全环境要素的环境信息共享机制或平台。[1]依此思路，为了实现跨区域大气污染监管执法信息的交流互通，也需要建立跨区域大气污染监管执法信息的共享机制，以促进跨区域大气污染监管执法信息在相关主

〔1〕 谷树忠：《污染防治协同态势与取向观察》，载《改革》2017年第8期，第70页。

体之间的充分交流。当前，我国政府对执法信息的交流沟通及共享也做了相应的政策法规设计和实践探索。鉴于此，在具体建构我国跨区域大气污染监管执法信息的共享机制之前，本书对我国跨区域大气污染监管执法信息共享机制的现状做一梳理。

（一）跨区域大气污染监管执法信息共享机制的现状

为了推动跨区域大气污染监管执法信息的共享，在政策层面，国务院于2013年发布的《大气污染防治行动计划》第八部分第26项就明确要求"……建立京津冀、长三角区域大气污染防治协作机制，由区域内省级人民政府和国务院有关部门参加，协调解决区域突出环境问题，组织实施环评会商、联合执法、信息共享、预警应急等大气污染防治措施……"，其中的环评会商、联合执法都有助于大气污染执法信息的交流互动，而信息共享更是为跨区域大气污染监管执法信息共享机制的建立提供了明确的政策依据，一旦这一协作机制建成，将为跨区域大气污染监管执法提供一个有效的信息交流、沟通协商的平台，从而有利于保障跨区域大气污染监管执法的有效实施。以《大气污染防治行动计划》所设定的信息共享目标为指引，本书从法规、实践角度对我国大气污染防治领域信息共享机制的建构现状进行梳理。

1. 跨区域大气污染监管执法信息共享机制的法规现状

在法规层面，以我国上述政策为基础，我国地方政府在制定大气污染防治法规时也对大气污染监测及其信息共享问题作了规定。例如，2014年1月北京市第十四届人民代表大会第二次会议通过的《北京市大气污染防治条例》第24条明确规定："市人民政府应当在国家区域联防联控机构领导下，加强与相关省区市的大气污染联防联控工作，建立重大污染事项通报制度，逐步实现重大监测信息和污染防治技术共享，推进区域联防联控与应急联动。"天津市人民代表大会于2015年1月通过的《天津市大气污染防治条例》第70条规定："本市与北京市、河北省及周边地区建立大气污染防治协调合作机制，定期协商区域内大气污染防治重大事项。"2016年1月，河北省通过了《河北省大气污染防治条例》，其在第62条也明确要求"……加强区域预警联动和监测信息共享，开展联合执法、环评会商，促进大气污染防治联防联控……"

在我国长三角地区，各省级人民政府也对环境信息的共享问题进行了立法规制。其中，2014 年的《上海市大气污染防治条例》就明确规定"市人民政府应当与长三角区域相关省协商"，将大气污染源信息、大气环境质量监测信息等环境信息纳入长三角区域共享，而 2015 年通过的《江苏省大气污染防治条例》在第 69 条规定："省有关部门应当与长三角区域省、市以及其他相邻省相关部门建立沟通协调机制，共享大气环境质量信息……"由此可见，我国上述地区的地方政府皆意识到信息公开和共享对实现大气污染联防联控的作用，从而都通过法规对信息交流共享的方式和内容进行了界定，从而在促进上述地区跨区域大气污染监管执法信息共享的同时，也从法律角度推动了跨区域大气污染监管执法信息保障机制的完善。

2. 跨区域大气污染监管执法信息共享机制的实践现状

在实践层面，我国中央与地方政府也意识到执法信息的共享对保障跨区域大气污染监管执法稳定实施的重要作用，并在跨区域大气污染监管执法实践中对跨区域大气污染监管执法的信息共享机制进行了相应的探索。其中，包括我国京津冀、长三角、珠三角等大气污染防治重点区域地方政府都在其大气污染防治实践中对区域内地方政府间的信息交流和共享做了机制上的安排。囿于篇幅所限，本书不再对上述地区的执法信息共享机制一一梳理，而主要以京津冀及其周边地区的跨区域大气污染监管执法实践为抓手，对跨区域大气污染监管执法信息共享机制的建构实践进行梳理，以明确跨区域大气污染监管执法信息共享机制的建构理路，并为下文中跨区域大气污染监管执法信息共享机制的建构提供实证支持。

在我国京津冀地区，2013 年 9 月 17 日，环境保护部、国家发展和改革委员会等六部门联合印发《京津冀及周边地区落实大气污染防治行动计划实施细则》，并在第 23 条明确要求"……由区域内各省（区、市）人民政府和国务院有关部门参加，研究协调解决区域内突出环境问题，并组织实施环评会商、联合执法、信息共享、预警应急等大气污染防治措施……"，从而将信息共享作为区域大气污染防治的重要措施之一。2013 年 10 月 23 日，北京等六省（区、市）和环境保护部等国家部委召开会议，在会上正式启动了协作联动的京津冀及周边地区大气污染防治协作机制，并决定在京津冀及其周边地区建立信息共享制度，依托国家现有的监测和信息网络，逐步建立区域空气质量监测、污染源监管等专项信息平台，推动区域内信息共享，为区域重大环境问题研究提供支撑。[1]2014 年 6 月，京津冀及周边地区大气污染防治协作小组办公室日前印发了《京津冀及周边地区大气污染联防联控 2014 年重点工作》，要求"京津冀建立协作小组工作网站，共享区域空气质量监测、污染源排放、气象数据、治理技术成果、管理经验等信息"。[2]

此外，依照京津冀及周边地区大气污染防治协作小组办公室的安排，2014 年 8 月，天津市人民政府与北京市人民政府签署了《进一步加强环境保护合作框架协议》，其第 6 条从五个方面就两地加强环境信息合作进行了明确安排，一是建立环境信息共享交流机制，积极推进双方环境质量相关数据共享共用。二是运用信息化手段搭建合作交流平台，共同开发应用系统。三是依托环境保护部现有机动车数据库，推动建立京津机动车监管数据共享平台，提升区域机动车排污监管能力。四是共享机动车监管经验，开展专题培训，共同提高机动车污染管理水平。五是建立京津大气污染防治交流例会制度，定期交流双方治理和管理经验。[3]

2015 年 12 月 3 日，京津冀三地环境保护厅局正式签署了《京津冀区域环境保护率先突破合作框架协议》。依据该协议的安排，"三地将在国家统一的大气、水、土壤环境质量监测和污染源监测技术规范的指导下，共同研究确定统一的监测质量管理体系，并共同构建区域生态环境监测网络；建立三省市环境信息共享平台，共享环境质量、污染排放以及污染治理技术、政策等信息"。[4]此后，为了应对雾霾天气，京津冀三地环保部门于 2015 年 12 月 16日启动了环境执法联动机制，重点建设包括定期会商制度、联动执法制度、联合检查制度、重点案件联合后督察制度和信息共享制度在内的 5 项工作制度，使三地环保部门能够共享本辖区环境监察执法信息，[5]从而有力推动了

---

〔1〕　朱竞若、余荣华：《京津冀及周边地区大气污染防治协作机制启动》，载 http://society. peo-ple. com. cn/n/2013/1023/c1008-23306407. html，最后访问日期：2018 年 5 月 20 日。

〔2〕　本报讯：《京津冀及周边地区大气污染联防联控重点工作已有部署 明年京津冀有望供应国五油》，载《中国环境报》2014 年 6 月 11 日。

〔3〕　天津市合作交流办：《北京市人民政府 天津市人民政府进一步加强环境保护合作框架协议》，载 http://www. jjhz-tj. gov. cn/contents/8/57549. html，最后访问日期：2019 年 6 月 19 日。

〔4〕　杨学聪、武自然：《京津冀签署区域环保合作框架协议》，载《经济日报》2015 年 12月 4 日。

〔5〕　张尼：《联合应对雾霾：京津冀首次启动环境执法联动机制》，载 http://www. chinanews. com/sh/2015/12-07/7659650. shtml，最后访问日期：2016 年 6 月 19 日。

京津冀及其周边地区大气污染执法信息共享机制的建立。

（二）跨区域大气污染监管执法信息共享机制的建构

正如上文所述，单纯的执法信息公开尚不能完全满足跨区域大气污染监管执法对信息的需求，也难以保障跨区域大气污染监管执法的有效实施。这是因为，有些环境信息囿于商业秘密、国家安全以及公共利益的考虑，尚不能完全公开，而且即便有的信息已经公开，但由于公开方式、手段的限制，使得信息需求主体难以有效、及时地获取其所需的信息。在此情况下，为了增进区域内地方政府间大气污染执法部门的相互信任和了解，并减少区域内地方政府间大气污染执法信息的不对称，在实现跨区域大气污染监管执法相关信息公开的同时，还应在跨区域大气污染监管执法的相关主体之间开展跨区域大气污染监管执法信息的交流互动，并实现跨区域大气污染监管执法信息的共享。为此目的，就要建立区域大气污染执法信息的共享制度，以便为区域内大气污染执法信息的发布和沟通提供合理有效的法律保障，并确保区域内的大气污染执法信息能够在区域范围内自由流通。[1]

具体来说，为了在跨区域大气污染监管执法的相关主体之间建立完善的跨区域大气污染监管执法信息交流和共享机制，需要从以下三个方面的工作做起。首先，应在跨区域大气污染监管执法的相关主体之间建立大气污染执法信息的交流互动平台，以确保大气污染执法信息能凭借该平台得到及时的交流互通。例如，2002年初，江、浙两地联合建立跨界水污染防治制度和水环境信息通报机制，共同构建了江浙省界水质及水污染事故联合监测机制，并编制了《江苏盛泽和浙江王江泾边界水域水污染联合防治方案》，从而对促进两地的跨区域水环境执法发挥了重要作用，[2]而江浙两地在水污染防治领域所建立的这一信息共享和交流平台也完全适用于我国跨区域大气污染监管执法领域。其次，跨区域大气污染监管执法的相关主体还应定期召开信息通报会议，以有效化解信息沟通不及时、不对称问题。最后，还应建立跨区域大气污染监管执法相关主体之间的信息请求和反馈机制，如果一方大气污染执法主体对其他大气污染执法主体所掌握的大气污染信息有进一步了解的需

---

〔1〕 李长友：《论区域环境信息协作法律机制》，载《政治与法律》2014年第10期，第19~22页。

〔2〕 徐德琳、徐梦佳、邹长新：《跨界水污染环境执法研究——沪、苏、浙跨界水污染防治引发的思考》，载《环境保护》2014年第23期，第56页。

求，则可以向该执法主体提出信息请求，受请求的一方应根据请求及时反馈其所掌握的大气污染执法信息。通过上述三个方面的机制设计，可以有效保障区域内的大气污染执法信息能够为跨区域大气污染监管执法的相关主体所共享，从而保障跨区域大气污染监管执法的稳定实施。

第二节　跨区域大气污染监管执法的利益保障

法国著名哲学家爱尔维修曾断言，"利益是社会生活中唯一的普遍起作用的因素，一切错综复杂的社会现象都可以从利益的角度得到解释"，[1]这句哲言经典地指出了世间万象背后的利益逻辑，对我们理解跨区域大气污染监管执法的运作也大有裨益。具体来说，区域性大气污染问题的出现与区域内地方政府之间的经济利益博弈休戚相关，而跨区域大气污染监管执法的产生则是因为区域内的地方政府之间拥有大气环境这一共容利益。[2]不过，大气环境这一共容利益的存在并不能直接弥合区域内地方政府在经济利益上的分歧。实践中，如果缺乏有效的沟通与合理的利益补偿方案，区域内各地方政府在面对整体的环境利益与个体的经济利益之间的抉择时，必然会形成个体理性的策略选择，从而导致损害整体环境利益的非理性结果，[3]并最终导致"囚徒困境""逐底竞争"和"公地悲剧"在大气污染防治领域的产生。

从经济学的视角来看，跨区域大气污染监管执法的过程也是区域内地方政府在环境利益和经济利益之间的抉择过程，更是区域内地方政府之间在经济利益上的平衡过程，如果区域内地方政府之间在经济利益上缺乏必要的协调和平衡，则区域内地方政府之间的大气污染防治合作必然流于形式，而基于区域内地方政府合作的跨区域大气污染监管执法自然也难以为继。基于此，作为保障跨区域大气污染监管执法顺利实施的重要环节之一的利益保障，其

---

〔1〕　谭培文：《马克思主义的利益理论——当代历史唯物主义的重构》，人民出版社 2002 年版，第 12 页。

〔2〕　美国经济学家奥尔森认为，"某位理性地追求自身利益的个人或某个拥有相当凝聚力和纪律的组织，如果能够获得稳定社会总产出中相当大的部分，同时会因该社会产出的减少而遭受损失，则他们在此社会中便拥有了共容利益"。参见［美］曼瑟·奥尔森：《权力与繁荣》，苏长和、嵇飞译，上海人民出版社 2005 年版，第 4 页。

〔3〕　赵美珍：《长三角区域环境治理主体的利益共容与协同》，载《南通大学学报（社会科学版）》2016 年第 2 期，第 4 页。

目的就是要处理好区域内地方政府之间的经济关系并协调好区域内地方政府之间的经济利益，以便在免除区域内地方政府发展经济的后顾之忧的同时，并为区域内地方政府参与并支持跨区域大气污染监管执法提供足够的经济动力。而这也是本书探讨跨区域大气污染监管执法之利益保障的用意所在。

一、跨区域大气污染监管执法利益保障的由来

从本质上讲，跨区域大气污染监管执法就是跨行政区域的大气污染监管执法，因而其实施过程必然涉及不同行政区域之间关系的调整，并且也离不开区域内地方政府的参与和支持。当前，为了保障跨区域大气污染监管执法的顺利实施，我国要么采取设置跨行政区域的环保机构的统一执法模式，要么依靠区域内不同行政区域所属的大气污染执法机构进行合作的联合执法模式，抑或依靠区域内地方政府所属的共同上级环境保护行政部门的组织而开展交叉执法的模式，但无论采用哪一种模式，在跨区域大气污染监管执法过程中都要对区域内不同政府之间的关系进行适当处理，尤其要促成区域内不同行政区域之间进行合作。否则，跨区域大气污染监管执法就难以顺利实施，更无法取得预期的效果。这是因为，无论是采取设置跨地区环保机构的方式来为跨区域大气污染监管执法的实施提供机构支持，还是依靠上级环境保护行政主管部门的介入来推动跨区域大气污染监管执法的运作，跨区域大气污染监管执法工作的开展依然需要区域内地方政府的积极配合。[1]此外，对于联合执法模式下的跨区域大气污染监管执法来说，区域内不同政府之间的合作对于其顺利实施的意义自不待言，实际上，联合执法模式下的跨区域大气污染监管执法就是区域内政府间所属的环境执法机构之间开展的联合执法、协同执法，因而其合作执法本身就是区域内地方政府在环境治理领域开展合作的重要体现。

基于上文的分析，可知跨区域大气污染监管执法的顺利实施离不开区域内地方政府之间的密切合作，要确保跨区域大气污染监管执法的顺利实施，就要确保区域内地方政府间大气污染执法合作的达成。当前，尽管区域内地

---

〔1〕 当前，我国实施的省以下环保机构监测监察垂直管理改革尽管要求实行省以下环保监测监察机构的垂直管理，从而使环保监测监察机构脱离地方人民政府的管理，但我国2014年修订的《环境保护法》第6条第2款又明确规定"地方各级人民政府对本行政区域的环境质量负责"，二者看似矛盾，实际上更反映出地方政府在环境治理中的独到作用。实际上，没有地方政府的主动配合和积极参与，任何环保举措都难以取得预期效果，这在我国跨区域大气污染监管执法实践中也是如此。

方政府已经意识到跨区域大气污染监管执法对防治跨区域大气污染以及提升区域大气环境的整体质量所具有的重要意义，其在主观上也具备参与并支持跨区域大气污染监管执法的动机，但不可否认的是，由于地方政绩考核导向的偏差以及成本分担和利益分享机制的缺失，理性自利的地方政府往往不愿意将主要精力投入于区域大气环境治理，从而导致大气污染防治领域中环境合作创设及其维持的困难，[1]而这一问题对跨区域大气污染监管执法的顺利实施也造成了不小的阻碍。具体来说，作为理性"经济人"，地方政府的趋利倾向是必然存在的，利益不仅是影响府际关系的动力因素，更是引起地方政府间合作或对立的重要力量，而发挥利益的正向推动作用、促进府际充分合作显然是更优的府际关系治理工具选择。[2]鉴于此，要推动跨区域大气污染监管执法的实施，则必须调动区域内地方政府参与跨区域大气污染监管执法的积极性，而为了调动区域内地方政府参与跨区域大气污染监管执法的热情，则需要在区域内地方政府间建立完善的利益平衡机制，并以此作为跨区域大气污染监管执法有效实施的保障。

二、跨区域大气污染监管执法利益保障的内涵

所谓跨区域大气污染监管执法的利益保障，是指要协调和处理好区域内地方政府之间的利益关系，并以此保障跨区域大气污染监管执法的顺利实施。实际上，协调和处理好区域内地方政府之间的利益关系，不仅是保障区域内地方政府之间开展有效合作的基础，也是跨区域大气污染监管执法得以顺利实施的必要条件。当前，随着区域性大气污染的日益严重以及环保知识的逐步普及，区域内地方政府及其公众都已意识到大气环境的一体性以及大气污染的区域性，而"只有区域内地方政府联合起来才能有效应对区域性大气污染"也已成为区域内地方政府及公众的共识。在此情况下，区域内地方政府之间的大气污染治理合作依然难以有效开展，大气污染领域的"以邻为壑"现象仍然时有发生，究其原因，虽然我国 GDP 考核至上的传统以及政治锦标

---

〔1〕　郭斌：《跨区域环境治理中地方政府合作的交易成本分析》，载《西北大学学报（哲学社会科学版）》2015 年第 1 期，第 162~163 页。

〔2〕　赵树迪、周显信：《区域环境协同治理中的府际竞合机制研究》，载《江苏社会科学》2017年第 6 期，第 163 页。

赛在其中的推动作用不可忽视，[1]但真正的原因依然是区域内地方政府之间的利益关系没有得到有效的协调处理。具体而言，在推动我国区域内地方政府参与跨区域大气污染监管执法时，我们过于强调区域内地方政府之间的共同大气环境利益，却忽视了区域内地方政府之间在经济利益需求上的差异，此种问题不解决，跨区域大气污染监管执法就难以得到真正落实，而其实施也往往流于形式而无法取得真正效果。

由上文的论述可知，要保障跨区域大气污染监管执法的稳定实施，就需要协调好区域内地方政府之间的利益关系。为此目的，就要对区域内地方政府之间的利益协调作出相应的机制安排和制度设计，为了确保利益协调机制的有效安排以及利益协调制度的切实可行，在对跨区域大气污染监管执法的利益保障机制建构之前，还需要明确跨区域大气污染监管执法利益保障的内涵，以便为下文中对跨区域大气污染监管执法利益保障的设计明确思路、指明路径。

具体来说，作为区域内政府间利益关系协调的基点，跨区域大气污染监管执法的利益保障应免除区域内地方政府对其政绩考评的后顾之忧，而这需要对我国现有政绩考核体系进行调整，以便将大气污染防治效果纳入地方政府的政绩考核指标之中。其次，作为区域政府利益关系协调的核心，跨区域大气污染监管执法的利益保障应充分落实保护者受益、污染者付费原则，使区域内地方政府对大气环境改善作出的贡献能获得相应的经济补偿，而造成区域大气污染的地方政府要承担相应的经济责任。再次，作为区域内政府间利益关系协调的终极目标，跨区域大气污染监管执法的利益保障要逐步实现区域内地方政府在经济、社会领域的协同，通过区域内地方政府在经济、社会发展领域的一体化，进而推动区域内地方政府在环境保护领域的一体化，从而为跨区域大气污染监管执法的实施提供坚实的经济、社会基础。

三、跨区域大气污染监管执法利益保障的设计

依据上文的分析可知，跨区域大气污染监管执法的利益保障源于对区域内地方政府之间利益关系的协调处理，通过对区域内地方政府之间的经济利益进行协调，不仅可以破除行政区划对跨区域大气污染监管执法实施的阻力，

---

〔1〕 顾元媛、沈坤荣：《地方政府行为与企业研发投入——基于中国省际面板数据的实证分析》，载《中国工业经济》2012 年第 10 期，第 78 页。

更可以使区域内地方政府成为推动和保障跨区域大气污染监管执法实施的重要力量。为了促进跨区域大气污染监管执法的利益保障机制的完善，本书依照跨区域大气污染监管执法利益保障的内涵，从完善跨区域大气污染监管执法的激励机制、帮扶机制以及推进区域经济社会一体化进程三个方面对跨区域大气污染监管执法的利益保障进行设计。[1]

（一）　建立跨区域大气污染监管执法的激励机制

依据上文的分析，要消除区域内地方政府参与跨区域大气污染监管执法的后顾之忧，并调动其参与跨区域大气污染监管执法的热情，首先应建立完善的跨区域大气污染监管执法激励机制，而这主要依靠中央或上级政府对地方政府在经济利益、政治利益、政策利益等方面进行针对性的分配才能实现。例如，可以由中央或上级政府在地方环境治理项目中提供财政支持，或者由中央或上级政府出台积极利好的财税政策，抑或为地方官员的晋升设计针对性的激励措施等。[2]具体而言，对跨区域大气污染监管执法的激励机制则可以从政绩和经济两个层面进行，下文对此予以具体论述。

首先，在政绩层面，针对我国传统政绩考核过于注重 GDP 要素的弊病，应将大气环境质量作为地方政府政绩考核的重要指标，并将地方政府参与和支持跨区域大气污染监管执法的举措及成效作为对地方政府政绩考核的核心指标，从而有效发挥"政治锦标赛模式"对区域内地方政府的正向引导作用。[3]实践证明，随着中央对地方官员的考核机制的科学化，以环境质量和能源利用效率改善为核心的环保考核对地方官员的晋升概率已经具有一定的正向作用，并且在大城市和政府行政力量较强的城市这种作用更加显著。这种考核机制的变化能够有效促进中国城市经济增长的可持续性。特别是在大城市和政府行政力量较强的城市，单位 GDP 能耗和环境污染水平都将更早地跨过环境库兹涅茨曲线（EKC）的拐点，环境质量改善的前景更加乐观。[4]

---

〔1〕　唐亚林：《产业升级、城市群发展与区域经济社会一体化——区域治理新图景建构》，载《同济大学学报（社会科学版）》2015 年第 6 期，第 57 页。

〔2〕　赵树迪、周显信：《区域环境协同治理中的府际竞合机制研究》，载《江苏社会科学》2017 年第 6 期，第 163 页。

〔3〕　金太军、沈承诚：《政府生态治理、地方政府核心行动者与政治锦标赛》，载《南京社会科学》2012 年第 6 期，第 67 页。

〔4〕　孙伟增等：《环保考核、地方官员晋升与环境治理——基于 2004—2009 年中国 86 个重点城市的经验证据》，载《清华大学学报（哲学社会科学版）》2014 年第 4 期，第 49 页。

据此，若能将跨区域大气污染监管执法的实施状况量化为政绩考核的指标，必将调动地方政府参与并支持跨区域大气污染监管执法的积极性。

其次，在经济层面，要从区域层面对大气污染防治的资金进行统筹，对于辖区内大气污染项目众多并对区域性大气污染的形成负有较多责任的地方政府，则应由其缴纳大气污染防治资金，并且该资金应在整个区域范围内统筹使用，而并不限于资金缴纳的地方政府辖区；此外，对于为区域内大气污染防治作出贡献的政府，则可以借助生态补偿和环境奖励制度的安排，使区域内地方政府保护大气环境的努力能够换取相应的经济效益，至少应保证地方政府的经济利益不致因跨区域大气污染监管执法的实施而受到减损，从而有效激发区域内地方政府参与跨区域大气污染监管执法的热情，推动跨区域大气污染监管执法的顺利实施。[1]

（二）建立区域内政府间的经济帮扶机制

正如国际层面上有发达国家和发展中国家之分，我国同一区域内的地方政府之间也存在着严重的经济发展差异，如果不考虑这种差异而直接在该区域实行跨区域大气污染监管执法，难免会给经济基础本就薄弱的地方政府带来不利影响。[2]在此种情况下，就需要采取相应措施来减缓上述政府的经济压力以解除其参与跨区域大气污染监管执法的后顾之忧，否则，跨区域大气污染监管执法就难以得到有效实施。有鉴于此，在建立完善的激励机制的同时，还应建立相应的帮扶机制，以减轻区域内经济薄弱政府为参与跨区域大气监管执法而给本地区经济发展带来的压力。为此目的，对区域内发展负担重、经济基础薄弱的地方政府，区域内具有经济发展和技术优势的政府可以通过经济、技术援助的方式对经济薄弱政府予以相应的帮助，而上级政府也可以通过财政转移支付的形式对经济薄弱政府予以相应的扶持。只有这样，才能有效消除区域内地方政府参与跨区域大气污染监管执法的经济顾虑，并调动其参与跨区域大气污染监管执法的积极性。[3]2015 年 10 月，天津市与

---

〔1〕史玉成：《生态补偿的法理基础与概念辨析》，载《甘肃政法学院学报》2016 年第 4 期，第 11～12 页。

〔2〕具体而言，污染企业的关停并转，不仅会带来就业方面的压力，还会减少地方政府的财政收入，这都是地方政府在参与跨区域大气污染监管执法时所必须面临的挑战，也必须通过合理的方式加以解决。

〔3〕王超锋：《我国区域环境执法的模式探究》，载《甘肃政法学院学报》2017 年第 6 期，第 103 页。

河北省沧州、唐山两市签署了大气污染治理合作协议，由天津市投 4 亿元资金帮助沧州、唐山两市防治大气污染，改善区域环境，该做法就是区域内政府间经济帮扶机制的直接体现，[1]必然会促进该地区包括跨区域大气污染监管执法在内的大气污染防治合作产生积极的推动作用。

（三）推进区域经济社会的一体化进程

当前，区域共同面临的诸如环境与资源保护、基础设施建设、人口与市场要素自由流动、地区稳定、流行病防治等跨区域公共事务治理问题既对传统行政区行政模式提出了新的挑战，更对区域治理模式提出了迫切要求，也使我国从行政区治理逐步转向区域治理，而加强区域内政府间的合作也成为解决跨区域公共事务治理问题的突破口。[2]不过，要促成区域内地方政府之间的合作，最终还要依赖于区域经济社会一体化的落实。所谓区域经济社会一体化，是指在推进区域治理过程中，改变过去只重经济发展而忽视社会发展、只重视区域经济一体化而忽视区域经济社会一体化的倾向，更加注重将经济发展与区域经济一体化的成果造福于区域民众的社会福祉。[3]由此可见，区域经济社会一体化的实质并非仅指区域内经济要素的自由流动，还包括经济、社会发展效益在区域范围内的均衡和共享，只有区域经济社会发展的效益能够为区域内的所有政府共享，才能实现真正意义的区域一体化，也才能激发区域内地方政府参与区域经济社会一体化的热情，从而最终消除行政区划对经济、社会一体化发展的阻碍，并为跨区域大气污染监管执法的实施提供坚实的经济和社会基础。

需要指出的是，尽管我国已就区域经济社会一体化形成共识，但在具体实施上还存在偏差。具体来说，实践中大家过于注重经济社会资源的跨行政区流动，但却忽视了经济社会收益的跨行政区共享，从而阻碍了区域内弱势政府参与区域经济一体化的进程。与此相应，跨区域大气污染监管执法的开展也应置于区域经济社会一体化的大局之中，通过区域经济社会一体化的实现来消除行政区划对跨区域大气污染监管执法的阻隔。当前，无论是中央政

〔1〕 张华迎:《天津今年投入 4 亿专项支持河北治霾》，载《新华每日电讯》2015 年 10 月 12 日。
〔2〕 杨治坤:《区域经济一体化中府际间利益的法制协调》，载《广东社会科学》2017 年第 6 期，第 230 页。
〔3〕 唐亚林:《产业升级、城市群发展与区域经济社会一体化——区域治理新图景建构》，载《同济大学学报（社会科学版）》2015 年第 6 期，第 57 页。

府对地方政府大气环境治理的财政支持，还是区域内地方政府之间的经济援助，其目的无外乎是缩小区域内地方政府在经济社会发展水平上的差距，并促进经济利益在区域内地方政府之间的均衡，从而促进区域内地方政府在经济社会领域的共同发展，而这正是区域经济社会一体化的应有之义。

毋庸讳言，当前我国政府为推动区域经济社会一体化进程所采取的举措还无法突破行政区划的阻隔，而实践中区域内各地方政府依然过着独立核算、自食其力的生活，而这也无法满足区域经济社会一体化的要求。鉴于此，为了实现区域经济社会一体化的目标，必须打破行政区划对经济社会效益分配的阻隔，使区域内地方政府都能共享区域经济社会发展的成果。2017 年 12 月 20 日，北京市会同津冀两省市共同研究制定了《关于加强京津冀产业转移承接重点平台建设的意见》，按照《意见》的要求，未来京津冀将探索区域内就业、养老保险、医疗保险等跨区域统一服务和转移接续政策等，以推进京津冀区域公共服务一体化，并逐步缩小工资、社保、教育、医疗等公共服务差距，增强区域整体活力和竞争力，[1]这一举措无疑会推动京津冀地区的经济社会一体化进程，从而也会为该地区跨区域大气污染监管执法的实施提供更为坚实的经济社会基础。

第三节　跨区域大气污染监管执法的监督保障

《中共中央关于全面推进依法治国若干重大问题的决定》中提出，要强化对行政权力的制约和监督。加强党内监督、人大监督、民主监督、行政监督、司法监督、审计监督、社会监督、舆论监督制度建设，努力形成科学有效的权力运行制约和监督体系，增强监督合力和实效。跨区域大气污染监管执法的实施过程也是跨区域大气污染监管执法权力的行使过程，而作为一种行政权力，其在行使过程中也需要接受相应的制约和监督。为了保障监督和制约机制的有效运行，则需要建构相应的监督机制。当前，我国跨区域大气污染监管执法的监督机制还不够完善，因而还难以发挥其对跨区域大气污染监管执法的保障作用。鉴于此，本书在明确跨区域大污染监管执法监督机制的概念之后，从国家监督和社会监督两个层面对我国跨区域大气污染监管执法的

---

〔1〕　蒲长廷：《京津冀探索社保、就业一体化》，载《法制晚报》2017 年 12 月 20 日。

监督机制进行设计，以促进跨区域大气污染监管执法监督的完善，保障跨区域大气污染监管执法活动的稳定实施。

一、跨区域大气污染监管执法的监督保障概述

所谓跨区域大气污染监管执法的监督保障，实际上就是对跨区域大气污染监管执法的监督，因而也是行政监督的一种，只不过考虑到此种监督有利于保障跨区域大气污染监管执法的稳定实施，故取其保障之义，将此种监督作为对跨区域大气污染监管执法的一种保障措施来加以设计，因而将其称为跨区域大气污染监管执法的监督保障，但其实质上依然是对跨区域大气污染监管执法的监督，也是环境执法监督的重要内容之一。据此，要明确跨区域大气污染监管执法监督的含义，首先应从监督的概念谈起。监督是根据一定的行为标准来判断某种行为是否出现偏差，并通过一定的措施和办法予以纠正，使之回复到准确的、正常的状态，[1]而行政执法监督则是指国家机关、政党、社会组织、公民等作为监督主体，对作为监督对象的行政执法主体及其工作人员的相关行政执法行为展开的监察和督促的活动。[2]综上可知，跨区域大气污染监管执法监督就是指享有监督权的组织对跨区域大气污染主体及行政公务人员的行政执法行为是否合法、适当进行监督、审查以及采取必要的措施予以纠正的总称。

具体来说，跨区域大气污染监管执法的监督保障主要是指为保障跨区域大气污染监管执法监督的有效实施而设定的一套程序体系，因而也是执法程序的重要内容之一。不过，与跨区域大气污染监管执法的程序相比，监督程序不再是着眼于对执法活动本身的流程或步骤设计，而是将落实监督主体对跨区域大气污染监管执法活动的监督作为其保障的核心内容，与跨区域大气污染监管执法自身的程序有显著不同，故本书将其纳入跨区域大气污染监管执法保障一章中进行介绍。由此可知，跨区域大气污染监管执法的监督保障实际上是以调控监督主体与跨区域大气污染监管执法主体之间的关系为要义、以保障监督主体对跨区域大气污染监管执法的有效监督为目的而设立的由有关跨区域大气污染监管执法的监督主体、监督程序以及监督权限等事项所构

---

〔1〕　应松年主编：《行政法学新论》，中国方正出版社1999年版，第541页。

〔2〕　胡皓然：《如何完善我国行政执法监督制度》，载《光明日报》2014年3月1日。

成的一套监督体制，因而本书对跨区域大气污染监管执法的监督保障的探讨也主要围绕跨区域大气污染监管执法的监督机制的完善进行。

值得一提的是，作为跨区域大气污染监管执法监督本源的执法监督具有悠久的历史，并且也是美国环保执法的重要特色，而这都源于执法监督所具有的控权价值。众所周知，美国行政法以限制行政权为基本原则，而监督是控制权力滥用的有效手段，这也使监督在整个执法体系中占有重要的一席之地。[1]据此，为跨区域大气污染监管执法建构完善的监督体制，有助于防止跨区域大气污染监管执法过程中出现的执法不作为、乱作为等徇私枉法现象，从而也有利于保障跨区域大气污染监管执法按照既定的目的实施并取得预期成效。此外，作为执法监督的一种，跨区域大气污染监管执法监督可分为国家监督、社会监督两部分。其中，国家监督是一种能直接产生法律效力的监督，又称权力监督，它又分为权力机关监督、司法机关监督和行政机关监督三种类型；[2]而社会监督则是指政党、社会团体和个人基于宪法和法律取得监督主体地位以后对行政机关的执法活动实施的监督，是一种仅具有建议性而非强制力、不直接产生法律后果的执法监督。[3]虽然社会监督没有国家监督的权力，但在保障执法的合法性、合理性方面也具有重要的作用。基于此，本书对我国跨区域大气污染监管执法监督保障的设计也主要从国家监督和社会监督两个层面展开。

二、跨区域大气污染监管执法的国家监督

所谓国家监督，是指代表国家对跨区域大气污染监管执法进行的有权监督，据此，国家监督的主体都是公权力主体，其监督活动的实施也是对其所享有的国家监督职权的行使。具体来说，依据监督主体的职能分工不同，可以将国家监督分为国家立法机关监督和国家执法机关监督以及国家司法机关监督三种类型。为了保障上述监督主体能够有效履行自己的监督职能，并促进整个执法监督机制的完善，我国相关政策法规在对国家执法监督进行明确规定的同时，也对国家执法监督的方式和路径进行了相应的设计，从而将国

---

〔1〕 吕薇等：《绿色发展：体制机制与政策》，中国发展出版社2015年版，第236页。
〔2〕 参见王跃先主编：《林业资源法学》，中国林业出版社2016年版，第39页。
〔3〕 杨曙光、王敦生、毕可志：《行政执法监督的原理与规程研究》，中国检察出版社2009年版，第22页。

家执法监督纳入法治轨道的同时，也促进了国家执法监督程序的发展和完善。尽管上述政策法规并非专为跨区域大气污染监管执法的监督而设，但由于上述规定皆为综合性规定，故对跨区域大气污染监管执法的监督同样适用。鉴于此，在具体设计跨区域大气污染监管执法的国家监督机制之前，本书拟对我国现有政策法规中有关国家监督执法的内容进行梳理，以借此明晰跨区域大气污染监管执法的国家监督的现状，并为下文中跨区域大气污染监管执法国家监督的完善提供相应依据。

（一）跨区域大气污染监管执法国家监督的现状

截至目前，我国已有大量法规对行政执法的监督问题进行了规定。其中，全国人大常委会于 2017 年 6 月通过对《行政诉讼法》的修改，增添了检察机关对于行政机关违法行使职权或者不作为提出检察建议以及提起行政公益诉讼的规定。[1]河北省于 2003 年通过的《河北省行政执法和行政执法监督规定》对河北省域范围内上级人民政府对下级人民政府、县级以上人民政府对其所属执法部门、上级执法部门对本系统下级执法部门的执法活动的层级监督进行了明确规定，山东省人大常委会于 2014 年 12 月通过的《山东省行政执法监督条例》对山东省域范围内的执法监督工作作了系统规定，而广东省人大常委会于 2016 年 3 月修订通过的《广东省行政执法监督条例》也对广东省域范围的执法监督作了系统规定。此外，我国江苏、甘肃、安徽、天津、浙江、吉林、四川、江西、内蒙古、重庆等省（区、市）皆在本行政区域内制定了执法监督的办法、规章或条例，从而对执法监督作出了系统的规定。

除了上文所述的有关执法监督的综合性法规之外，我国 2014 年修订的《环境保护法》第 67 条第 1 款规定："上级人民政府及其环境保护主管部门应当加强对下级人民政府及其有关部门环境保护工作的监督。发现有关工作人员有违法行为，依法应当给予处分的，应当向其任免机关或者监察机关提出处分建议。"从而也为我国环境执法领域行政机关的内部监督提供了明确的法律依据。需要指出的是，尽管我国现有法规已经明确了执法监督的要求，但对于执法监督的具体内容还缺乏明确系统的设计，从而还难以保障执法监督的有效实施。有鉴于此，为了充实跨区域大气污染监管执法国家监督的内容，

---

[1]　谢鹏程、彭玉：《检察理论：紧贴改革实践，把握时代机遇》，载《检察日报》2018 年 1 月 7 日。

还应从监督主体的设置、监督方式的界定以及监督内容的明晰等角度入手，对我国跨区域大气污染监管执法的国家监督机制进行完善性设计。

（二）跨区域大气污染监管执法国家监督的完善

依据上文对跨区域大气污染监管执法的国家监督的现状梳理可知，当前我国法规已对跨区域大气污染监管执法的国家监督进行了相应的规定，并初步建构了跨区域大气污染监管执法的国家监督程序，从而在一定程度上保障了跨区域大气污染监管执法国家监督的有效实施。但需要指出的是，我国当前跨区域大气污染监管执法的国家监督机制还不够完善，现有的政策法规主要是从行政系统内部的执法监督层面对跨区域大气污染监管执法的国家监督机制进行建构，虽然执法机构的内部监督有利于提高执法监督效能，但却忽视了立法机关、司法机关的监督作用，因而难以保障国家监督力量的充分发挥。鉴于此，本书也拟从立法机关监督和司法机关监督两个层面入手，对我国跨区域大气污染监管执法的国家监督机制进行完善，而对于我国已经相对成熟的行政机关的内部监督机制，本书在此不再赘述。

1. 跨区域大气污染监管执法的立法监督

所谓立法监督，不同的学者基于不同的立场，对其内涵和外延有着不同的理解，有学者认为，立法监督就是对立法权的监督，是"权力机关对制定法律规范性文件的权力行使进行监察和督导的一种专门活动"。[1]也有学者认为，立法监督就是立法机关的监督，立法监督的内容除了对立法活动本身进行监督外，还包括人事监督、财政监督和工作监督等，只要是立法机关依法实施的监督活动，都被认为是立法监督。[2]本书采第二种观点，认为立法监督就是立法机关依照职权所实施的监督活动，而本书中跨区域大气污染监管执法的立法监督则是指立法机关依法对跨区域大气污染监管执法活动所进行的监督。需要指出的是，本书中的立法机关是狭义上的立法机关，专指各级人大及其常委会，而对于国务院等政府所属的立法机构则不在本书所称的立法机关之列，而应将其实施的监督纳入行政机构的内部监督之中。鉴于此，本书所称的立法监督又可以称为人大监督。

---

〔1〕 王勇飞、张贵成主编：《中国法理学研究综述与评价》，中国政法大学出版社 1992 年版，第465页。

〔2〕 曾粤兴主编：《立法学》，清华大学出版社 2014 年版，第 196 页。

立法监督是执法的主要监督形式，其监督成效不仅关系到我国法治国家的建设进程，更关系到对依法行政成果的维护。当前，我国人大监督法明确规定了各级人大的经常性监督职责，从而使我国立法机关对执法的监督有法可依。[1]借助我国立法机关的监督，不仅可以有效防止执法失范行为的发生，也有助于杜绝执法领域中存在的执法犯法、贪赃枉法等违法现象，从而有助于提高执法者本身的责任意识和法律素养。鉴于此，完善跨区域大气污染监管执法的国家监督程序，首先应健全和完善立法监督机制，使立法机关能够充分运用质询和询问程序以及开展执法检查的方式，对跨区域大气污染监管执法活动展开具体监督，从而有效发挥立法机关的监督作用。具体来说，通过定期或不定期的执法检查，立法机关可以对跨区域大气污染监管执法过程中的信息是否充分公开、公众是否有效参与以及参与联合执法的政府机关是否依法行使自己的权力并恪守自己的执法职责等情况进行监督，这不仅可以及时评估跨区域大气污染监管执法的效果和质量，更可以确保跨区域大气污染监管执法的合法、有效进行。

2. 跨区域大气污染监管执法的司法监督

司法监督是指检察机关、审判机关依照法定职权与法定程序对行政机关及其工作人员是否违法实施的监督。[2]环境执法的司法监督是指司法机关，如检察院、法院等依照法律规定要件，依法对环境执法的行政机关及其工作人员的执法活动的合法性所进行的监督。具体来说，环境执法的司法监督主要包括检察机关的监督和审判机关的监督两种类型。[3]在我国初步建立的执法监督体系中，司法监督因其严格、公开的司法程序而具有高度的权威性。此外，以权力制约权力也是防止权力滥用和执法腐败的最好方法。因此可以说，司法监督是各种执法监督方式中最重要、最不可缺少的制约手段。[4]鉴于此，完善跨区域大气污染监管执法的司法监督，对保障跨区域大气污染监管执法的稳定实施无疑具有重要的作用。当前，跨区域大气污染监管执法在我国才刚刚开展，因而其目前还未被充分纳入我国司法监督的范畴之中，除

---

〔1〕　胡皓然：《如何完善我国行政执法监督制度》，载《光明日报》2014年3月1日。

〔2〕　傅平、杨增武：《行政执法实用手册》，山西教育出版社1994年版，第31页。

〔3〕　赵惊涛、丁亮：《环境执法司法监督的困境与出路》，载《环境保护》2014年第21期，第64页。

〔4〕　张文艳：《行政执法司法监督探析》，载《法制与社会》2008年第27期，第148页。

了因执法相对人不服跨区域大气污染监管执法的处理决定而提起行政诉讼之外，目前我国司法机构还缺乏系统有效的介入路径，而这也使得本书对跨区域大气污染监管执法的司法监督机制的建立显得尤为迫切。

需要明确的是，司法监督具体指我国检察机关和法院两个司法部门所进行的监督，而且二者的监督路径也各有不同。其中，执法检察监督是指依照法律授权和法定程序检察、督促行政违法行为以保障法律的正确实施的专门活动。[1]据此，检察机关的监督具有主动性，是依据监督职权对执法行为的主动监督，而为了保障这一监督目标的实现，在检察机关对跨区域大气污染监管执法活动进行监督时，应赋予检察机关以下五种监督职权：一是对执法情况的知情权，二是对执法案卷材料的调取权，三是对纠正违法执法的建议权，四是对执法行为的公诉权，五是对执法机关和人员的职务犯罪案件的侦察权，[2]以便借助上述五种检察监督职能的综合行使，确保检察机关对跨区域大气污染监管执法的监督落到实处，从而发挥检察机关在保障跨区域大气污染监管执法稳定运行中的独特作用。

此外，为了进一步强化跨区域大气污染监管执法的司法监督，除了要为跨区域大气污染监管执法构建全面的检察监督程序之外，还应在跨区域大气污染监管执法的监督程序中引入司法审查机制，从而为我国法院对跨区域大气污染监管执法的监督和审查提供必要的条件和路径。具体来说，法院对执法的监督大多具有中立性、被动性，因而无法像检察机关、立法机关那样主动介入跨区域大气污染监管执法的进程。鉴于此，对法院而言，最为可行的监督方式是对跨区域大气污染监管执法进程中的争议进行处理。具体而言，在跨区域大气污染监管执法进程中，既有可能产生跨区域大气污染监管执法主体与执法相对人之间的纠纷，也有可能产生跨区域大气污染监管执法主体与传统大气污染执法主体之间的争议，对于产生的上述纠纷或争议，既可以由其上级政府部门协调解决，更可以由法院对争议事项进行裁决，从而建立起跨区域大气污染监管执法的司法审查机制。实际上，借助司法机关的中立性和权威性，其司法审查不仅具有公正性和说服力，更可以有效避免和纠正跨区域大气污染监管执法过程中的违法现象，切实保障跨区域大气污染监管

---

[1]　参见孙谦主编：《中国特色社会主义检察制度》，中国检察出版社 2009 年版，第 38~39 页。
[2]　谢鹏程等：《行政执法检察监督论》，中国检察出版社 2016 年版，第 13~14 页。

执法的质量。

三、跨区域大气污染监管执法的社会监督

跨区域大气污染监管执法的社会监督，主要指新闻媒介、社会团体以及公民个人为了保障跨区域大气污染监管执法主体公正、严格执法而对其执法活动所开展的监督。作为跨区域大气污染监管执法监督的重要环节，社会监督如同立法机关、司法机关等有权机关的监督一样，都对跨区域大气污染监管执法的稳定实施发挥着不可或缺的作用，并有助于防范跨区域大气污染监管执法过程中违法行为的出现。实际上，在现代社会的行政管理中，执法行为的参与者不仅有行政机关和司法机构，也有社会团体、公民个人、新闻媒体等其他社会组织，这些社会力量对行政权力的正常运行发挥着重要的支持和监督作用，而且他们的参与水平及监督能力在事实上也反映了一个国家依法行政的实现程度。[1]此外，从治理的角度而言，公权力与私主体之间的协同合作既是治理的核心要义，也是治理与管制的本质区别[2]。实践证明，中国的环保离不开社会公众的力量，只有人民群众环保意识的提高以及环保组织的兴起，中国的环保事业和生态文明社会建设才有希望[3]。

由上文的论述可知，在区域环境治理背景下，跨区域大气污染监管执法的有效运行也离不开社会公众的积极参与和有效监督。这是因为，社会公众的参与不仅是行政民主化的重要表征和增强跨区域大气污染监管执法可接受性的重要保障，更是对区域内政府间环境执法合作行为的有效监督力量，有了社会公众的积极参与，不仅能够有效预防跨区域大气污染监管执法过程中的机会主义，还能够督促区域内相关主体尽职尽责地参与跨区域大气执法活动，从而有助于保障跨区域大气污染监管执法的效果。基于此，为了保障社会监督的有效实施，我国应对跨区域大气污染监管执法的社会监督机制予以相应的完善，以便为社会力量监督跨区域大气污染监管执法提供明确的路径指引和机制支持。不过，在完善跨区域大气污染监管执法的社会监督之前，

---

〔1〕　杨曙光、王敦生、毕可志：《行政执法监督的原理与规程研究》，中国检察出版社 2009 年版，第 33 页。

〔2〕　Ulrich Karpen. *Good Governance*, 12 Eur. J. L. Reform 16~17 2010.

〔3〕　蔡守秋：《从综合生态系统到综合调整机制——构建生态文明法治基础理论的一条路径》，载《甘肃政法学院学报》2017 年第 1 期，第 8 页。

本书也拟对我国跨区域大气污染监管执法社会监督的现状进行梳理。

（一）跨区域大气污染监管执法社会监督的现状

鉴于公众参与在环境保护中所具有的重要作用，我国政府从政策法规层面对公众参与环境保护进行了诸多规定，从而为公众参与环境保护提供了明确的政策法规依据，也为公众参与监督跨区域大气污染监管执法提供了必要的制度支持。其中，在政策层面，国务院于 2013 年 9 月 10 日发布了《大气污染防治行动计划》，并在第七部分"健全法律法规体系，严格依法监督管理"中要求"……各省（区、市）要公布本行政区域内地级及以上城市空气质量排名。地级及以上城市要在当地主要媒体及时发布空气质量监测信息。各级环保部门和企业要主动公开新建项目环境影响评价、企业污染物排放、治污设施运行情况等环境信息，接受社会监督。涉及群众利益的建设项目，应充分听取公众意见……" 2014 年 11 月，国务院办公厅发布了《关于加强环境监管执法的通知》，该通知在积极推进执法信息公开的同时，在第 13 项明确提出"邀请公民、法人和其他组织参与监督环境执法，实现执法全过程公开"。上述政策规定不仅为公民、法人和其他社会组织监督环境执法的实施提供了依据，而且其有关环境信息公开的要求也为社会主体监督环境执法提供了基础保障。

在法律层面，我国《宪法》第 2 条明确规定："中华人民共和国的一切权力属于人民。……人民依照法律规定，通过各种途径和形式，管理国家事务，管理经济和文化事业，管理社会事务。"并在第 41 条将"中华人民共和国公民对于任何国家机关和国家工作人员，有提出批评和建议的权利；对于任何国家机关和国家工作人员的违法失职行为，有向有关国家机关提出申诉、控告或者检举的权利……"作为我国公民享有的一项基本权利固定下来，从而也为我国公众监督跨区域大气污染监管执法提供了最高法律依据。以我国《宪法》的上述规定为基准，我国《环境保护法》《环境影响评价法》《建设项目环境保护管理条例》等法规都对环境保护过程中的公众参与做了明确规定。其中，我国 2014 年修订的《环境保护法》以专章的形式对公众参与环境保护进行规定，并首次将公众参与作为环保领域的一项基本权利加以确定，从而在立法层面为公众监督政府的环境保护活动提供了明确的权利支撑，从而为公众参与并监督行政机关的执法活动提供了明确的法律支持。

（二）跨区域大气污染监管执法社会监督的完善

依据上文对跨区域大气污染监管执法社会监督现状的梳理可知，当前我国对跨区域大气污染监管执法的社会监督已具有了相应的政策法规依据，并初步形成了相对完善的监督机制，从而在一定程度上保障了社会监督在跨区域大气污染监管执法领域的有效开展，也为保障跨区域大气污染监管执法的稳定实施发挥了积极作用。但需要指出的是，我国现有的政策法规对除了对公民或公众这一社会监督主体的监督作出相应的程序设计之外，对公众、新闻媒体及其他社会组织的监督还没有进行系统的程序设计，从而无法保障社会监督力量的全面发挥。此外，我国现有法规对社会监督的效力以及执法机构对社会监督的回应还没有作出明确规定，从而也影响了社会监督作用的实际发挥，并削弱社会监督力量参与监督执法活动的积极性。鉴于此，本书也拟从社会监督机制的体系化、实效化入手，对我国跨区域大气污染监管执法的社会监督进行完善，以借助社会力量保障跨区域大气污染监管执法的有效实施。具体来说，为了畅通包括社会团体、公民个人、新闻媒体在内的社会力量监督跨区域大气污染监管执法的路径，并保障社会力量对跨区域大气污染监管执法监督的有效落实，需要从以下四个方面对我国跨区域大气污染监管执法的社会监督机制进行设计。

（1）应确保跨区域大气执法过程和执法信息的有效公开。[1]环境信息公开不仅有利于公众环境知情权、参与权的实现，更可以为公众等社会力量监督跨区域大气污染监管执法提供必要的信息支持。由此可见，要发挥社会监督对跨区域大气污染监管执法的保障作用，首先要确保环境信息公开机制的落实，而这除了依靠政府机关主动公开大气污染执法信息之外，还应创设路径使公众、社会团体及公民个人能有效地参与跨区域大气污染监管执法的过程之中，以便使公众等社会力量能充分地获取跨区域大气污染监管执法的信息。

（2）还应完善举报、投诉、听证等相关渠道，并设置相应的奖励机制以发动公众、社会团体等社会力量积极参与和监督跨区域大气污染监管执法活

---

[1] 需要指出的是，跨区域大气污染监管执法的信息公开不仅有助于跨区域大气污染监管执法的相关主体对跨区域大气污染监管执法信息的共享，也有助于社会公众对跨区域大气污染监管执法的监督，因而具有双重价值。鉴于本书在论述跨区域大气污染监管执法的信息保障的时候已对跨区域大气污染监管执法信息的公开问题作了详细分析，因而在此不再赘述。

动，如此既可以利用公众等社会力量的参与来防范跨区域大气污染监管执法过程中的违法行为，又可以利用社会公众的参与来抵消地方保护主义对跨区域大气污染监管执法的干扰，从而最终改善跨区域大气污染监管执法的环境，保障跨区域大气污染监管执法的成效。

（3）在监督路径上，我国在采纳常规的现场监督路径的同时，还可以运用现代信息技术合理搭建公众参与平台，实现跨区域大气污染监管执法信息和相关数据的互联互通和开放共享，使社会公众参与跨区域大气污染监管执法监督的途径更便捷及时，也更广泛，从而有效提高公众参与的深度与广度。[1]

（4）应明确社会监督之于跨区域大气污染监管执法的效力，并设定监督结果反馈机制，确保跨区域大气污染监管执法的相关主体不仅要为社会监督主体的监督提供便利条件，更要对社会监督主体在监督过程中提出的建议、意见和质疑予以及时回应，并将整改结果及时反馈给相关的社会监督主体，以便通过这种双向反馈机制提升社会公众的获得感和成就感，从而激发其参与跨区域大气污染监管执法监督的热情。

第四节　跨区域大气污染监管执法的责任保障

《中共中央关于全面推进依法治国若干重大问题的决定》中指出："全面落实行政执法责任制，严格确定不同部门及机构、岗位执法人员执法责任和责任追究机制，加强执法监督，坚决排除对执法活动的干预，防止和克服地方和部门保护主义，惩治执法腐败现象。"从而进一步明确了执法责任制对保障执法正常进行的重要作用。作为执法的一种，跨区域大气污染监管执法的稳定实施也离不开完善的责任体系的保障。由此可见，要保障跨区域大气污染监管执法的稳定实施，除了要为跨区域大气污染监管执法的实施建立信息保障、和利益保障之外，还应建立完善的责任保障机制，以提高跨区域大气污染监管执法主体及其人员的责任意识，防止违法现象在跨区域大气污染监管执法过程中的发生。

---

〔1〕　胡乙、赵惊涛：《"互联网+"视域下环境保护公众参与平台建构问题研究》，载《法学杂志》2017 年第 4 期，第 125~131 页。

一、跨区域大气污染监管执法责任保障的概念

所谓跨区域大气污染监管执法的责任保障，是指为了保障跨区域大气污染监管执法的稳定实施而为跨区域大气污染监管执法主体设定的责任体系，也是对跨区域大气污染监管执法过程中所出现的违法行为进行责任追究的一种机制。鉴于跨区域大气污染监管执法的稳定实施主要有赖于跨区域大气污染监管执法主体的严格执法以及区域内地方政府的积极配合，因而本书所关注的责任体系也主要指政府责任，因而又可以将其称为执法责任或行政责任，是指行政机关及其工作人员在代表国家实施行政管理活动的过程中，因违法或未履行相应职责和义务而应承担的否定性的政治的、行政的以及法律的后果，[1]也是国家对行政机关及其工作人员违法行为的否定性评价。[2]作为行政责任的一种，跨区域大气污染监管执法的责任主要指跨区域大气污染监管执法主体因在跨区域大气污染监管执法过程中存在的不作为或乱作为而需要承担的法律责任。此外，考虑到区域内地方政府及其相关机构在跨区域大气污染监管执法过程中的地位和作用，因而本书也将区域内地方政府及其相关机构纳入跨区域大气污染监管执法的责任追究范畴之中，对区域内地方政府及其相关机构不配合甚至阻挠跨区域大气污染监管执法的行为也要进行相应的责任追究。

二、跨区域大气污染监管执法责任保障的现状

需要明确的是，跨区域大气污染监管执法责任保障中的责任既是一种行政责任，同时也是一种法律责任，是由我国行政法规以及环境保护法规所确立的责任类型及追责条件所形成的责任体系。鉴于此，对跨区域大气污染监管执法责任保障现状的探讨也离不开对我国现有法规有关行政法律责任内容的梳理。当前，我国政府已经意识到责任机制的建构对保障执法行为正常进行的重要价值，因而在我国相关法规中已对执法机关及其工作人员的违法行为设定了明确的责任。其中，我国2014年修订的《环境保护法》第67、68、69条对地方各级人民政府、县级以上人民政府环境保护主管部门和其他负有

---

〔1〕　许继芳：《建设环境友好型社会中的政府环境责任研究》，上海三联书店2014年版，第73页。
〔2〕　李景平编著：《行政管理学》，兰州大学出版社2006年版，第277页。

环境保护监督管理职责的部门及其工作人员的违法行为进行了明确列举，并分别设定了相应的责任。我国 2015 年修订的《大气污染防治法》也对环境保护主管部门、其他有关部门或环境保护监督管理人员滥用职权、玩忽职守的行为设定了相应的行政责任和刑事责任。

鉴于跨区域大气污染监管执法也是环境执法的一种，因而我国现有法规对执法责任的规定也同样适用于跨区域大气污染监管执法这种执法类型。不过，尽管上述法规所作的责任设定有助于保障跨区域大气污染监管执法的稳定实施，但由于其无法充分估计跨区域大气污染监管执法的自有特征，因而还不能完全满足跨区域大气污染监管执法的需要。这是因为，我国现有的责任体制依然是立足于传统的行政区执法模式之上的，对于跨区域大气污染监管执法这种超越单一行政区划的执法类型还没有给予应有关注，从而使其在调控跨区域大气污染监管执法活动时还存在明显的缺陷和不足。具体来说，这种不足之处主要表现为两个方面。

（1）责任设定理念的不足。我国传统的执法皆是行政区执法，即执法主体是以其管辖的行政区域为其执法领域的。在此种情况下，我国现有法规在设定执法责任时皆以保障执法主体在其管辖区域内的正常执法活动为目的，从而忽视了跨区域大气污染监管执法这一领域。简言之，我国现有法规在立法理念上尚未突破行政区执法的范畴，因而也难以从区域执法理念的基础上为跨区域大气污染监管执法进行专门的责任建构。例如，我国 2014 年修订的《环境保护法》第 6 条第 2 款明确规定"地方各级人民政府应当对本行政区域的环境质量负责"，这一法律规定虽明确了我国的环境治理主体，也明确了相关责任范畴，但仅对地方各自辖区内的环境责任提出明确规定，而对于跨区域的环境责任则没有明确设计。[1] 在此种理念下，我国现有法规对跨区域大气污染监管执法的内容也没有过多涉及，因而也难以约束跨区域大气污染监管执法过程中相关主体的行为，从而也无法保障跨区域大气污染监管执法的有效实施。

（2）责任设定内容的欠缺。正是受我国传统执法理念的影响，虽然我国

---

〔1〕 由于我国区域环境责任存在边界不清及责任不明等现实问题，因而目前尚无法在法律条款内明确指定跨区域环境问题的责任主体，这也是造成跨区域环境污染问题难治理的重要原因。参见赵树迪、周显信：《区域环境协同治理中的府际竞合机制研究》，载《江苏社会科学》2017 年第 6 期，第161 页。

现有法规对环境执法主体的违法行为进行了相应列举,[1]但其列举的违法情形也主要着眼于行政区执法过程中的违法类型,虽然上述违法情形的列举对界定跨区域大气污染监管执法过程中的违法行为具有一定的参照作用,但明显缺乏针对性,因而也难以直接调控跨区域大气污染监管执法活动。具体来说,我国现有法规在对执法责任进行设计时主要缺乏对跨区域执法过程中具体违法情形的列举。例如,对于区域内地方政府阻挠跨区域大气污染监管执法的实施等跨区域大气污染监管执法过程中所独有的违法情形,我国现有法规就缺乏相应规定,从而难以完全防止跨区域大气污染监管执法过程中违法行为的出现,也无法保障跨区域大气污染监管执法的稳定实施。

三、跨区域大气污染监管执法责任保障的完善

针对上文中所述的跨区域大气污染监管执法责任保障机制所存在的不足,本书也拟从两个层面对跨区域大气污染监管执法的责任保障机制进行完善。首先,要更新责任设定的理念,在进行执法责任建构时,既要关注传统行政区执法的稳定运行,更要关注跨区域执法的稳定实施。实际上,为了应对区域性环境污染的威胁,我国现有环境执法体制也在从传统的行政区执法向区域环境执法转变,作为对这一转变趋势的回应,我国现有法规在对跨区域大气污染监管执法的责任体系建构时,也应将区域环境执法理念作为执法责任体系的建构理念,并以促成跨区域大气污染监管执法的稳定实施为目的来对跨区域大气污染监管执法的责任体系进行设计。其次,以区域环境执法理念为指导,我国还应对跨区域大气污染监管执法过程中特有的违法情形进行明确列举,以增强跨区域大气污染监管执法责任追究体系的针对性和可操作性,从而有效保障跨区域大气污染监管执法的稳定实施。为此目的,本书拟从以下三个方面对跨区域大气污染监管执法的责任保障机制进行完善性设计,以提升跨区域大气污染监管执法责任保障机制的可操作性,并使其在保障跨区域大气污染监管执法稳定实施的过程中发挥应有的作用。

（一）明确跨区域大气污染监管执法的责任追究主体

责任追究制度的建立,重要的是要有明确的责任追究主体,[2]否则后续

---

〔1〕　参见我国《环境保护法》第 67、68、69 条以及《大气污染防治法》第 64、65 条的相关规定。

〔2〕　钱振明:《促进政府决策机制优化的制度安排》,载《江苏社会科学》2007 年第 6 期,第 101~104 页。

的责任追究就无从谈起。鉴于此，对跨区域大气污染监管执法责任保障的设计自然离不开对跨区域大气污染监管执法责任追究主体的设定。所谓跨区域大气污染监管执法的责任追究主体，是指有权认定跨区域大气污染监管执法过程中产生的违法行为并追究相关违法主体法律责任的特定组织或机构。为了保障对跨区域大气污染监管执法过程中违法行为的有效追究，则需要明确界定跨区域大气污染监管执法的责任追究主体。

有学者认为，根据责任追究主体与责任追究对象是否来自同一系统，可以将行政责任的追究主体分为两种类型：一是行政系统内部的责任追究主体，即"同体追责"主体，具体包括监察、审计等专门机关以及上级领导机关和公务员的任免机关；二是行政系统外部的责任追究主体，即"异体追责"主体，主要包括国家权力机关、司法机关和纪检监察机关。[1]我国学者对追责主体的类型化设计同样适用于本书对跨区域大气污染监管执法的追责主体的探讨，但考虑到跨区域大气污染监管执法主体的复合性，在界定跨区域大气污染监管执法的责任追究主体时，还应依照跨区域大气污染监管执法过程中所涉的责任主体类型来分别界定其责任追究主体。

具体而言，当区域内地方政府及其所属机构作为跨区域大气污染监管执法的责任主体时，可以按照我国常规的责任追究体制进行追责，由其所属的政府部门或者同级的司法、纪检机构进行追责。但是，当将跨区域大气污染监管执法的主体作为责任主体时，除了在联合执法模式下可以由其各自所属政府进行追责之外，统一执法模式以及交叉执法模式下的责任追究则应由所涉执法区域的共同上级政府部门以及相应层级的国家权力机关、司法机关及党的纪检机构进行追责，[2]而不应由区域内某一地方政府或其相关机构承担追责职能，以有效保障追责过程的权威性、严肃性，并确保追责结果的公平公正。

---

〔1〕 陈党：《行政责任追究制度与法治政府建设》，载《山东大学学报（哲学社会科学版）》2017年第3期，第30页。

〔2〕 有学者主张，在我国实行党管干部原则的情况下，执政党对政府及其领导的责任追究在性质上仍然属于同体追究的范畴，但本书所称的同体追究专指行政系统内部的上级政府对下级政府或本级政府对其所属机构及其工作人员的责任追究，故本书将纪检机构列入异体追究的主体之中，以彰显纪检机构与行政机构之间的区别。参见王仰文：《行政决策责任追究的主体范围问题研究》，载《广西社会科学》2014年第4期，第94页。

（二）界定跨区域大气污染监管执法的责任承担主体

对跨区域大气污染监管执法责任承担主体的界定，是指要明确跨区域大气污染监管执法过程中所产生的行政责任的承担者，也即要明确行政责任的追究对象。从理论上来讲，只要在跨区域大气污染监管执法过程中行使行政职权的组织和个人，不论其级别和职务高低、权力大小，都应当毫不例外地成为行政责任追究的对象，任何组织和个人都不能有免受行政责任追究的特权。目前，我国行使行政职权的组织和个人，既有国家行政机关和法律、法规授权的组织及其行政公务人员，又有受行政机关委托行使行政管理权力的组织或个人。因此，行政责任追究的对象不能仅仅局限于行政机关和行政首长，应当拓展到所有行使行政职权的组织和个人。[1]据此，在界定跨区域大气污染监管执法的责任主体时，需要将跨区域大气污染监管执法过程中所有行使职权的组织和个人都纳入跨区域大气污染监管执法的责任主体之中，而这既包括跨区域大气污染监管执法的主体，也包括区域内地方政府及其相关机构的工作人员。

（三）划定跨区域大气污染监管执法的责任追究范围

所谓划定跨区域大气污染监管执法的责任追究范围，就是要明确追究跨区域大气污染监管执法主体违法责任的条件，也即要对跨区域大气污染监管执法过程中具体的违法情形予以明确列举。一般而言，执法责任追究的范围主要包括下列 8 种具体的违法情形：①无法定依据、法定职权的；②超越、滥用法定职权的；③违反法定程序的；④主要事实认定不清、证据不足的；⑤适用依据错误的；⑥执法行为明显不当的；⑦不履行法定职责的；⑧其他违法或者不当行使执法职权的。[2]跨区域大气污染监管执法作为执法的一种，上述列举的违法情形自然也对其适用。不过，由于上述规定比较原则，因而还应结合跨区域大气污染监管执法的实际对其责任追究范围进行针对性的细化设计。

具体来说，针对跨区域大气污染监管执法过程中可能存在的违法情形，可以从以下两个方面来明确跨区域大气污染监管执法的责任追究范围。首先，

---

〔1〕　陈党：《行政责任追究制度与法治政府建设》，载《山东大学学报（哲学社会科学版）》2017 年第 3 期，第 31 页。

〔2〕　于爱荣主编：《政府法制 900 问》，中国法制出版社 2015 年版，第 130 页。

对于跨区域大气污染监管执法主体而言，其在跨区域大气污染监管执法过程中主要存在执法不作为、执法乱作为、给执法相对人通风报信以及帮助执法相对人逃避执法检查等可能的违法情形，因而对其责任追究范围的设计也应主要围绕上述情形进行。其次，对于区域内地方政府及其所属机构而言，其主要的违法情形则主要体现在不配合甚至阻碍跨区域大气污染监管执法等基于地方保护主义而产生的问题，因而对其违法情形的界定也主要是以消除地方保护对跨区域大气污染监管执法的阻碍为目的，将跨区域大气污染监管执法区域所在地政府及其主管部门在执法过程中干扰、阻碍执法的行为以及对违法企业进行通风报信的行为列入责任追究范围之中。

结　语

　　在我国京津冀、长三角等大气污染防治的重点区域，每年秋冬季节的雾霾围城总是深深刺痛着政府和公众的神经，在唤起民众对良好大气环境渴求愿望的同时也将公众带入有关区域性大气污染防治的深思，而如何应对区域性大气污染问题也成为我国政府部门、学界关注的热门话题。经过政府部门的实践探索和学界的理论分析，在众多的解决路径中，基于区域环境治理理论而生的区域大气污染联防联控便成为应对区域性大气污染的破题之策。接下来，便是如何落实区域大气污染联防联控的问题。本书认为，所谓区域大气污染的联防联控，实际上就是要打破行政区划对大气污染防治工作的限制，从而以区域大气环境的保护为着眼点，协同区域内地方政府共同防治区域内的大气污染。要实现这一目的，既需要从政治、经济、科技、社会等多个角度着手，但更离不开法律的保障和支持。从法律层面而言，区域大气污染联防联控的稳定实施和有效落实需要完善的法律调控和保障机制。其中，既有区域内政府间大气污染防治立法的协同机制，[1]也有区域内政府间大气污染执法的合作机制，更有作为最后一道关卡的跨区域环境司法机制的安排，[2]本书对跨区域大气污染监管执法的探讨便是在区域内政府间执法合作的视野下展开的。

　　由文中对跨区域大气污染监管执法的论述可知，跨区域大气污染监管执法就是在区域大气污染联防联控背景下产生的一种与传统行政区大气污染执法模式截然不同的执法类型，其以大气环境区域作为执法区域，目的就是要

---

〔1〕　王超锋：《我国区域环境立法机制的构建探究》，载《宁夏社会科学》2017年第1期，第76~82页。

〔2〕　刘晓华：《巡回法庭试点下的跨区域环境司法联动机制探索》，载《法制博览》2016年第21期，第33~34页。

突破行政区划对大气污染执法的阻隔，并进而实现对区域大气环境的一体性保护。为了保障跨区域大气污染监管执法的有效实施，需要从跨区域大气污染监管执法的主体、客体、程序、保障四个方面对跨区域大气污染监管执法的机制进行建构。首先，基于不同的执法模式，可以将跨地区的环保机构、区域内地方政府所属的大气污染执法机构以及区域内地方政府所属的共同上级环境保护主管部门界定为跨区域大气污染监管执法的主体；其次，按照成本效益原则以及实证标准的考量，可以将位于国家大气污染防治重点区域内的行政交界区域的重点大气污染项目作为跨区域大气污染监管执法的客体；此外，为了强化跨区域大气污染监管执法过程中相关主体之间的沟通协调，还应从启动、运行、终结、监督四个环节入手，对跨区域大气污染监管执法的程序进行系统设计；最后，则应从信息的公开与共享、区域内地方政府间利益的协调与平衡、执法的外部监督以及违法责任的追究四个方面入手，对跨区域大气污染监管执法的保障机制予以完善设计。

值得注意的是，跨区域大气污染监管执法是我国大气污染执法领域的一个新事物，其在我国2015年修订的《大气污染防治法》中才首次得以确认，因而在我国实施的历史不长，也尚未积累足够丰富的实践经验，而本书基于我国现有跨区域大气污染监管执法实践而进行的探索也难掩青涩。鉴于此，本书为跨区域大气污染监管执法所设计的路径及建构的机制是否可行还有待实践来检验，而其中细节问题的完善更有待于实践的持续支持。为此，本书作者在今后的研究中将对跨区域大气污染监管执法实践的进展予以持续关注。此外，本书对跨区域大气污染监管执法的探讨还只是跨区域大气污染监管执法研究进程中的一个阶段，随着我国跨区域大气污染监管执法实践的逐步开展，有关跨区域大气污染监管执法的理论研究也将逐步走向深入，而跨区域大气污染监管执法的机制建构及制度建设也将更加完善。

需要说明的是，本书对跨区域大气污染监管执法的探讨并非仅仅着眼于区域性大气污染的防治，实际上，鉴于环境要素的一体性和相关性，包括水、海洋等环境要素的保护以及有毒危险物质、固体废物等物质的管控都需要突破行政区划的限制而实行跨行政区域的环境治理。当然，本书无意对上述环境要素或管控物质的跨区域执法都一一进行研究，而且依据上述要素分别建构我国的跨区域执法体制也远非本书之意，本书只是想以跨区域大气污染监管执法为切入点，来尝试剖析跨区域环境执法的机理，并力求为我国跨区域环境执法体制、机制的建构提供相应的对策和建议。有鉴于此，本书有关跨区域大气污染监管执法的探讨并非专为跨区域大气污染监管执法领域所有，其应归属于我国整个的环境执法体制，因而也期待本书的研究在促进我国跨区域大气污染监管执法理论与实践发展的同时，也能对推动我国环境执法体制从行政区执法模式向环境区域执法模式的转变产生一定的裨益。

此外，为了保障跨区域大气污染监管执法的稳定实施，本书还想谈一下与跨区域大气污染监管执法有关的立法问题。2014 年中国共产党第十八届中央委员会第四次全体会议提出，法律是治国之重器，良法是善治之前提。跨区域大气污染监管执法的顺利实施也需要统一的大气污染防治法规为前提，当前，我国不同行政区所适用的地方大气污染防治立法还存在差异，从而给跨区域大气污染监管执法的顺利实施以及执法效果的实现带来障碍，要解决这一问题，就需要强化行政区之间的立法协同，以实现我国区域环境立法的一体化、统一化，从而为跨区域大气污染监管执法提供统一的法律标杆。俗话说，没有规矩不成方圆，作为一种新的执法类型，跨区域大气污染监管执法本身也需要法律的规制和保障。鉴于此，我国中央和地方政府在充实、完善大气污染防治法规的同时，也应围绕跨区域大气污染监管执法本身开展立法工作，通过立法将跨区域大气污染监管执法的方式、主体、权限、程序等相关事项予以明确化、具体化，从而在完善跨区域大气污染监管执法的法律依据的同时，保障跨区域大气污染监管执法的有效开展以及跨区域大气污染监管执法目标的全面实现。

最后需要指出的是，跨区域大气污染监管执法只是我国实现区域大气污染联防联控的法律举措之一。系统完善的区域大气污染联防联控法律机制的建立不仅需要跨区域大气污染监管执法机制，还需要跨区域大气污染立法机制和跨区域大气污染司法机制。当前，我国学者已就区域环境立法和区域环境司法展开研究，上述研究成果也可以移植于跨区域大气污染立法机制和司法机制的建构之中，从而促进我国区域大气污染联防联控法律机制的整体完善。当然，大气只是我国整体环境的一个要素，而大气污染也只是我国环境问题中的一个类型，有关跨区域大气污染防治的法律机制设计自然也适用于我国整个的环境保护领域。有鉴于此，本书有关跨区域大气污染监管执法的研究只是我国跨行政区环境治理法律机制研究的一个起点和支点，要建构系统完善的跨行政区环境治理法律机制，还需要从包括大气、水、海洋、生物等环境要素在内的环境综合体的整体保护出发，从污染防治和资源保护两大任务入手，对跨行政区环境治理的立法、执法、司法机制予以协同建构，以推动我国跨行政区环境治理法律机制向着整体性和系统化的方向发展，而这也是本书作者所要努力的方向。

参考文献

中文著作：

1. 王琳：《我国跨界环境行政执法协同机制研究——主要以京津冀地区为例》，知识产权出版社 2022 年版。
2. 郭大林：《跨区域环境保护协同执法机制研究》，中国政法大学出版社 2022 年版。
3. 于钧泓：《大气污染区域治理法律协调机制研究》，知识产权出版社 2022 年版。
4. 方雷、钟世红等：《跨区域治理的行政制度供给》，广西师范大学出版社 2022 年版。
5. 朱京安：《京津冀大气污染治理一体化立法研究——国际视野与区域问题》，人民出版社 2021 年版。
6. 肖爱：《行政边界区域环境法治研究》，光明日报出版社 2020 年版。
7. 李国平、陈红霞：《协调发展与区域治理：京津冀地区的实践》，北京大学出版社，2012 年版。
8. 胡佳：《区域环境治理中的地方政府协作研究》，人民出版社 2015 年版。
9. 宋煜萍：《生态型区域治理中地方政府执行力研究》，人民出版社 2014 年版。
10. 费广胜：《经济区域化背景下的地方政府横向关系研究：基于竞争与合作并存的角度》，中国经济出版社 2013 年版。
11. 周建鹏：《区域环境治理模式创新研究：以湘黔渝"锰三角"为例》，光明日报出版社 2015 年版。
12. 张雪：《跨区域绿色治理府际合作中国家权力纵向嵌入机制研究》，经济日报出版社 2021 年版。
13. 李荣娟：《当代中国跨省区域联合与公共治理研究》，中国社会科学出版社 2014 年版。
14. 施从美、沈承诚：《区域生态治理中的府际关系研究》，广东人民出版社 2011 年版。
15. 叶必丰、何渊：《区域合作协议汇编》，法律出版社 2011 年版。
16. 陈光：《区域立法协调机制的理论建构》，人民出版社 2014 年版。
17. 金太军：《区域治理中的行政协调研究》，广东人民出版社 2011 年版。

18. 余敏江、黄建洪:《生态区域治理中中央与地方府际间协调研究》,广东人民出版社 2011 年版。

19. 叶必丰:《行政协议:区域政府间合作机制研究》,法律出版社 2010 年版。

20. 王春业:《区域合作背景下地方联合立法研究》,中国经济出版社 2014 年版。

21. 陈俊:《区域一体化进程中的地方立法协调机制研究》,法律出版社 2013 年版。

22. 赵胜才:《论区域环境法律》,光明日报出版社 2009 年版。

23. 王书肖:《长三角区域霾污染特征、来源及调控策略》,科学出版社 2016 年版。

24. 刘咸德等:《持久性有机污染物被动采样与区域大气传输》,科学出版社 2015 年版。

25. 程永林:《区域合作、制度绩效与利益协调》,人民出版社 2013 年版。

26. 刘莘主编:《区域法治化评价体系与标准研究》,中国政法大学出版社 2013 年版。

27. 韩德强:《环境司法审判区域理论与实践探索》,中国环境出版社 2015 年版。

28. 唐亚林:《长江三角洲区域治理的理论与实践》,复旦大学出版社 2014 年版。

29. 佟宝全、毕其格:《区域整合理论,方法与实践》,中央民族大学出版社 2012 年版。

30. 周佑勇主编:《区域政府间合作的法治原理与机制》,法律出版社 2016 年版。

31. 杨治坤:《区域大气污染府际合作治理法律问题研究》,上海三联书店 2019 年版。

32. 潘高峰:《区域经济一体化中政府合作的法制协调研究》,人民出版社 2015 年版。

33. 马海龙:《京津冀区域治理:协调机制与模式》,东南大学出版社 2014 年版。

34. 李煜兴:《区域行政规划研究》,法律出版社 2009 年版。

35. 王春业:《区域行政立法模式研究:以区域经济一体化为背景》,法律出版社 2009 年版。

36. 王川兰:《竞争与依存中的区域合作行政:基于长江三角洲都市圈的实证分析》,复旦大学出版社 2008 年版。

37. 孙兵:《区域协调组织与区域治理》,上海人民出版社 2007 年版。

38. 陶希东:《转型期中国跨省市都市圈区域治理——以"行政区经济"为视角》,上海社会科学院出版社 2007 年版。

39. 文正邦、付子堂:《区域法治建构论:西部开发法治研究》,法律出版社 2006 年版。

40. 李帮义、王玉燕主编:《博弈论与信息经济学》,科学出版社 2016 年版。

41. 汪贤裕、肖玉明:《博弈论及其应用》,科学出版社 2016 年版。

42. 郎艳怀:《博弈论及其应用》,上海财经大学出版社 2015 年版。

43. 孙绍荣:《管理博弈:用理论与实践来深化博弈论》,中国经济出版社 2015 年版。

44. [美]埃莉诺·奥斯特罗姆、罗伊·加德纳、詹姆斯·沃克:《规则、博弈与公共池塘资源》,王巧玲、任睿译,陕西人民出版社 2011 年版。

45. 陈毅:《博弈规则与合作秩序》,上海人民出版社 2010 年版。

46. [美]艾里克·拉斯穆森:《博弈与信息:博弈论概论》,韩松译,中国人民大学出版社 2009 年版。

47. 戴浩飞:《治理视角下执法方式变革研究》,中国政法大学出版社 2015 年版。

48. 河北马倍战律师事务所:《环境行政执法精要》,中国环境出版社 2015 年版。

49. 朴光洙等:《环境法与环境执法》,中国环境出版社 2015 年版。

50. 汪燕:《选择性执法及其治理研究》,中国社会科学出版社 2014 年版。

51. 李景光、张占涛:《国外海洋管理与执法体制》,海洋出版社 2014 年版。

52. 熊文钊:《城管论衡:综合执法体制研究》,法律出版社 2012 年版。

53. 宋大涵:《行政执法教程》,中国法制出版社 2011 年版。

54. 肖金明、冯威:《执法过程研究》,山东大学出版社 2008 年版。

55. 王振清:《海洋执法研究》,海洋出版社 2008 年版。

56. 姜明安:《行政执法研究》,北京大学出版社 2004 年版。

57. 关保英:《执法与处罚的行政权重构》,法律出版社 2004 年版。

58. 高桂林、陈云俊、于钧泓:《大气污染联防联控法制研究》,中国政法大学出版社 2016 年版。

59. 信春鹰主编:《中华人民共和国大气污染防治法释义》,法律出版社 2015 年版。

60. 《中华人民共和国环境保护法律法规全书》,中国法制出版社 2016 年版。

61. 国务院法制办公室:《中华人民共和国环境法典》,中国法制出版社 2016 年版。

62. 《新编中华人民共和国司法解释全书》,中国法制出版社 2016 年版。

63. 《中华人民共和国行政及行政诉讼法法律法规全书》,中国法制出版社 2016 年版。

64. 全国人大常委会法制工作委员会行政法室编著:《中华人民共和国大气污染防治法解读》,中国法制出版社 2015 年版。

65. 杨海坤、马讯:《中国行政法发展的理论、制度和道路》,中国劳动社会保障出版社 2015 年版。

66. 应松年:《英美法德日五国行政法》,中国政法大学出版社 2015 年版。

67. 张步峰:《正当行政程序研究》,清华大学出版社 2015 年版。

68. 康良辉:《相对集中行使行政权制度研究》,中国政法大学出版社 2014 年版。

69. 曾娜:《行政程序的正当性判断标准研究》,知识产权出版社 2014 年版。

70. 贾国栋:《行政执法的伦理研究》,法律出版社 2011 年版。

71. 杨海坤、章志远:《中国行政法原论》,中国人民大学出版社 2007 年版。

72. 王臻荣:《行政监督概论》,高等教育出版社 2009 年版。

73. 周佑勇:《行政法原论》,中国方正出版社 2005 年版。

74. 陈海嵩:《解释论视角下的环境法研究》,法律出版社 2016 年版。

75. 国务院法制办公室:《中华人民共和国环境法典·注释法典》,中国法制出版社 2016 年版。

76. 《中华人民共和国环境保护法：案例注释版》，中国法制出版社 2016 年版。

77. 冯振强：《无言的义务：环境法的最高境界》，中国政法大学出版社 2015 年版。

78. 杨立华等：《中国环境监察监测之事权财权划分研究》，北京大学出版社 2015 年版。

79. 杨启乐：《当代中国生态文明建设中政府生态环境治理研究》，中国政法大学出版社 2015 年版。

80. 王圣礼：《论环境法的主体与客体》，法律出版社 2015 年版。

81. 王彬辉：《加拿大环境法律实施机制研究》，中国人民大学出版社 2014 年版。

82. 刘武朝等：《自愿式环境协议制度研究》，知识产权出版社 2013 年版。

83. 胡静、傅学良：《环境信息公开立法的理论与实践》，中国法制出版社 2011 年版。

84. 朱谦：《环境法基本原理——以环境污染防治法律为中心》，知识产权出版社 2009 年版。

85. 胡静：《环境法的正当性与制度选择》，知识产权出版社 2009 年版。

86. 崔晶：《都市圈地方政府协作治理》，中国人民大学出版社 2015 年版。

87. 曹海晶、方世荣：《国家治理体系与治理能力现代化中的行政法问题研究》，湖北人民出版社 2015 年版。

88. 赖先进：《论政府跨部门协同治理》，北京大学出版社 2015 年版。

89. 欧阳帆：《中国环境跨域治理研究》，首都师范大学出版社 2014 年版。

90. 卢洪友等：《外国环境公共治理：理论、制度与模式》，中国社会科学出版社 2014 年版。

91. 叶汉雄：《基于跨域治理的梁子湖水污染防治研究》，武汉大学出版社 2013 年版。

92. 曾凡军：《基于整体性治理的政府组织协调机制研究》，武汉大学出版社 2013 年版。

93. ［美］菲沃克主编：《大都市治理：冲突、竞争与合作》，许源源、江胜珍译，重庆大学出版社 2012 年版。

94. 赵永茂等：《府际关系——新兴研究议题与治理策略》，社会科学文献出版社 2012 年版。

95. 肖建华、赵运林、傅晓华：《走向多中心合作的生态环境治理研究》，湖南人民出版社 2010 年版。

96. 黄德春、华坚、周燕萍：《长三角跨界水污染治理机制研究》，南京大学出版社 2010 年版。

97. 王勇：《政府间横向协调机制研究——跨省流域治理的公共管理视界》，中国社会科学出版社 2010 年版。

98. 黄淼：《区域环境治理》，中国环境科学出版社 2009 年版。

99. 陈坤：《长三角跨界水污染防治法律协调机制研究》，复旦大学出版社 2014 年版。

100. 姬鹏程、孙长学：《流域水污染防治体制机制研究》，知识产权出版社 2009 年版。

101. 曾鹏：《论区域经济一体化下区域行政执法合作》，广东教育出版社 2015 年版。

102. 朱谦：《公众环境保护的权利构造》，知识产权出版社 2008 年版。

103. 张康之：《走向合作的社会》，中国人民大学出版社 2015 年版。

104. 韩大元、张翔等：《宪法解释程序研究》，中国人民大学出版社 2016 年版。

105. 冯嘉：《环境法原则论》，中国政法大学出版社 2012 年版。

106. 竺效：《生态损害综合预防和救济法律机制研究》，法律出版社 2016 年版。

107. 孙笑侠：《程序的法理》，商务印书馆 2005 年版。

108. ［德］尤尔根·哈贝马斯：《合法化危机》，刘北成、曹卫东译，上海人民出版社 2009 年版。

109. ［美］罗伯特·考特、托马斯·尤伦：《法和经济学》，史晋川、董雪兵等译，格致出版社、上海三联书店、上海人民出版社 2012 年版。

110. ［美］理查德·波斯纳：《法律的经济分析》，蒋兆康译，法律出版社 2012 年版。

111. 蒋敏娟：《中国政府跨部门协同机制研究》，北京大学出版社 2016 年版。

112. 刘卫先：《自然资源权体系及实施机制研究》，法律出版社 2016 年版。

113. 全国人大常委会法制工作委员会编：《中华人民共和国环境保护法释义》，法律出版社 2014 年版。

114. ［美］布莱恩·比克斯：《法理学：理论与语境》，邱昭继译，法律出版社 2008 年版。

115. ［美］查尔斯·D. 科尔斯塔德：《环境经济学》，彭超、王秀芳译，中国人民大学出版社 2016 年版。

116. 王韬洋：《环境正义的双重维度：分配与承认》，华东师范大学出版社 2015 年版。

117. ［美］E. 霍贝尔：《原始人的法》，严存生等译，法律出版社 2012 年版。

118. 谢新水：《作为一种行为模式的合作行政》，中国社会科学出版社 2013 年版。

119. 任新建：《竞合论》，上海人民出版社 2012 年版。

120. 李红利：《环境困局与科学发展：中国地方政府环境规制研究》，上海人民出版社 2012 年版。

121. 熊必军：《制度分析视域下的中国特色政党制度研究》，中央编译出版社 2013 年版。

122. 彭和平：《制度学概论》，国家行政学院出版社 2015 年版。

123. 王振清：《海洋行政执法研究》，海洋出版社 2008 年版。

124. 本书编写组：《行政执法实用教程》，法律出版社 2009 年版。

125. 朱维究：《行政行为的司法监督》，山西教育出版社 1997 年版。

126. 文正邦：《法治政府建构论 依法行政理论与实践研究》，法律出版社 2002 年版。

127. 张越、张吕好：《行政执法实用手册》（增订本），中国市场出版社 2015 年版。

128. 刘平：《行政执法原理与技巧》，上海人民出版社 2015 年版。

129. 肖光辉：《法理学 理论·实务·案例》，中国政法大学出版社 2015 年版。

130. 福建省人民政府法制办公室编:《执法理论与实务》,厦门大学出版社 2013 年版。

131. 于爱荣主编:《政府法制 900 问》,中国法制出版社 2015 年版。

132. 胡东、李雪沣:《行政执法问题研究》,黑龙江人民出版社 2008 年版。

133. 张建宇、严厚福、秦虎编译:《美国环境执法案例精编》,中国环境科学出版社 2013 年版。

134. 刘书祥、李国旗:《我国综合行政执法的理论与实践》,天津社会科学院出版社 2007 年版。

135. 祁希元:《行政执法通论》,云南大学出版社 2008 年版。

136. 宋大涵:《行政执法教程》,中国法制出版社 2011 年版。

137. 张武扬、焦凤君:《中国政府法制论稿》,中国法制出版社 2002 年版。

138. 谢军安、王胜云:《环境法实务教程》,法律出版社 2007 年版。

139. 杨海坤:《中国行政法基础理论》,中国人事出版社 2000 年版。

140. 王克稳:《政府合同研究》,苏州大学出版社 2007 年版。

141. 上官丕亮、陆永胜、朱中一:《宪法原理》,苏州大学出版社 2013 年版。

142. 谢鹏程等:《行政执法检察监督论》,中国检察出版社 2016 年版。

143. 郑少华:《生态主义法哲学》,法律出版社 2002 年版。

144. 汪劲:《环境法律的理念与价值追求:环境立法目的论》,法律出版社 2000 年版。

145. 蔡守秋:《环境行政执法和环境行政诉讼》,武汉大学出版社 1992 年版。

146. 王灿发:《中国环境行政执法手册》,中国人民大学出版社 2009 年版。

147. 王灿发:《新〈环境保护法〉实施情况评估报告》,中国政法大学出版社 2016 年版。

148. 张梓太:《环境法律责任研究》,商务印书馆 2004 年版。

149. 周珂、别涛、竺效:《环境保护行政许可听证实例与解析》,中国环境科学出版社 2005 年版。

150. 曹明德:《生态法原理》,人民出版社 2002 年版。

151. 杜群:《环境法融合论——环境、资源、生态法律保护一体化》,科学出版社 2003 年版。

152. 吕忠梅、陈虹、彭晓晖:《规范政府之法:政府经济行为的法律规制》,法律出版社 2001 年版。

153. 李挚萍:《环境法的新发展——管制与民主的互动》,人民法院出版社 2006 年版。

154. 李冰强、徐祥民:《公共信托理论批判》,法律出版社 2017 年版。

155. 黄锡生、邓禾:《行为与规制:建设"两型社会"法制保障研究》,科学出版社 2010 年版。

156. 李爱年、肖爱:《法治保障生态化:从单一到多维》,湖南师范大学出版社 2015 年版。

157. 陈泉生、张梓太:《宪法行政法的生态化》,法律出版社 2001 年版。

158. 山东省环境监察总队：《环境执法案例精选——新修订的〈环境保护法〉实施以来山东省环境监察典型案例选编》，中国环境出版社 2016 年版。

159. 陶希东：《中国跨界区域管理：理论与实践探索》，上海社会科学院出版社 2010 年版。

中文论文：

1. 王丽、毛寿龙：《大气污染防治区域政府间合作的制度逻辑——以京津冀为例》，载《治理现代化研究》2023 年第 4 期。

2. 肖福群、蒙常胜：《京津冀大气污染区域协同治理中的利益冲突影响机理及协调机制——基于多案例的比较分析》，载《中国行政管理》2022 年第 12 期。

3. 骆家林：《论跨区域生态环境联合执法机制的完善》，载《青海社会科学》2022 年第 5 期。

4. 陈真亮：《行政边界区域环境法治的理论展开、实践检视及治理转型》，载《江西财经大学学报》2022 年第 1 期。

5. 张健，张舒：《长三角区域环境联合执法机制完善研究》，载《中国环境管理》2021 年第 2 期。

6. 胡中华、周振新：《区域环境治理：从运动式协作到常态化协同》，载《中国人口·资源与环境》2021 年第 3 期。

7. 尹珊珊：《区域大气污染地方政府联合防治的激励性法律规制》，载《环境保护》2020 年第 5 期。

8. 曾娜：《从协调到协同：区域环境治理联合防治协调机制的实践路径》，载《西部法学评论》2020 年第 2 期。

9. 唐湘博、陈晓红：《区域大气污染协同减排补偿机制研究》，载《中国人口·资源与环境》2017 年第 9 期。

10. 潘本锋等：《支撑京津冀区域大气污染联防联控的大气监测体系构建》，载《中国环境监测》2017 年第 5 期。

11. 杨丽娟、郑泽宇：《我国区域大污染治理法律责任机制探析——以均衡责任机制为进路》，载《东北大学学报（社会科学版）》2017 年第 4 期。

12. 刘冬惠、张海燕、毕军：《区域大气污染协作治理的驱动机制研究——以长三角地区为例》，载《中国环境管理》2017 年第 2 期。

13. 陈建：《统一标准是跨省重点区域大气污染治理的出路——基于邻避扩张的视角》，载《江苏大学学报（社会科学版）》2017 年第 2 期。

14. 岳书敬、霍晓：《跨区域大气污染联合防治中的地方政府演化博弈分析》，载《南京邮电大学学报（社会科学版）》2017 年第 1 期。

15. 刘一玮：《京津冀区域大气污染治理利益平衡机制构建》，载《行政与法》2017 年第

10 期。

16. 杨治坤:《区域大气污染联合防治》,载《法治社会》2017 年第 6 期。

17. 王清军:《区域大气污染治理体制:变革与发展》,载《武汉大学学报(哲学社会科学版)》2016 年第 1 期。

18. 姜玲,乔亚丽:《区域大气污染合作治理政府间责任分担机制研究——以京津冀地区为例》,载《中国行政管理》2016 年第 6 期。

19. 康京涛:《论区域大气污染联防联控的法律机制》,载《宁夏社会科学》2016 年第 2 期。

20. 魏娜、赵成根:《跨区域大气污染协同治理研究——以京津冀地区为例》,载《河北学刊》2016 年第 1 期。

21. 赵新峰、袁宗威:《区域大气污染治理中的政策工具:我国的实践历程与优化选择》,载《中国行政管理》2016 年第 7 期。

22. 郭施宏、其烨:《京津冀区域大气污染协同治理模式构建——基于府际关系理论视角》,载《中国特色社会主义研究》2016 年第 3 期。

23. 燕丽等:《区域大气污染联防联控协作机制探讨》,载《环境与可持续发展》2016 年第 5 期。

24. 赵新峰、王小超:《京津冀区域大气污染治理中的信息沟通机制研究——开放系统理论的视角》,载《行政论坛》2016 年第 5 期。

25. 蔚超、聂灵灵:《区域大气污染协同治理困境形成因素研究》,载《山东行政学院学报》2016 年第 2 期。

26. 常纪文:《中欧区域大气污染联防联控立法之比较——兼论我国大气污染联防联控法制的完善》,载《发展研究》2015 年第 10 期。

27. 袁小英:《我国区域大气污染联防联控机制的探讨》,载《四川环境》2015 年第 5 期。

28. 谢伟:《我国跨区域大气污染传输控制立法初探》,载《社会科学家》2015 年第 8 期。

29. 崔晶、孙伟:《区域大气污染协同治理视角下的府际事权划分问题研究》,载《中国行政管理》2014 年第 9 期。

30. 曹锦秋、吕程:《联防联控:跨行政区域大气污染防治的法律机制》,载《辽宁大学学报(哲学社会科学版)》2014 年第 6 期。

31. 王金南、宁淼、孙亚梅:《区域大气污染联防联控的理论与方法分析》,载《环境与可持续发展》2012 年第 5 期。

32. 宁淼、孙亚梅、杨金田:《国内外区域大气污染联防联控管理模式分析》,载《环境与可持续发展》2012 年第 5 期。

33. 全永波:《海洋环境跨区域治理的逻辑基础与制度供给》,载《中国行政管理》2017 年第 1 期。

34. 徐胜萍、曾佳:《论环境资源案件跨区域集中管辖制度的完善》,载《华东师范大学学报(哲学社会科学版)》2017年第1期。

35. 赵凤仪、熊明辉:《我国跨区域水污染治理的困境及应对策略》,载《南京社会科学》2017年第5期。

36. 温薇、田国双:《生态文明时代的跨区域生态补偿协调机制研究》,载《经济问题》2017年第5期。

37. 全永波:《海洋跨区域治理与"区域海"制度构建》,载《中共浙江省委党校学报》2017年第1期。

38. 郭永园:《软法治理:跨区域生态治理现代化的路径选择》,载《广西社会科学》2017年第6期。

39. 姚蓉:《我国跨区域生态协同发展问题及对策探讨》,载《理论导刊》2017年第9期。

40. 苏苗罕:《地方政府跨区域合作治理的路径选择》,载《国家行政学院学报》2015年第5期。

41. 郭斌:《跨区域环境治理中地方政府合作的交易成本分析》,载《西北大学学报(哲学社会科学版)》2015年第1期。

42. 戴胜利:《跨区域生态文明建设的利益障碍及其突破——基于地方政府利益的视角》,载《管理世界》2015年第6期。

43. 林楠等:《我国跨区域水环境信息共享机制》,载《哈尔滨工业大学学报》2012年第12期。

44. 石佑启、潘高峰:《论区域经济一体化中政府合作的执法协调》,载《武汉大学学报(哲学社会科学版)》2014年第1期。

45. 徐键:《论行政协助的协议化——跨区域行政执法的视角》,载《浙江社会科学》2008年第9期。

46. 杨桦:《论区域行政执法合作——以珠三角地区执法合作为例》,载《暨南学报(哲学社会科学版)》2012年第4期。

47. 吕建华:《论我国海洋区域执法的协调机制建构》,载《中国海洋大学学报(社会科学版)》2011年第5期。

48. 张力军:《加强区域环境督察 形成执法监督合力》,载《环境保护》2007年第2期。

49. 周悦丽:《整体政府视角下的京津冀区域执法协同机制研究》,载《首都师范大学学报(社会科学版)》2017年第4期。

50. 肖爱、李峻:《协同法治:区域环境治理的法理依归》,载《吉首大学学报(社会科学版)》2014年第3期。

51. 赵峥、宋涛:《中国区域环境治理效率及影响因素》,载《南京社会科学》2013年第3期。

52. 曹树青：《结果导向型区域环境治理法律机制探究》，载《中国人口·资源与环境》2013 年第 2 期。

53. 杨妍、孙涛：《跨区域环境治理与地方政府合作机制研究》，载《中国行政管理》2009 年第 1 期。

54. 王丽丽、刘琪聪：《区域环境治理中的地方政府合作机制研究》，载《大连理工大学学报（社会科学版）》，2014 年第 3 期。

55. 王惠娜：《区域环境治理中的新政策工具》，载《学术研究》2012 年第 1 期。

56. 潘越、陈秋平、戴亦：《绿色绩效考核与区域环境治理——来自官员更替的证据》，载《厦门大学学报（哲学社会科学版）》2017 年第 1 期。

57. 李冰强：《区域环境治理中的地方政府：行为逻辑与规则重构》，载《中国行政管理》2017 年第 8 期。

58. 曹树青：《区域环境治理理念下的环境法制度变迁》，载《安徽大学学报（哲学社会科学版）》2013 年第 6 期。

59. 赵美珍：《长三角区域环境治理主体的利益共容与协同》，载《南通大学学报（社会科学版）》2016 年第 2 期。

60. 胡佳：《区域环境治理中地方政府协作的碎片化困境与整体性策略》，载《广西社会科学》2015 年第 5 期。

61. 方雷：《地方政府间跨区域合作治理的行政制度供给》，载《理论探讨》2014 年第 1 期。

62. 李胜、陈晓春：《跨行政区流域水污染治理的政策博弈及启示》，载《湖南大学学报（社会科学版）》2010 年第 1 期。

63. 张成福、李昊城、边晓慧：《跨域治理：模式、机制与困境》，载《中国行政管理》2012 年第 3 期。

64. 金鑫：《跨行政区划司法机关设置的改革：缘起、经验与实现》，载《武汉大学学报（哲学社会科学版）》2015 年第 5 期。

65. 高翔：《跨行政区水污染治理中"公地的悲剧"——基于我国主要湖泊和水库的研究》，载《中国经济问题》2014 年第 4 期。

66. 崔晶：《大都市区跨界公共事务运行模式：府际协作与整合》，载《改革》2011 年第 7 期。

67. 韩志红、付大学：《地方政府之间合作的制度化协调——区域政府的法治化路径》，载《北方法学》2009 年第 2 期。

68. 徐兰飞：《中国跨行政区水污染治理中地方政府合作的里理论探析》，载《山东行政学院学报》2011 年第 1 期。

69. 苗志江：《武汉城市圈区域行政执法一体化探讨》，载《江汉大学学报（社会科学版）》2012 年第 3 期。

70. 李长友：《论区域环境信息协作法律机制》，载《政治与法律》2014 年第 10 期。

71. 汪伟全：《空气污染跨域治理中的利益协调研究》，载《南京社会科学》2016 年第 4 期。

72. 杨爱平：《从垂直激励到平行激励：地方政府合作的利益激励机制创新》，载《学术研究》2011 年第 5 期。

73. 杨爱平、陈瑞莲：《从"行政区行政"到"区域公共管理"——政府治理形态嬗变的一种比较分析》，载《江西社会科学》2004 年第 11 期。

74. 田千山：《生态环境多元共治模式：概念与建构》，载《行政论坛》2013 年第 3 期。

75. 李瑞涵、赵强、吴育华：《合作理论及其稳定性分析》，载《天津大学学报（自然科学与工程技术版）》2002 年第 6 期。

76. 桂林：《执法俘获：法治危害及其治理路径》，载《上海行政学院学报》2010 年第 5 期。

77. 向力：《海上执法的主体困境及其克服：海洋权益维护视角下的考察》，载《武汉大学学报（哲学社会科学版）》2011 年第 5 期。

78. 夏光：《探索建立跨地区环保机构的思考》，载《世界环境》2016 年第 2 期。

79. 朱福慧、邵自红：《美国与德国法院体制之比较》，载《现代法学》2001 年第 6 期。

80. 谢宝剑、陈瑞莲：《国家治理视野下的大气污染区域联动防治体系研究——以京津冀为例》，载《中国行政管理》2014 年第 9 期。

81. 孙英伟：《法律关系客体析疑》，载《河北师范大学学报（哲学社会科学版）》2010 年第 6 期。

82. 蔡守秋、吴贤静：《从"主、客二分"到"主、客一体"》，载《现代法学》2010 年第 6 期。

83. 厉磊：《主体、客体、手段：绿色发展监管体制的构建要素》，载《求实》2017 年第 1 期。

84. 董德刚：《略论客体对主体的反作用》，载《中共中央党校学报》2013 年第 4 期。

85. 林灿铃：《边境地区环境问题的法治之道》，载《政法论丛》2017 年第 2 期。

86. 孙莉：《程序·程序研究与法治》，载《法学》1998 年第 9 期。

87. 张步峰：《论行政程序的功能——一种行政过程论的视角》，载《中国人民大学学报》2009 年第 1 期。

88. 陈海嵩：《环保督察制度法治化：定位、困境及其出路》，载《法学评论》2017 年第 3 期。

89. 莫于川、雷振：《中国的行政执法信息公开制度实践考察——一项基于知情权保护视角的实证研究》，载《南开学报》2012 年第 4 期。

90. 王灿发、林燕梅：《我国政府环境信息公开制度的健全与完善》，载《行政管理改革》2014 年第 6 期。

91. 谷树忠：《污染防治协同态势与取向观察》，载《改革》2017 年第 8 期。

92. 蔡守秋：《从综合生态系统到综合调整机制：构建生态文明法治基础理论的一条路径》，载《甘肃政法学院学报》2017 年第 1 期。

93. 胡乙、赵惊涛：《"互联网+"视域下环境保护公众参与平台建构问题研究》，载《法学杂志》2017 年第 4 期。

94. 赵树迪、周显信：《区域环境协同治理中的府际竞合机制研究》，载《江苏社会科学》2017 年第 6 期。

95. 金太军、沈承诚：《政府生态治理、地方政府核心行动者与政治锦标赛》，载《南京社会科学》2012 年第 6 期。

96. 史玉成：《生态补偿的法理基础及概念辨析》，载《甘肃政法学院学报》2016 年第 4 期。

97. 唐亚林：《产业升级、城市群发展与区域经济社会一体化——区域治理新图景建构》，载《同济大学学报（社会科学版）》2015 年第 6 期。

98. 杨治坤：《区域经济一体化中府际间利益的法制协调》，载《广东社会科学》2017 年第 6 期。

99. 陈党：《行政责任追究制度和法治政府建设》，载《山东大学学报（哲学社会科学版）》2017 年第 3 期。

100. 钱振明：《促进政府决策机制优化的制度安排》，载《江苏社会科学》2017 年第 6 期。

101. 彭皓玥：《公众权益与跨区域生态规制策略研究——相邻地方政府间的演化博弈行为分析》，载《科技进步与对策》2016 年第 7 期。

102. 高永志、黄北新：《对建立跨区域河流污染经济补偿机制的探讨》，载《环境保护》2003 年第 9 期。

103. 袁亮等：《晋升锦标赛下的跨区域生态环保合作机理及机制研究》，载《华东经济管理》2016 年第 8 期。

104. 曾贤刚：《跨区域重大项目环境影响评价机制的构建》，载《改革》2017 年第 12 期。

105. 陈德敏、郭海蓝：《大气污染防治法律适用与执法主体适格性研究：——基于长安汽车排放超标一案的分析》，载《中国地质大学学报（社会科学版）》2017 年第 5 期。

106. 厉磊：《主体、客体、手段：绿色法治监管体制的构建要素》，载《求实》2017 年第 1 期。

107. 徐德琳、徐梦佳、邹长新：《跨界水污染环境执法研究——沪、苏、浙跨界水污染防治引发的思考》，载《环境保护》2014 年第 23 期。

108. 李爱年、刘翔：《环境执法生态化：生态文明建设的执法机制创新》，载《湖南师范大学社会科学学报》2016 年第 3 期。

109. 于洋：《联合执法：一种治理悖论的应对机制——以海洋环境保护联合执法为例》，载《公共管理学报》2016 年第 2 期。

110. 何香柏：《我国威慑型环境执法困境的破解——基于观念和机制的分析》，载《法商研究》2016 年第 4 期。

111. 马军：《中美环境监察执法对比——兼论我国环境执法监察的困境与突破》，载《环境保护》2015 年第 12 期。

112. 余光辉、陈亮：《论我国环境执法机制的完善：从规制俘获的视角》，载《法律科学（西北政法大学学报）》2010 年第 5 期。

113. 王树义、郑则文：《论绿色发展理念下环境执法垂直管理体制的改革与构建》，载《环境保护》2015 年第 23 期。

114. 周珂、汪小娟：《新常态下环境监察执法的难点与重点》，载《环境保护》2015 年第 12 期。

115. 孙畅：《地方环境监测监察执法垂直管理体制改革：利弊争论与改革方向》，载《中国行政管理》2016 年第 12 期。

116. 赵惊涛、李延坤：《我国环境联合执法体制改革博弈分析》，载《环境保护》2014 年第 16 期。

117. 刘为民：《信息公开与我国环境执法》，载《天府新论》2013 年第 5 期。

118. 谢昕：《公众参与环境执法监管的机制研究》，载《环境保护》2012 年第 18 期。

119. 张炳淳、陶伯进：《论环境行政执法权的监察监督》，载《新疆社会科学》2010 年第 6 期。

120. 冯锦彩：《论中国环境执法制度的完善——以中美环境执法制度比较为视角》，载《环境保护》2009 年第 6 期。

121. 黄锡生、王江：《中国环境执法的障碍与破解》，载《重庆大学学报（社会科学版）》2009 年第 1 期。

122. 贺思源：《论我国环境执法机构的重构》，载《学术界》2007 年第 1 期。

123. 欧阳志刚、李建华：《论行政执法程序的正当性内涵》，载《求索》2011 年第 11 期。

124. 王青斌：《论执法保障与行政执法能力的提高》，载《行政法学研究》2012 年第 1 期。

125. 汪劲：《论生态补偿的概念——以〈生态补偿条例〉草案的立法解释为背景》，载《中国地质大学学报（社会科学版）》2014 年第 1 期。

126. 史玉成：《生态补偿制度建设与立法供给——以生态利益保护与衡平为视角》，载《法学评论》2013 年第 4 期。

127. 何琳：《论行政执法责任承担主体的确定》，载《理论月刊》2010 年第 10 期。

128. 秦天宝、段帷帷：《多元共治助推环境治理体系现代化》，载《世界环境》2016 年第

3 期。

129. 张璐：《公众自测环境信息的法律分析——兼论环境知情权实现途径的完善》，载《中国地质大学学报（社会科学版）》2013 年第 3 期。

130. 柯坚、吴凯：《跨行政区环境治理的对赌性协议——以"新安江协议"为背景的分析和探讨》，载《清华法治论衡》2014 年第 3 期。

131. 常纪文、魏增春：《京津冀区域大气环境需要提供特别的法律保护》，载《中国环境监察》2018 年第 1 期。

132. 常纪文：《区域雾霾治理的认识论和方法论》，载《中国国情国力》2017 年第 3 期。

133. 王树义、蔡文灿：《论我国环境治理的权力结构》，载《法制与社会发展》2016 年第 3 期。

134. 周珂、史一舒：《环境行政决策程序建构中的公众参与》，载《上海大学学报（社会科学版）》2016 年第 2 期。

135. 杜群：《长江流域水生态保护利益补偿的法律调控》，载《中国环境管理》2017 年第 3 期。

136. 邓小兵：《跨部门与跨区域环境资源行政执法机制的整合与协调》，载《甘肃社会科学》2018 年第 2 期。

外语文献：

1. Garrett Hardin, "The Tragedy of the Commons", *Science*, Vol. 162. 1243～1248 (1968).

2. Janice C. Griffith, "Regional Governance Reconsidered", *21 J. L. & Pol.*, 506 (2005);

3. Anthony Downs, "the Need for Regional Anti-Congestion Politics", in Brookings Inst. Transp. Refoem Serreies. CTR. ON URB. & MERTO. POL'Y. , 2 (2004).

4. Andrew Duany et al, "Suburban Nation: the Rise of Sprawl and Decline of the American Dream", 257 (2000).

5. Douglas R. Williams, "Toward Regional Governance in Environmental Law", *46 Akron L. Rev.*, 1047 (2013).

6. Nick Bollman, "the New California Dream: Regional Solutions for 21st Century Challenges", in CICG Perspectives, Cal INST. FOR COUNTY GOV´T 6 (Feb. 2002), available at http://www. cicg. org/publications/CICG_ Perspective Feb 2002. pdf, (seeing the global market place as comprised of competing regional economies).

7. Elisabeta R. Rosca, "Regional Development: Theory and Implementation", *5 Cogito: Multidisciplinary Res. J.* , 28 (2013).

8. Daniel P. Selmi, "Conformity, Cooperation, and Clean Air: Implementation Theory and Its Lessons for Air Quality Regulation", *1990 Ann. Surv. Am. L.*, 149 (1990).

9. Doug Haydel, "Regional Control of Air and Water Pollution in the San Francisco Bay Area", *55 Cal. L. Rev.* 710~711 (1967).

10. Matthew Polesetsky, "Will a Market in Air Pollution Clean the Nation's Dirtiest Air — A Study of the South Coast Air Quality Management District's Regional Clean Air Incentives Market", *22 Ecology L. Q.*, 359 (1995).

11. Lisa Trankley, "Stationary Source Air Pollution Control in California: A Proposed Jurisdictional Reorganization", *26 UCLA L. Rev.*, 893 (1979).

12. Dejen Abate; Shahid Akhtar, "Information and Knowledge Inputs: Combatting Desertification in Africa and Transboundary Air Pollution in Europe", *24 Envtl. Pol'y & L.*, 71 (1994).

13. John P. Dwyer, "The Practice of Federalism under the Clean Air Act", *54 Md. L. Rev.*, 1183 (1995).

14. Moshe Hirsch, "Game Theory and International Environmental Cooperation", *27 J. Energy & Nat. Resources L.*, 503 (2009).

15. Deil S. Wright, "Understanding Intergovernmental Relations (3rd ed.), Brooks/Cole Publishing Company", 1988.

16. Jerome Neil Kline, "Intergovernmental Relations in the Control of Water Pollution", *4 Nat. Resources Law.*, 505~536 (1971).

17. Bernard S. Cohen, "The Constitution, the Public Trust Doctrine, and the Environment", *1970 Utah L. Rev.*, 388 (1970).

18. Hobbes Thomas. "Levathan", Oxford University Press, 1943. P100.

19. Rousseau Jean-Jacques, trans. by Maurice Cranston, "The Social Contract", Penguin Books, 1968. P77.

20. Lester Ross, "Environmental Protection and Economic Development in the Mainland", 1987 Occasional Papers/Reprint Ser. Contemp. Asian Stud. 81 (1987).

21. Matthew D. Zinn, "Policing Environmental Regulatory Enforcement: Cooperation, Capture, and Citizen Suits", *21 Stan. Envtl. L. J.* 81, 107 (2002).

22. Adler, "Jurisdictional Mismatch in Environmental Federalism", *14 N. Y. U. ENVTL. L. J.* 150.

23. Christian F. Kemos, "A Not-So-Hot Ticket: Order for Abatement from Air Quality Management Districts and Their Implications", *11 Hastings W. -Nw. J. Envt'l L. & Pol'y* 85 (2004).

24. Kenneth L. Hirsch; Steven Abramovitz, "Clearing the Air: Some Legal Aspects of Interstate Air Pollution Problems", *18 Duq. L. Rev.*, 68~69 (1979).

25. Trail Smelter Arbitration (Uniteds States v. Canada), 1938, in Reports of International Arbitral Awards (RIAA), Vol. 3, 16 April 1938 and 11 March 1941.

26. Richard B. Stewart, "Pyramids of Sacrifice? Problems of Federalism in Mandating State Imple-

mentation of National Environmental Policy", *86 YALE L. J.* 1211~1212 (1977).

27. Joanna Mossop, "Regional Environmental Organizations under the Pacific Plan", *4 N. Z. Y. B. Int'l L.*, 229 (2007).

28. Kola Adeniji, "The Legal Challenge of Environmental Pollution to Africa: A Case Study in the Regional Approach to Environmental Problems", *4 Anglo-Am. L. Rev.*, 312 (1975).

29. B. Martin Tsamenyi, "Regional Co-Operation in International Environmental Law in the South Pacific Region", *7 Queensland U. Tech. L. J.*, 145 (1991).

30. Dave Owen, "Regional Federal Administration", *63 UCLA L. Rev.*, 58 (2016).

31. Jessica Bulman-Pozen, "Our Regionalism", *166 U. Pa. L. Rev.*, 377 (2018).

31. Frederick H. Jr. Zollinger, "Local Governments and Air Pollution", *33 Ohio St. L. J.*, 924 (1972).

32. Paul H. Gerhardt, "Incentives to Air Pollution Control", *33 Law & Contemp. Probs.*, 358 (1968).

33. Marc Alan Silverstein, "Interstate Air Pollution: Unresolved Issues", *3 Harv. Envtl. L. Rev.*, 291 (1979).

34. J. B. Ruhl, "Interstate Pollution Control and Resource Development Planning: Outmoded Approaches or Outmoded Politics", *28 Nat. Resources J.*, 293 (1988).

35. Bruce M. Kramer, "Transboundary Air Pollution and the Clean Air Act: An Historical Perspective", *32 U. Kan. L. Rev.*, 181 (1983).

36. Robert E. Lutz, "Interstate Environmental Law: Federalism Bordering on Neglect", *13 Sw. U. L. Rev.*, 571 (1983).

37. Ophelia Eglene, "Transboundary Air Pollution: Regulatory Schemes & Interstate Cooperation", *7 Alb. L. Envtl. Outlook*, 129 (2002).

38. Lewis C. Green, "State Control of Interstate Air Pollution", *33 Law & Contemp. Probs.*, 315 (1968).

39. Rupert H. Ricksen, "Legislative Limitation on Air Pollution Enforcement", *9 Hastings L. J.*, 191 (1958).

40. Richard O. Zerbe, "Optimal Environmental Jurisdictions", *4 Ecology L. Q.*, 193 (1974).

41. David E. Adelman; Kirsten H. Engel, "Adaptive Federalism: The Case against Reallocating Environmental Regulatory Authority", *92 Minn. L. Rev.*, 1796 (2008).

42. Jill Elaine Hasday, "Interstate Compacts in a Democratic Society: The Problem of Permanency", *49 Fla. L. Rev.*, 1 (1997).

43. William V. Luneburg, "National Quest for Clean Air 1970-1978: Intergovernmental Problems and Some Proposed Solutions", *73 Nw. U. L. Rev.*, 397 (1978~1979).

参考文献

45. Douglas R. Williams, "Cooperative Federalism and the Clean Air Act: A Defense of Minimum Federal Standards", *20 St. Louis U. Pub. L. Rev.*, 67 (2001).

46. Charles M. Hassett, "Enforcement Problems in the Air Quality Field: Some Intergovernmental Structural Aspects: State and Local Problems", *19 Wayne L. Rev.*, 1079 (1973).

47. Charles M. Hassett, "Enforcement Problems in the Air Quality Field: Some Intergovernmental Structural Aspects—Part II: Problems of Interstate Cooperation", *4 Ecology L. Q.*, 63 (1974).

48. David L. Swanson, Stephen M. Friedman, "An Oregon—Washington Interstate Compact for the Willamette Airshed", *1 Envtl. L.*, 119 (1970).

49. Karen L. Florini, "Issues of Federalism in Hazardous Waste Control: Cooperation or Confusion", *6 Harv. Envtl. L. Rev.*, 307 (1982).

50. Patricia M. Wald, "The Role of the Judiciary in Environmental Protection", *19 B. C. Envtl. Aff. L. Rev.*, 519 (1992).

51. Jerry Berman&Deirdre Mullligan, The Internet and the Law: Privacy in the Digital Age: A Work in Progress, *23 Nova L. Rev.* 549, 554–556 (1999).

52. Irma S. Russell, A Common Tragedy: "The Breach of Promises to Benefit the Public Commons and the Enforceability Problem", *11 Tex. Wesleyan L. Rev.*, 557 (2005).

53. Jeffrey H. Desautels, "Coercive Enforcement of the Clean Air Act: A Clash of Constitutional Principles", *3 Colum. J. Envtl. L.*, 153 (1976).

54. Erin Bradley, "Economic Development and Environmental Protection: Challenges and Opportunities", *25 Int'l Bus. Law.*, 102 (1997).

55. David Thaw, "Enlightened Regulatory Capture", *89 Wash. L. Rev.*, 329 (2014).

56. Susan Steele Hanna, "Implementing Effective Regional Ocean Governance: Perspectives from Economics", *16 Duke Envtl. L. & Pol'y F.*, 205 (2006).

57. Bradley C. Karkkainen, "Information—Forcing Environmental Regulation", *33 Fla. St. U. L. Rev.*, 861 (2006).

58. Laurie Reynolds, "Local Governments and Regional Governance", *39 Urb. Law.*, 483 (2007).

59. Frederick H. Jr. Zollinger, "Local Governments and Air Pollution", *33 Ohio St. L. J.*, 924 (1972).

60. William V. Luneburg, "National Quest for Clean Air 1970–1978: Intergovernmental Problems and Some Proposed Solutions", *73 Nw. U. L. Rev.*, 397 (1978–1979).

61. Milton Friedman, "Role of Incentive in Government and Private Behavior", *The 29 San Diego L. Rev.*, 1 (1992).

62. Doyle J. Borchers, "The Practice of Regional Regulation under the Clean Air Act", *3 Nat. Resources Law.* 59 (1970).

63. P. Stephen III Gidiere, "Empowering States under the Clean Air Act's Regional Haze Program", *47 Tex. Envtl. L. J.* 135 (2017).

64. Nicholas Knoop, "Cooperative Federalism and Visibility Protection under the Clean Air Act", *43 B. C. Envtl. Aff. L. Rev.*, 1 (2016).

65. James Richards, "Know Your Role: Exploring the Ability of Local Governments to Clean up the Air", *46 Tex. Envtl. L. J.*, 123 (2016).

66. Dennis A. Leaf, "Intergovernmental Cooperation: Air Pollution From an U. S. Perspective", *18 Can. -U. S. L. J.*, 245 1992.

67. Weiss, Edith Brown, et al., "Transboundary Air Pollution: International Legal Aspects of the Co-Operation of States", *The American Journal of International Law* 82. 1 (1988).

68. Robie, R. B. (1972), "Regional control of water pollution: the California model. Water Research", 6 (12), 1419~1424.

后　记

　　本书是在我博士学位论文的基础上完善而成的，在书稿即将出版之际，心中既有收获果实的喜悦，也有完成任务的解脱。记得 2018 年博士毕业时，导师朱谦教授就建议我将博士学位论文出版成书，但当时觉得评上高级职称以后再出书不迟。无奈的是，虽我博士毕业已五载有余，职称问题却迟迟没有解决，而博士学位论文的出版也一拖再拖，出于对博士学位论文尘封太久会失去其应有意义的担忧，在完善了博士论文文稿之后，便有了今天的出书之举。本书关注于我国跨区域大气污染监管执法的路径探索及机制建构，在我国环境治理体系与治理能力现代化建设的大背景下，其对推动我国大气污染防治从行政区治理向大气环境区域治理的转变以及建构我国区域大气污染联防联控的法律机制仍具有积极作用，可谓虽迟犹未晚也，幸甚至哉！

　　本书付印之际，心中思绪万千，但最想表达的是感谢之情。首先，感谢中国政法大学出版社丁春晖主任、辛佰乐编辑等诸位老师的无私帮助，正是由于他们的辛勤付出，才有了本书的顺利面世。其次，感谢我的导师朱谦教授以及评阅和参加我博士学位论文答辩的老师们，本书通篇得益于他们的指导和智慧。此外，感谢苏州大学王健法学院的各位领导、老师，他们高尚的品格、开阔的视野以及渊博的知识让我印象深刻，催我奋进。河海大学法学院的李义松教授对我学业和工作上的指导良多，让我受益匪浅，也借本书出版之际向李教授表示感谢。另外，感谢在苏州大学读博时的同门、同学、朋友以及江苏海洋大学的领导和同事，他们的陪伴和帮助是本书得以出版的必要动力。最后，要感谢的是我的家人、亲戚和朋友，拼搏至今虽依然一无所成，我的父母、爱人、女儿和姐姐一家始终对我不离不弃、默默付出，众多亲朋好友也多加鼓励、鼎力支持，为了他们的期待，我当继续努力！

　　年过不惑方感悟，做学术不仅是职业和谋生，还是追求和爱好，更是一种责任和担当。虽一介匹夫，也应胸怀家国，作为高校的法学教师，在做好教书育人这一本职工作的同时，还应以饱满的热情和担当的责任投入我国法治理论的探索之中，力争为我国法治建设添砖加瓦，并为我国法学理论的繁荣添薪加火。有感于此，以本书的出版为契机，在今后的教学和科研工作中，我将以学界"板凳甘坐十年冷、文章不写半句空"的治学精神为楷模，以习近平生态文明思想和法治思想为指引，继续扎根在中国环境法治实践这一方沃土里面，勤恳耕耘，慢慢求索，为我国环境法治事业的发展尽绵薄之力，是为记！